U0016839

他鄉·故鄉

沈珮君——著

呼吸一過，萬古無輪迴之時；
形神一離，千年無再生之我。
悠悠一世，終成甚人？
試一思之，可為痛哭。

——明·呂坤

目錄

（全書謹依年齡長者先序）

主編的話／張作錦（前聯合報社長）
歷史不會辜負任何人 008

序一／洪蘭（國立中央大學認知神經科學研究所教授）
年輕人，你想成為什麼「人」？ 014

序二／管中閔（前國立臺灣大學校長、中研院院士）
山河有幸 017

推薦語／席慕蓉（散文家、詩人、畫家） 022
黃年（聯合報副董事長、前聯合報總主筆） 023
林載爵（聯經出版公司發行人） 024
張譽騰（前國立歷史博物館館長） 025
項國寧（聯合報執行董事、前聯合報社長） 026
楊仁烽（前美國世界日報總社長、前臺北經濟日報社長） 027
單德興（中央研究院歐美研究所特聘研究員） 028
蘇蘅（國立政治大學副校長、政治大學傳播學院教授） 029
宇文正（聯合報副刊組主任、作家） 031

自序／沈珮君
敬致 令人失望又充滿希望的時代 032

第一部

但使龍城飛將在

從臺灣計畫經濟到自由經濟，再到打造護國神山，懷想使臺灣人民脫貧、國家致富的關鍵人物。

尹仲容——忠勤盡瘁的臺灣工業之父 046

葉萬安——臺灣經濟的幕後鐵漢 078

孫　震——清寒學生成為經濟學家、臺大校長 110

蕭萬長——臺灣另類型男 144

曾繁城——文藝青年打造護國神山 178

第二部　人才，國命也

國家要美麗強盛、不膚淺，人才第一。百年樹人，教育界、出版界啓發民智，並以人格撐起了臺灣「人師」標竿。

傅斯年——辦學鞠躬盡瘁，埋骨臺大校園　216
俞大綱——臺灣藝文界導師　244
劉國瑞和牟宗三——文化擺渡人，半世紀情義　274
高希均——始終望向青青草原的君子教育家　304

第三部　依於仁，游於藝

出身鄉土，堅苦卓絕，在師友鼓盪拉拔之間，出類拔萃，讓臺灣華麗超俗。

孫　超——烽火乞兒熔融成結晶釉畫大師　342
黃春明——被退學四次的九彎十八拐　376
杜忠誥——相濡以墨的師友傳奇　420

第四部

那殺不死我的，必使我更強大

白色恐怖事件，那是一個什麼時代？受害人後代如何在悲傷中成長？

澎湖713事件——山東流亡學生血淚奮鬥史 452
王曉波——一生遭遇兩次白色恐怖 488

主編的話

歷史不會辜負任何人

張作錦（前聯合報社長）

我大半生在新聞界工作，坐編輯臺數十年，閱好文章多矣！我必須要說，沈珮君的文章寫得真好，真動人。

珮君是我的同事，我的「讚頌」本應避嫌或保留，但記起《呂氏春秋》裡的話：「內舉不避親，外舉不避怨；仁者之於善也，無擇也，無惡也，唯善之所在。」依此而論，文章好就是好，不能不好說好，也不能好說不好，是謂「唯善之所在」。

中國的歷史以文化為中心，五千年綿延至今。「惜秦皇漢武，略輸文采」，這樣的話沒有什麼出奇，仍然在歷史的格局中。歷史長河，滔滔而下，珮君「江流石不轉」，巍然屹立為我們舉起《他鄉・故鄉》這本歷史書。

不錯，這是一本歷史書，一本臺灣發展的歷史書，書裡的每一個人都是一個切面，為我們證明臺灣的成就並非偶然，有淚水、有汗水，多麼值得後人珍愛。

珮君不是一開始就寫這樣的大文章，她也有各個學習的階段。《聯合報》當年為了磨練記者的寫作，曾闢《聯合筆記》專欄，專供記者發表評論。那時我與珮君並無往來，但開始注意她的作品，有情感，有理性，筆鋒犀利，但不尖刻。在一個老記者的眼裡，覺得是一位「可造之材」。二〇〇九年，齊邦媛教授發表了她的《巨流河》，我送了一本給珮君，她在辦公室裡就開始讀了。她後來告訴我，她一面讀一面哭，下班開車回家也哭了一路，為齊教授這個人，為東北這塊廣袤的土地，也為整個中國。

珮君顯然希望增加學習機會，做更多的事。報館為她設立「紀錄片工作室」，她與攝影團隊陪同一群弱勢孩子在酷暑騎車環島，記錄他們的痛苦與堅忍，製作一部《逆轉騎士》，收到很高的評價，也得到「星雲真善美獎」。

但珮君希望自由，嚮往「天空任鳥飛」的發展與樂趣。她再三申請退休，專心寫作。她的興趣廣泛。年輕時即曾以《西遊記》為張本寫「歷史散文」，我看過她當年初稿，活脫脫就是那個大鬧天庭的潑猴，非常不一樣的形式與內容，印象最深的是孫行者被壓在五行山下，與一位路人的對話，最後一句是：「你告訴吳承恩那廝，老孫我不玩了！」

為了表示我的欣賞，我曾寫了一首打油詩樣的頌詞，請會書法的人寫成條幅送給她：

珮君年紀輕

才情大不同

文章撼人心
影片下人淚
專欄忽焉停
讀者驚魂魄
齊問佳人歸何處
必屬行者孫悟空
大聖寄居其心二十載
不久必將蹦出來
猴性善良勝人性
人間邪惡盡掃淨
洛陽臺北隔時空
紙貴必然一般同
吳家承恩三稽首
從此西遊有新生

珮君早歲熟讀《西遊記》對其主角性格故事邏輯 每有見常人未見之處 曾撰初稿若干篇深刻動人 祝望 早日成書 必使世人耳目一新也

張作錦撰文 凌鼎方書寫

但歷史的道路，千迴百轉，她退休後先寫《自在讀西遊》，忽然這猴子開了《他鄉・故鄉》這個專欄。當〈親愛的尹仲容先生〉這篇刊出後，如春雷之乍響，大家看見一位才情縱橫的寫手出世了。

讀她的文章，覺得她舉重若輕，實際上每一位傳主，每一個故事，每一個相關的背景，珮君都一一仔細深掘求證，有時還遠赴異國，訪問當事人的後代或親友，務求還原一個完整的、立體的、有深度的人物。其中的波折和辛勞，外人是不知道的。但是珮君應不後悔，正如佛家所言，「功不唐捐」。社會的回響，就是她的回報。

《他鄉・故鄉》書中的人物，我差不多都認識，兩位未曾謀面卻心儀已久之人是尹仲容和傅斯年，讀了珮君的文章，更增加了對他們的敬佩。

珮君心裡的第一個偶像應該是尹仲容，她請尹先生首先出場：

「親愛的尹先生，你在哪裡？你不認識我，你去世時，我剛滿四歲。」

小女孩現在長大了，仍然充滿孺慕欽敬之忱。她說：

「我是紡織工之女。你當年屢屢被質疑『圖利他人』，我們家就是『他人』之一。你曾因『圖利他人』被告，但死不悔改，『只要合乎國家政策，只要對國家有利，在我職權範圍之內，我便負責地去做了』說起來多像口號，但你眞的腳踏實地，在一片罵聲中做了一堆事。我家受惠於你，國家因你開了大門大路。」

「國家因你開了大門大路。」這恐怕是對尹仲容最好的也是最動人的評價。開了門，自己才能走出去，別人才能走進來。

珮君是臺灣大學哲學系和哲學所的畢業生，但她未及認識他們的老校長傅斯年：

「傅斯年，這三字如雷貫耳，但是，誰知道傅斯年何許人也？若不是臺大學弟要求成立『促進轉型正義小組』，要去除校園『威權地景』，『包含但不限於』點名了傅園和傅鐘，傅斯年早被忘了。」

「我們對歷史不是淡忘，而是從一開始就無知，無知故無感。拜學弟之賜，我忽然想了解傅斯年，『上窮碧落下黃泉，動手動腳找東西』，奔波於臺大和中研院之間，溽暑高溫三十六度，陽光燙到令我出門前總再三躊躇，而過程之困頓、挫折，也讓我知道歷史斷裂何其容易，想讓它從故紙堆裡再『出土』，卻要何等耐性。」

珮君的耐性沒有白費，她為我們還原了一個「就在眼前」的傅斯年。

除了尹仲容和傅斯年，珮君還請出另外十餘位對臺灣極有貢獻的知識人和企業家與我們相會。他們每一個人都代表臺灣一段成長和展現輝煌的歷史。

珮君藉她對歷史的敏感和真誠，記錄了她書中每一位傳主，也記錄了臺灣的前進腳步。

歷史，從長期來看，不會辜負任何一個認真、努力的人，只會淘汰一些懶惰、無紀律和品德低劣的人。臺灣的過去和未來，將是《他鄉・故鄉》的註腳。

讀珮君的這本書，不由想起清代詩人的一首詩：

〈聞鷓鴣〉　尤侗
鷓鴣聲裡夕陽西，
陌上征人首盡低。
遍地關山行不得，
爲誰辛苦盡情啼？

讀者一定聽得到珮君在這本書裡的吶喊呼號。「為誰辛苦盡情啼」？她為中國人，為臺灣，也為她自己——她心中有話要說。

序一

年輕人，你想成為什麼「人」？

洪蘭（國立中央大學認知神經科學研究所教授）

鄭貞銘教授在《百年風雲》書中憂心的說：現在年輕人「行為平庸，因為思想空白，思想空白，因為典範太少」。人若沒有典範，就不可能從現在的樣子變成想要的樣子，也就沒有邁進的目標。一旦隨波逐流，人生很快就過去了。

但是，臺灣並非沒有典範人物，只是關於他們志節情操的書很少，學生根本不知道臺灣曾經有過尹仲容、傅斯年等人，因此也就不知道為什麼他們的日子過得比父輩好了這麼多。所以沈珮君《他鄉．故鄉》這本新書正好補上了這方面的空白。

普利茲獎得主 J. Michener 說：「一個國家的未來取決於孩子少年時所讀的書，這些書會內化成他對國家民族的認同、生命的目的、人生的意義及對未來的理想。」本書的每一個人物都是現代學子的典範，他們打造了這個讓世界看見的臺灣，他們的犧牲造就了我們現在的享受，我們怎麼可以忘記他們？

書中的每個人物都令我感動不已，尹仲容先生過世時我念高二，那天晚上吃飯時，我父親難得地叫我們替他倒了一杯酒，我們正要問，母親的眼神叫我們安靜不要多話。後來才知道尹先生過世了。反對尹先生的人很多，說他「圖利他人」，父親擔心他一死，後繼無人，臺灣經濟會功虧一簣。

其實如果圖利的是老百姓，有何不可？尹先生說得好，只要錢不入自己的口袋，千萬人吾往矣！

王曉波先生的那一篇更是所有臺灣搞學運的人都要銘記於心的。

臺大哲學系事件發生時，我已出國念書，所以詳情不清楚，但是我和大部分的留學生都不認同當時政府對日本侵占釣魚臺的懦弱無能，全美各州的留學生開車到華盛頓D.C.去抗議日本政府的無恥。當時的口號是「中國的土地可以征服，但不可以斷送，中國的人民可以殺戮，但不可以屈服」。

這次大遊行喚醒了很多海外華人的政治意識，過去父輩叫我們好好讀書不要管政治，那是錯的。中國一定要強，這一百年來的屈辱我們已經受夠了，中國人不能永遠趴在地上任人踐踏，而教育是強國唯一的方式，所以保釣運動後，很多教授暑假便回大陸去教書。前年，一位在美國能源部工作的保釣朋友過世，死前最後一句話是「中國站起來了，我可以瞑目了」。

文化是一個民族的根，它無法用意識形態去除掉。以前讀《孟子》「大而化之謂之道」，不懂什麼是「大化無形」，現在了解了，因為書中的每個人物都是人格的至上表現，看起來好像沒有做什麼，卻影響你一生。

小學時，音樂老師教唱「萬里長城萬里長，長城外面是故鄉，高粱肥大豆香……」，唱著唱著，老師的眼睛紅了，再唱著唱著，老師走出教室叫我們自己唱。那時不了解什麼叫故鄉，因為我有幸生在臺灣，直到民國五十八年，我去美國留學，才第一次感到那個千山萬水之外，想回而回不去的地方是多麼地叫人牽腸掛肚，故鄉就是每個人心裡的「媽」。

從政府遷臺已經七十多年了，外省人也變成了本省人。的確，人間到處有青山，埋骨何需桑梓地，此心安處是吾鄉，但是為什麼還是有這麼多人死後要千里迢迢的魂歸故里呢？

原來，他鄉作故鄉是無奈的啊！但願我們的下一代能做到王曉波先生的遺願，做一個太平盛世的中國人，生生世世不再顛沛流離！

序二

山河有幸

管中閔（前國立臺灣大學校長、中研院院士）

一九四五年是臺灣歷史的轉折點。這一年，日本在第二次世界大戰戰敗；十月二十五日在臺北公會堂（今中山堂）舉行的受降典禮中，臺灣總督安藤利吉接受中華民國受降主官陳儀發布的「第一號命令」，並在受領證上簽字；臺灣自此脫離日本殖民統治，重新回歸中國政府治下。此距一八九五年六月清政府代表李經方在臺灣外海簽署交接文書，轉移臺灣主權給日本政府，已經超過半世紀了。

時代不會回到歷史的原點，而是重新開始。當時公會堂外的臺灣人民，無法預知這個陌生的祖國將帶給自己什麼樣的未來，心情必然忐忑不安。當時的中華民國政府也無法想像，幾年後自己的命運竟將繫於這個陌生的島嶼。國共內戰爆發後，隨著國軍在三大戰役敗北，中華民國政府陷入土崩瓦解的局面；各級政府、各地機構，以及百萬軍民紛紛南遷，殊途同歸，最終大多匯集到臺灣。當時的臺灣，才經歷過二二八事件與隨後清鄉搜捕的震盪，人民驚魂未定，卻又身不由己地捲入另一波歷史洪流。

這場倉皇混亂的交會，後來卻意外成就了特殊的歷史篇章。楊儒賓教授將這次南遷渡海與西晉的永嘉南渡和北宋的靖康南渡並列，稱為「國史上的三大遷徙」，而臺灣則是南渡的終點。如果臺灣不曾回歸中國，這場南遷即無所依託；七百四十五年前的南宋即因無處遁逃，國祚止於崖山海上。當軍民南渡後落地生根，大陸元素開始與海島基因相互碰撞、乃至融合，臺灣因此產生質變，開創出異於傳統中國和原生臺灣的嶄新局面。特別是當中華文化在大陸飽受政治運動摧殘時，臺灣在海外一燈獨明；「洪荒留此山川」，竟真有其深意。

特殊的時代背景下，自然產生許多獨特的故事。當年眾多軍民南渡後，有些志在恢復，所以銳意經營；有些但求安定，落地後開始成家立業。他們最後都埋骨臺灣，他鄉遂成故鄉。還有人年幼來臺，成長於斯，畢生奉獻於斯；對他們來說，毫無懸念，此地自始即是故鄉。這些從他鄉到故鄉，從落地到新生的種種故事，都是臺灣從無到有，從困乏到興盛的過程中的一部分。只是時日久遠，臺灣如今的成就看起來如此理所當然，過去的故事遂與人俱老，乃至無人聞問了。

本書作者沈珮君家即是南渡小人物立足臺灣的故事。她父母親來臺時貧無立錐之地，但因政府推動產業發展，使他們有機會在新建的紡織廠找到工作，相識後共同組建起家庭。珮君十年前接觸到尹仲容先生的史料，赫然發現這位南渡精英正是當年產業政策的推手，也是改變她父母（以及許多勞工）命運的「貴人」。懷著感恩之心，她奔波各地，蒐集資料，訪問仍健在的相關人士，寫下〈親愛的尹仲容先生〉一文，記述尹先生忠勤盡瘁的一生。該文發表後廣受好評，珮君遂繼續發掘出更多人物的事蹟，於是有了《他鄉‧故鄉》這本書。

此書在南渡時代的脈絡下書寫不同人物的生平；他們的經歷各異，卻隱隱有著一個共通基調，就是「無私」。「無私」二字看似陳腐的教條，在此卻化身為一個個有血有肉也有淚的故事；或許因為我們久違了這種精神，書中故事就更令人驚嘆，也讓人低迴不已。

南渡的財經官員中，經歷最為傳奇的首推尹仲容先生。因為無私，尹先生才會「不怕圖利他人，不怕多做多錯，不怕丟掉烏紗帽」，傾力擘劃經濟藍圖，推動民間產業發展，為後來的經濟成長埋下種子。因為無私，尹先生在面對謠言和官司時才那麼坦然無懼；即使生命已近油盡燈枯，他仍瀝血從公，甚至身後蕭然。尹先生無私無我的精神影響了許多與他共事過的人；從李國鼎、王作榮，到書中所記的葉萬安先生等人，他們的行事作風中都看得到尹先生當年的影子。

無私似乎是那個年代許多人共同的特質。汪彝定先生擔任國貿局長時，帶著年輕的蕭萬長歷練各種貿易談判，也一路培養他，而且堅信「萬長是要給這個國家做更大貢獻的」。後來蕭先生出任經濟部長時，汪先生高興地說：覺得好像是自己當了部長一樣。蕭先生一生感念這位伯樂，而且用終身戮力從公來回報整個社會。只要對臺灣經貿有利的事，他總是不計毀譽，全力以赴。他甚至在牙痛極嚴重時仍堅持先赴美參與貿易談判，以致滿口牙齒幾乎損失殆盡。兩位先生的跨代情誼與合作無間，正是當年南渡（汪彝定）與本土（蕭萬長）共同為臺灣奮鬥的最好例子。

不只財經官員如此，許多渡海學者文人也為後代而奮不顧身。傅斯年先生擔任臺大校長時，竭盡全力為臺大建立制度，爭取經費和宿舍，直到他在省參議會倒下的那一刻。他無餘錢為自己做條棉褲禦寒，但他爭取的清寒獎學金卻澤及無數窮困學生，包括三十年後擔任臺大校長的孫震先生。帶了大批山東學生輾轉來到澎湖的張敏之校長是另一種典型。他為了保護這批流亡學生能繼續求學，不會被迫從軍，他全力抗爭後竟以身殉。張校長的冤死，換得多數學生新生的機會；不少同學後來在臺灣頭角崢嶸，無負張校長的犧牲。

臺灣土生土長的黃春明和杜忠誥兩位先生也是南渡時代的受益者。黃先生年輕時因太過「頑劣」，幾次幾乎失去讀書的機會，但因為他遇見「像陳雪屏、朱匯森、張効良這樣的人，他們對我沒有放棄，改變了我一生」。黃先生自幼寫作才華洋溢，復受知於林海音等前輩，於是在文壇嶄露頭角，成為傑出的作家。杜忠誥先生出身彰化、六代都不識字的貧農家庭，但他受惠於當時的師範制度，得以繼續學業。他就讀臺中師專時即受著名畫家呂佛庭先生啟發，之後又親炙多位南渡書家（如王壯為、王愷和、奚南薰、傅狷夫諸先生），得他們傾囊相授。六代貧農之子，多年努力後終成書法大家。

我個人也有機會結識黃、杜兩位先生，聽他們親口講述自己曲折的時代機遇。他們總一再提及南渡前輩的愛護和提攜，言談中滿是感念之心。不僅他們兩位，那些深受俞大綱、張作錦和高希均諸先生所栽培、啟發和引領的後輩們，想必也有類似感受。正因前人識才惜才，苦心滴注澆灌，許多文化種子遂得以在艱困環境中破土而出，發榮滋長，最終蔚然成林。他鄉故鄉，「明月何曾是兩鄉」啊！

山河有幸，才能在那個特殊時代匯聚了眾多前輩先賢，並得到他們的無私付出；我們亦有幸，能在他們用大愛浸潤的水土上成長，進而開創出新的局面。捧讀此書，臨風懷人，更期盼他們的無私精神薪火相傳，繼續護持這片山河。

推薦語

（全書謹依年齡長者先序）

席慕蓉（散文家、詩人、畫家）

珮君的筆，隨著她訪問的十餘位主角，帶領著讀者進入一個大氣浩然卻又溫暖親切的世界。兩者殊異，但卻絲毫沒有互相牴觸地讓我們進入其中，何能至此？

我想，這本書當然有作者寫作多年的功力在。否則，那麼多資料、那麼多情節、那麼多轉折，要如何處理？但是，真正讓我們陷入並且同其悲喜的，只是因為文字中無可否認的真誠！

黃年（聯合報副董事長、前聯合報總主筆）

本書的精髓，不僅表彰傳主們的社會功業，更在呈現他們人格的能量。有人格，始有能量。

主體上，本書可說是一本「苦孩子們最後改變了自己的苦人生並改善了苦國家、苦社會的故事」。

逆襲人生，更創造了逆襲的功業。

巧合的是，居然高希均與曾繁城兩人皆因家貧而將妹妹送人領養……而尹仲容為臺灣拚搏、做簡報時痔瘡的血從褲管流到地上，他留在大陸的次子尹宬被打入反右鬥爭……這些傳主自己的血淚人生是如此煎熬，苦其心志，勞其筋骨，行拂亂其所為，但他們最後皆成就了自己，更成就了國家社會。

天將降大任於斯人也，能量來自人格。

縱目當下廟堂，能量不足，原因是否在人格問題？

袞袞諸公應讀此書，幾人能不自慚形穢。

林載爵（聯經出版公司發行人）

珮君的這一系列文章展現了人物寫作的特有魅力。她精巧地應用文獻資料，並且配合當事人以及相關人士的深入訪問，組合出一個又一個的精彩生命故事。

她又讓每一個生命貼緊歷史與時代，所以不只是個人的故事，更是時代的故事，我們從每一個生命中可以看到時代的面貌。

在個人生命與時代流變的組合下，她要彰顯的是人性中堅毅、忍耐、不屈、努力、圓融、善良的特質，這些特質正是我們這個時代最需要的養分。

張譽騰（前國立歷史博物館館長）

本書是一本另類的臺灣近代史，記述十餘位已故或健在的各界傑出人物，其中有政府官員、大學校長、學者、文學家和藝術家。在作者充滿感情的筆鋒下，這些人物栩栩如在眼前，讓我們充滿溫情和敬意。這些人物共同特色是「浪漫」，他們伴隨著臺灣急速轉型的時代，「知其不可而為之」，在各個崗位上奮鬥不懈，竭盡所能燃燒自己，奉獻臺灣。當然，奮鬥過程中也讓他們經歷了許多苦難和幻滅。作者爬梳史料上下求索，佐以豐富訪談和精彩對話，除了謳歌英雄行誼之外，還有哀悼、惋惜和輓歌的文學意味。

項國寧（聯合報執行董事、前聯合報社長）

作者描繪了那一代知識分子及藝術工作者留下的積極貢獻。尤其是在苦悶沮喪環境下，他們仍奮戰不懈，留下可貴的成績。此書對那些人、對作者，都是困境中的突圍，對我們這個時代深具啓發。

楊仁烽（前美國世界日報總社長、前臺北經濟日報社長）

珮君用誠懇的筆，刻劃出多位臺灣不同領域的開創性人物。

跟隨作者如椽大筆，栩栩如生的人物，在你、我眼前跳動；也讓讀者重溫那個時代動人的故事。

蕙質蘭心的珮君，用她細膩的筆觸，解鎖不同類型傳主的記憶深處；更融合充沛的正能量，抒發自己內心對傳主的尊敬，和對臺灣這片土地的熱愛。

多頻次的傳主及相關當事人訪談，加上大量資料的爬梳，一位位對臺灣有卓越貢獻的主人翁，他們的彪炳勛業躍然紙上。

冰雪聰明的珮君，棒；晶瑩剔透的寫真，讚。

單德興（中央研究院歐美研究所特聘研究員）

臺灣是一個移民社會，一波波移民隨著不同歷史機緣來到這座島嶼，落地生根，建立家園，尤以一九四九年前後湧入者人數最多，影響最大，遍及社會各個層面與角落。族群間固然不免有隔閡、誤會，甚至衝突，然而更多的是心手相連，面對挑戰，共同打造美好願景，貢獻於臺灣的安定繁榮、自由民主、多元豐富，見證了族群融合以及人與人之間的善意。

資深媒體人沈珮君致力發掘史詩般大敘事中的細節，深入文獻，爬梳史料，多方採訪，詳實查證，以生動的筆觸，重現栩栩如生的人物，訴說真實感人的史實與故事。

身為山東流亡學生第二代，本人對於作者的用心與成果，表達由衷的敬意與謝意。

蘇蘅（國立政治大學副校長、政治大學傳播學院教授）

很多歷史像電光石火，非常短暫。還有很多人在歷史片段中默默當為，不一定被記住，往事並不如煙。

這本書讓讀者重新開拓多元面向，展讀另一段面對命運、展現高貴情操，細緻而生動的人物剪影。

日本人最喜歡溫故知新，其含義是「研究過去的事實，從中獲得新知識和見解」，這符合熱愛學習的日本人民族性。本書也如此。

在臺灣，無論尹仲容、傅斯年、葉萬安、孫震等，雖是在已知結果的前提下，呈現他們的人生軌跡，這類寫作容易淪為流水帳般的枯燥無味，但在珮君作品中，常常插入許多小故事或題外話，這些「餘談」反而成為作品裡的精華。

本書還有新選組群，如牟宗三、俞大綱、高希均，或黃春明、王曉波等，他們在時代裡不一定是第一主角的「人物群像」，但感謝珮君生動文筆，未讓他們消失在歷史的洪流中。真要讓大眾的人文素養提升，這些人真正貢獻社會文化底蘊。

珮君處處展現對「人」的熱愛。在浩大的資料蒐集過程中，遍閱人物傳記和文獻，就像是和每個人物交遊一樣。

〈阿房宮賦〉曾說：「使秦復愛六國之人，則遞三世可至萬世……秦人不暇自哀，而後人哀之。後人哀之，而不鑑之，亦使後人而復哀後人也。」

我在大學教書，認為這些人物既可為史鑑，更值得作為青年學子典範。本書應該多推薦給年輕人，作為經典讀物。

宇文正（聯合報副刊組主任、作家）

這是一部與時間賽跑的書，攔截即將流失的珍貴史料。臺灣社會在風雨飄搖的四、五、六〇年代，不僅走出困境，走向自由富足，並且傳承文化根脈，未曾在經濟發展中失去信念——誰是那些耕耘者、領航者？沈珮君以雄健的文筆訴說十餘位人物的故事，帶引我們回首艱難的時代，認識那些無比堅定的靈魂！

自序　沈珮君

敬致

令人失望又充滿希望的時代

紀念臺灣那個很有骨氣的年代。感恩那些從大江南北匯聚在此、不分彼此的「臺灣行者」。

行者，行動的人。

我所深愛的孫悟空另一個名字就叫「行者」。他是《西遊記》中智仁勇兼具的人，目標明確（一心保護三藏赴西天取經，毫不搖擺），斬妖除魔（剷除障礙，不怕磨難），憤世嫉俗（神魔經常是一家人，怎不令人生氣），他愛哭（九九八十一劫，哭過十來回，比例不低），偶爾也被三藏罵回水濂洞（現實總是令人沮喪），但他完成了天命。胡適把《西遊記》列為中國第五大奇書。而我認為：悟空，行者，充滿赤子之心，他是晦暗世界那道最奇的光，不放棄，不認輸，不怕惡勢力，即使被鎮在如來佛的五行山下，他終要跳出來抖擻。

臺灣行者，畢生以行動愛臺灣的人。他們用七十二變、竭盡所能把臺灣造就成世界一道光，自己也成為歷史一道光。

我是歷史的晚學者，直到發現歷史是活生生的人和事，而且近在眼前，我這才睜開大眼，興味盎然。

這一切從尹仲容開始。

他民國五十二年去世時，我還是滾在泥巴裡的娃娃，半世紀後偶然讀到他，大感佩服，開始「肉搜」他，了解越多越激動，「追」到美國尋他子孫，打電話到北京訪他女兒，資料滿桌卻仍不知如何下筆，突然發現：我家根本就是他「圖利他人」的「他人」。他如此巨大，與我如此親近，〈親愛的尹仲容先生〉開啟了我和歷史的對話。

歷史從來不遠，但稍縱即溜到很難追索。我開始環顧周遭我所敬所愛的人物，我要趁還能親訪到他們時，聆聽他們如何成長、所思所學，而在他們的敘述中，我同時看到那個可敬可憐的時代。

時代的巨輪說起來蕩氣迴腸，但輾壓過的都是有血有肉的人，那些被巨輪輾過而立起身軀、成為推動巨輪的人，不是天生偉大，而是自立立人。

那個年代尤其特別的是，充滿「愛國愛人」、「敦品勵學」的自勉。那不是口號，是在職不到兩年即身殉臺大的傅斯年校長提醒學生的，並且在他死後被繼任校長錢思亮立為臺大校訓。

幾乎一無例外的，我所寫的這些大人物都是「敦品勵學，愛國愛人」。他們除了自立自強之外，在他們仍是小人物時，都曾受惠於啟發他們的人，那些人俗稱「貴人」，這些貴人也都「愛國愛人」。

貴人之所以「貴」未必都有錢有勢。譬如，黃春明第一個貴人王賢春，只是中學老師，後來被當匪諜槍斃了，她只不過是一個從大陸到臺灣的讀書人，懷抱理想，發現一個有文學天分的鄉下孩子，她欣賞他，心疼他，鼓勵他，送書給他，影響了他一輩子。

我敬謹記下每位傳主提到的貴人。他們的貴人，就是臺灣的貴人。

臺灣從二戰廢墟，變成亞洲四小龍，而至今天為全世界所關切，絕非偶然。我要記下那些對我斯土斯民貢獻卓越的人。但我何其駑鈍，自二〇一九年採訪尹仲容兒孫至今，六年才寫了十來位傳主，但每描摩一位傳主，訪問至少六次，每次二至四小時，周邊人訪問至少五位，多則十餘位，六年訪問人次不下兩百，查閱的書籍也不下一百本。點點滴滴六年才得一書若此。

我生也晚，退休也晚，每每有跟時間賽跑的感覺，生怕時間不等我。本書傳主最年長者劉國瑞先生今年正好一百歲，葉萬安先生九十八歲，孫超先生九十五歲，越年長者越列入我的最優先，也許正因為如此，他們都是自一九四九到二〇〇〇年代，臺灣最苦最難時期的關鍵人物。尤其是七〇年以後那十年，中華民國退出聯合國、中日斷交、中美斷交、政治強人蔣介石去世、兩次石油危機，「風雨飄搖」四字實在不足以形容當時我們的處境。現在回顧這些人怎麼自我突破，如何奮力幫助國家人民掙脫瓶頸，正好也回顧了我自己的童年、青春。我看到了自己如何在他們辛勤灌溉的土地上，成長與受益。

那是個絕望又絕不絕望的年代。常常失望又充滿希望。

誰能想像：創辦台積電的元老曾繁城幼時，是坐在媽媽扁擔籃子裡飄泊大江南北的？而他出生在臺灣眷村的小妹因實在養不起而送人，至今無尋處。曾繁城為了擔下長子的責任，不敢念自己鍾愛的歷史系，卻成了護國神山第一個「愚公移山」的人。就是在八〇、九〇年代，他排除萬難，專注研發，讓臺灣從半導體界新生兒立刻直接世界水準，並以極克難的經費設計廠房，帶領團隊，以超優製程替臺灣半導體在世界插旗，從一開始就立下可大可久的世界格局。

誰能想像：永遠帶著微笑慷慨助學、終身以「傳播進步觀念」為職志的高希均，他最小的妹妹，也是因軍人家境清寒送人？對方是個極好的家庭，高家父母一方面為了讓女兒健康長大，一方面也遵守誠信，極力忍住想念，高爸爸直到晚年才告訴獨子高希均，以後要設法聯絡這位妹妹，而高教授也直到妹妹養父母的晚年，手足才相認，變成一家人，多麼高貴的那一刻。

曾繁城、高希均他們早已站在科技界、文化界最高峰。他們都出身眷村，因曾清寒，特別知道在關鍵時刻適時伸出關鍵的手，拉一把年輕人。

誰能想像：臺大校長傅斯年生前最後那一刻聲嘶力竭要求保住清寒獎學金，這獎學金後來栽培出一位臺大校長？孫震在傅斯年去世兩年後因得到這份清寒獎學金才讀得了臺大，跟他一起拿獎學金、當清潔工的還有中研院院士于宗先。

誰又能想像：那年代不是只有學生清寒，連校長也清「寒」。曾經口誅筆伐、在大陸連續轟下兩位行政院長的傅大炮，對發掘殷墟、建立中研院史語所、建立臺大典章制度極有貢獻的傅斯年，這位連胡適都佩服、連蔣介石都敬畏的才子，生前告訴妻子領到他的稿費後趕快幫他買一件棉褲，因為他冷得受不了了？

不僅臺大校長窮，新儒家哲學大師牟宗三先生，也曾與學生一起住在髒亂的小租屋中，是《聯合報》編輯劉國瑞把瘦弱的他接回家中「奉養」。牟先生是「道成肉身」，他可以清寒，不能委曲，涉及中華文化慧命之傳續問題，尤其不能委曲。劉國瑞委婉折衝，他的名言是「理可直說，事必曲成」，終於把這一個文化火種引接到臺大，影響至鉅。而幾乎沒有人知道劉國瑞在臺灣仍為文化沙漠時即熱中出版啟發民智的讀物，第一套書就是全注音的英國兒童百科全書。

臺灣藝文界八〇年代以後熱鬧非凡，出類拔萃的有郭小莊、林懷民、邱坤良、黃永松、奚淞、施叔青……誰能想像：這麼多藝文界巨匠，居然有一位共同的老師：俞大綱。

俞先生除了給予他們精神食糧，也常常請他們吃飯，他們個個都瘦得露出骨頭。俞先生並不富裕，他自己還要靠香港友人幫忙。他竭盡所能給臺灣青年一片沃土，那些青年在他去世一、二十年後為臺灣藝文界開出一片接一片的繁花。俞先生，您看到了嗎？

「臺灣工業之父」尹仲容累到住院才四天就去世，逝時不滿六十歲，他知不知道他帶在身邊的僚屬很多人承繼了「尹仲容精神」？他們在臺灣經濟領域繼續孜孜矻矻數十年，譬如，他的專員葉萬安曾幫貧窮的臺灣在美援停止後度過金錢難關，他近百歲仍著述甚勤，去年底出了新書，現在又在進行另一本論著，始終為國家經濟操危慮患。孫震在美援會時，常替尹仲容擬稿，也是個完美主義者，年紀輕輕就累到終夜氣喘，幾乎成為終身之疾，他八、九十歲仍不斷推出巨著，用儒家學說和資本主義的《國富論》相互闡發，言人之所未言，極具開創性。

孫運璿、李國鼎不斷出現在我的篇章中，他們都是「尹仲容精神」的直接、間接繼承者，臺灣有半導體「護國山脈」，就是因為他們「不怕多做多錯」。他們直接、間接也培育了許多人才，蕭萬長在其中，美國與我突然斷交時，替臺灣談下美國最惠國待遇的是他。

大家熟悉的微笑老蕭，鮮有人知道他青壯年時即因過度求好，壓力大到腸胃潰瘍、牙齒只剩一顆，即使前幾年罹癌、中風，他仍心繫兩岸經貿如何互補。他在國際談判桌，極受尊重，私下除了國家大事，不喜歡聊天。

一位大師誕生，背後有多少「大人」的拉拔？國寶級書法家杜忠誥小腿浸在糞池裡長大，這個貧苦的臺灣小子奮力自修，一天練字十幾小時，墨汁要用汽油桶裝，十幾位大陸渡海來臺的大師感動之餘，沒有門牆之見，一起傾力栽培，不僅免學費，甚至濟助他醫療費。杜老師成為臺灣唯一得以集各家之長，並在「書道」之中貫通儒釋道「人學」的書法及國學大師，至今仍在苦口婆心，普渡眾生，期望大家一起止於至善。

什麼才是教育？多才多藝的文學大師黃春明中學調皮搗蛋愛打架，四度被勒令退學，青春徬徨時，總有真正的「大人」張開網子，接住墜落的他，這些人來自大江南北，完全不認識他，卻是真正的教育家，讓充滿才華、缺乏溫暖、叛逆的黃春明，後來在大愛的環繞成長。黃春明對鄉土、族群有非常溫柔敦厚的觀察，作品始終飽含愛與生命力。

結晶釉大師孫超，超俗出塵，他是真正從乞丐出身的，三十六歲才讀五專一年級，自卑又害羞，校慶時因衣衫襤褸，躲在教室。但他自小有強烈的進取心，讀書、畫畫，後來投入雕塑、陶藝創作，更是沒日沒夜，奮力研修。他的結晶釉作品亮麗地展現在世界年會時，國外同業不可置信地看著影片，以為是電腦特效做出來的。

孫超伯伯二〇二一年大疫逢生，二〇二三年底再度住院，掙扎病榻，返家過了最後一個春節，二月十九日晚間捨此報身，我未及讓他看到本書出版，憾甚。我永遠記得冬日訪他時，他一頭銀髮映著大紅外套，美極了的老人，他好愛唱歌。

白色恐怖時代多少冤靈，倖存的家人如何走過每天都是淚水的日子？同是中華民族，對愛家愛國理念不同，卻以恨出之、以血為代價，甚至連理念相同也可能遭有心「同志」扭曲，以遂自己利益。痛苦在血脈之中遞傳，不僅兩代，甚至三、四代，但是，「那殺不死我的，必使我更強大」。王曉波、山東流亡學生的故事，是我採寫過程中最痛苦的。

王曉波，「匪諜兒子」，一生遭逢兩次白色恐怖。母親章麗曼傾向共產主義遭槍決，弔詭的是，她在大陸的家人卻因多為老國民黨人而慘遭共產黨批鬥，祖父被打死，祖母餓死，弟弟下獄十八年。王曉波終生念念的是兩岸和平，連骨灰都漂葬在臺灣海峽，守望他深愛的土地。山東煙台聯中兩位校長張敏之、鄒鑑為了讓學生「一定要讀書」，誓死反共的他們一路追隨國民政府，最後被誣是匪諜遭槍決，何其可悲。他們的子女、學生，恐懼而又堅強，奮力讀書，哀哀長大，許多人極為傑出。這七千多位學生有人成為院士、將軍、學者，也有很多人避居山鄉、農村教書，許多人在各個崗位默默立業成家，但應該也有許多人可能沒有發出一點聲音就消失了，他們永遠無家可回。我撫心淚記，希望歷史不必再是淚史。

我出生在夯土牆、燒煤球的時代，小時不曾困惑過為什麼我們這麼窮，甚至不知道窮，即使小一時被導師叫到全班面前嘲笑我的破鞋「像鯨魚張大口」，我雖極感惶恐，但不知道那就是窮。年紀漸長之後回頭看，對那些在當時忍著飢餓、不放棄自己而最後在各個領域展現最美、最強的人物，自立立人，富國富民，讓中華民國全體脫貧、文化提升，我滿懷敬佩，深深感恩。我出生時，周遭的人幾乎都沒受過教育，包括我的父母，但現在六十歲以下的，可有人沒受過教育？我知道自己是受惠者。

不是只有大人物值得銘記，最後，我忍不住想提一個小人物。我好友最近失去了她的房客，她痛心之餘，我才知道那個小人物懷有大悲心。

她認識他，是因為她固定搭某路線公車，他是司機。她看到他對乘客的好，也看到他性格剛烈易與人衝突。她知道他薪水不高，有時房租付不出，便邀請他搬到她家頂樓加蓋的小房，不必付租。一住二十年。

他沒有固定工作，常到大稻埕或福和橋下應徵臨時工，都是泥水重活，每天可以領現金。他只要賺了幾天錢，就停工，去當志工，只要哪裡有天災人禍，或需要助老扶貧，他就出現在那裡。志工不僅要有善心，還需要有一技之長或可做重活，他很有用。他叫自己「沙蟹」，他在臉書上寫著「以蟹為師」：「我，高舉右臂，並非呼朋引伴，期盼後來者與我一同努力前行。」他其實是在呼朋引伴，大家一同前行，行善。

他高職畢業，想做「文史工作者」，曾以「招嘲蟹」為筆名，他說自己「胸懷大志，卻喜好空談。一無是處，卻自以為是，自然會令人輕視，招來無數嘲諷。」他熱愛當志工，那是讓他胸懷的大志最可以實實在在落地的一刻。

他曾是浪子，民國七十九年在大膽島服役，時任指揮官王宗智將軍改變了他。那影響有多「刻骨銘心」？他在右手臂刺上青天白日滿地紅國旗，以及「戰至彈援盡　拚至食水絕　捨命守孤島　誓死不投降」。左肩刻著王宗智的名字及王將軍豪氣干雲的話：「只要有我在　大膽一定在」。

直到他送急診，醫護人員急救時，我朋友才看見他整個背上也都是刺青，中間是插著國旗的臺灣島，島兩旁刺了兩行字，右邊是：「地方同胞　支援前線　完成戰備準備」，左邊是：「前方將士　鞏固後方　家家安居樂業」。

他沒有精神病，只是一個非常非常愛國的小人物。

在那些直式刺青下面，腰臀之際，還有兩條橫式的刺青：「捐血捐髓捐器官」、「資源回收不浪費」。

今年四月十二日，他深夜倒在工廠就沒醒過。四月二十五日他捐出了心、肝、兩顆腎，共四個器官，救了四個人。摘器官時，醫院志工、我好友及好友的好友在手術房門口恭送他進去，恭迎他出來，深深鞠躬。他得到最大的尊重、最高的敬禮。

白日不到處
青春恰自來

苔花如米小
也學牡丹開
——袁枚

我們都是小人物，滄海一粟，但「苔花」從來不因為它小得不起眼，花就不開到它的最美、最大。它跟牡丹一樣，開到淋漓盡致。這就是完美，非關大小。

沙蟹，他舉起右臂，向天立誓，生命最後一刻，捐出一切有用的器官，不僅註記在健保卡，也刺青在身上。他哪裡是「胸懷大志，一事無成」？他讓四個重症病人在最絕望時活下來，他讓四個家庭充滿希望，他用最實際的方式「愛國愛人」，這是臺大校訓。他叫朱永濟。

謝謝《聯副》的主任、我心目中的現代俠女宇文正，她以極大的包容，讓我敢走長路。謝謝作老（張作錦先生）每每在我低谷時用一、兩句有智慧的話替我撥雲見日，並慨允替我主編本書，四兩撥千斤，把我六年混沌分出天地，眉目清朗。謝謝洪蘭教授、管中閔校長為一個名不見經傳的作者賜序，提攜後進，並將我的心理伏流勾勒得如此清晰。謝謝杜忠誥老師為封面賜字，他寫了一、二十幅字讓我挑選，止於至善。謝謝願意具名推薦本書的我的《聯合報》長官和好友，他們看著我長大變老。本書編輯孟繁珍，是孟子第七十四代孫，能與耐煩的她合作，是我的榮幸。美編水分子，才華橫溢，總是令我驚豔。

深深謝謝我的每位傳主，他們當年吃盡苦頭，臺灣終能在最困難的時代創造輝煌。謝謝他們給我機會，忍受我直白的傻問題，讓我更了解他們曾經的掙扎，那些可貴的生命歷程，使我能為臺灣速寫他們奮鬥的身影，讓我們知道沒有任何成就是偶然的，不怕被打趴，打趴再站起，不要躺平。

這六年我歷經婚變、父親猝逝、母親罹癌，「風聲雨聲讀書聲，聲聲入耳」，常感艱難，是這些臺灣充滿正能量的行者，讓我在暗夜中看到光。

悠悠一世。

第一部

但使龍城飛將在

從臺灣計畫經濟到自由經濟，再到打造護國神山，懷想使臺灣人民脫貧、國家致富的關鍵人物。

尹仲容

忠勤盡瘁的臺灣工業之父

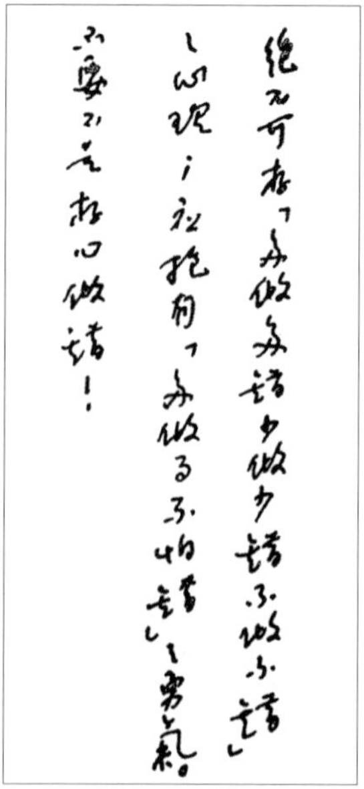

尹仲容遺墨:絕不可存「多做多錯少做少錯不做不錯」之心理;應抱有「多做事不怕錯」之勇氣。只要不是存心做錯!(沈珮君翻攝自尹儀芝、尹宬主編的《台灣經濟的領航人尹仲容》)

（聯合報系資料照片）

尹仲容
一九〇三—一九六三

本名尹國墉，湖南邵陽太乙鄉（邵東團山鎮）人。一九二五年畢業於上海南洋大學（即上海交通大學前身）電機工程系。先後兩次供職國民政府交通部電政司。一九三六年轉入民營中國建設銀公司，主管工業投資。一九四〇年應資源委員會負責人之聘，入該會派赴美國紐約，負起為國家軍用物資採購之責。直至一九四五年回國，襄助行政院長宋子文擘劃戰後經濟復興任務。

一九四九年來臺，任生產事業管理委員會副主任委員（陳誠兼主任），擔負重整臺灣經濟的重任，並兼任中央信託局局長，一九五三年出任工業委員會召集人仍兼中央信託局局長。一九五四年再兼經濟部部長，一身兼三職。

一九五七年出任經濟安定委員會委員兼秘書長，復再同時身兼三要職：外匯貿易審議委員會主任委員、美援運用委員會副主任委員和臺灣銀行董事長。大刀闊斧為臺灣經濟活動步入正軌和臺灣未來經濟起飛成為「亞洲四小龍」之首，奠定厚實基礎，被譽為「臺灣工業之父」。

歷史不應失憶，懷念「圖利他人」的尹先生

親愛的尹先生，你在哪裡？

你不認識我，你去世時，我剛滿四歲。

我是紡織工之女。你當年屢屢被質疑「圖利他人」，我們家就是「他人」之一。你曾因「圖利他人」被告，但死不悔改，「只要合乎國家政策，只要對國家有利，在我職權範圍之內，我便負責地去做了」，說起來多像口號，但你真的腳踏實地，在一片罵聲中做了一堆事。我家受惠於你，國家因你開了大門大路。

錢穆先生在《國史大綱》前面有幾句話寫給讀者，他希望「國民」（尤其是自稱知識在水平線以上之國民）對其本國歷史，應該略有所知，「尤必附隨一種對其本國已往歷史之溫情與敬意」，至少不會抱持「一種偏激的虛無主義」，唯其這種國民漸多，「國家乃再有向前發展之希望」。

但是，此刻，我們卻連「國家」兩字都讓人百感交集，甚至不太確定我們的國名。而錢穆晚年尚且被趕出他的素書樓。

你已過世快六十年，沒有一兒一女在臺灣，你不屬任何政黨，而我們至今仍在享用你留下的老本，臺灣卻沒有多少人記得你，更不知道經濟奇蹟和你有關，甚至在聽到「亞洲四小龍」這個詞時，既沮喪又厭倦。早知如此，人生最後幾年，你會不會寧可多陪陪老

1963年，尹仲容去世，蔣介石頒贈「忠勤盡瘁」輓額。（聯合報系資料照片）

母，而不要「忠勤盡瘁」（蔣介石頒贈給你的輓額）於國家？或者，你會更拚命，以替臺灣搶時間？

「如人不盡其力，恐將有蹈海之日。」這是你當年來臺後自我惕厲並與友人共勉的話。你不浪費一分鐘，在病床上虛弱到連筆都拿不穩時，還在修改「紡織業內銷貼補外銷」的公文，送稿的秘書站在旁邊心痛萬分，不敢說話。你出殯時，當時臺灣第一大報《聯合報》標題是「死得太傷人」。如此傷心。

國中時，我就在父親書架上看到《尹仲容年譜初稿》，厚厚的一本書，淺綠色封面，沈雲龍主編，張羣題的字，那是我第一次看到你名字，我不知道尹仲容是誰，當時我連「年譜」兩字都不甚了了。半世紀後，我才發現我的生命和你相關，而家裡那本書早已不見了，九十多歲的父親甚至不記得他曾有這本書。

父親年老失憶，但歷史不應失憶。

力排眾議發展紡織業，身兼多職激活民間力量

我父親是難民，十九歲和他叔叔逃離將淪入共黨之手的江蘇老家來臺。他們出身農村，父母傾盡所有，給了他們五斤棉花，還有一籃雞蛋。瘦弱的叔叔來臺不久即患肺結核，為了不拖累我父親，他絕食而死。父親直到進入紡織廠做工，才相信自己在這小島可以活下來了。我爸媽在紡織廠相識結婚，我們姊妹都出生在「彰化紗廠」宿舍，在紡織廠長大，紡織廠外都是稻田、蜻蜓、麻雀。

我們是你一九五一年「代紡代織」政策受益人。一九五一年，國民平均所得官方紀錄是一百三十七美元（前經建會副主委葉萬安說，其實不到一百美元），臺灣出口的幾乎都是農產及其加工品，沒有什麼工業。當時你是「生產管理委員會」副主委，力排眾議發展紡織業，利用美援棉花，加上日據時代及大陸拆遷來臺的紡織機，幾乎不必再投入資金，既可滿足紡織品的內需市場，省下的外匯也可再轉做其他工業或建設。

但是，發展紡織業初期，一片反彈，你奔走說明，激動時甚至聲淚俱下，極力捍衛政策，絕不父子騎驢。臺灣在短短幾年增加十萬個工作機會，像我父母這樣貧無立錐之地的人，不必流浪了。母親第一個月薪水十六點五元，剛好夠買第一雙鞋，她終於不必再打赤

腳。

十萬個工作，幫助了十萬個家庭，還有他們的子子孫孫，影響了近百萬人的人生。而你不是只為臺灣開創了紡織業，臺灣第一個四年經建計畫，也是你做的。

你「圖利」太多人。一九五三年，你出任「經濟安定委員會」工業委員會召集人，第二年就開辦了十六種新興工業，包括人造纖維、塑膠原料、煉油與飼料加工等等，台塑就是那年創辦的。你要開辦ＰＶＣ廠，原本承諾投資的廠商臨陣反悔，那時，正好王永慶到工業委員會，想投資水泥廠，你說服他開辦ＰＶＣ廠，並派化工專家嚴演存等人協助他進入這個陌生領域，這就是台塑前身。台塑在王永慶辛勤經營下，成為國際性企業，多項產品產能是世界第一，一度是臺灣最大企業集團。

紡織業也沒有辜負你，兩、三年即自給自足，十年之內，臺灣紡織品從每年進口一千萬美元，變成出口六千萬美元，一九六五年，紡織品出口首度超過糖，成為臺灣最大出口品，更在一九七五年開始超越日本，成為第一。

臺灣紡織業六十年來歷經幾番風雨，一度被當夕陽工業，但紡織業緊跟著科技蛻變，直到現在都仍是全球翹楚，是臺灣之光。

部分紡織業者賺了錢，又再轉投資其他工商業，今日之裕隆、潤泰、遠東、新光、六和、臺南幫等大企業，都是當年自紡織起家。

總統褒揚令讚你「竭慮殫精」、「好學深思」，這都是動詞，不是形容詞，你一生用功用心，總能提出有創意、有願景、可執行的策略，深獲省主席（後來任副總統兼行政院長）陳誠先生信任。一九五二年起，你即身兼多職，最多時在一九五四年擔任政務委員、經濟部長、中央信託局局長，同時是「經濟安定委員會」工業委員會召集人。

你到臺灣後第一個任職單位是「生產事業管理委員會」，積極任事，從常務委員立刻升為副主委，把一個「替中央機關看家」（嚴演存語）的單位，做成決定經濟戰略的大腦。你主持中信局、工業委員會，把它們都做成像「開發銀行」（前立委張九如舉例，譬如，新竹玻璃，從動機、設計、籌備到建廠，全由中信局辦理，完成即交民營。而水泥、人造纖維、塑膠原料等新事業，也都是你在工委會任內完成開辦建廠）。你為了激活民間力量，在陳誠推動「耕者有其田」時，將國營事業股票釋出給臺灣地主，以換土地給農民，並讓地主可以投資事業，而四大國營事業轉民營。

清白被誣遭控「圖利」，工商界聯名上書留人

你積極扶植民營事業，有人極不以為然，曾警告你「要留一口飯給外省人吃」，這些現在看來令人啼笑皆非的觀念，卻是你每日每事都必須一一去溝通辯論的。你行所當行，一般銀行「雨天收傘」，你卻毫不避嫌地挽救許多民間企業於瀕臨破產之際。但是，你做太多了，「九百九十九件的成功，抵不住一件事的失手」（周君亮語），一件呆帳讓你在國會殿堂被立委指控「圖利他人」，這就是知名的「揚子案」。

揚子公司貸款是軍工處請中信局協助，借了二千八百萬元，已還二千多萬，揚子僅欠本金十九萬元，另欠利息及手續費二百四十萬元，但有數千萬元廠房、機器及物料等做擔保抵押，中信局絕不致血本無歸，只因揚子負責人胡光麃是你朋友，立委自認抓到把柄，指控你瀆職，並指是政府遷臺後「空前的大貪汙案」、「最大詐財案」，部分媒體標題聳動：「胡光麃可殺，尹仲容更可殺」。三天後，行政院長俞鴻鈞把你移送法辦。

你立刻辭職，辭呈無一字憤懣。辭職後兩個月，工商界聯名上書政府留人。你多年來身兼數職，但只拿一份薪水，連出差費都不支領，平日還要靠太太養雞貼補家用，辭職後毫無收入，一個不願透露姓名的人要送你訴訟費，被你轟出門；有人要濟助你生活費，也被你攆走。

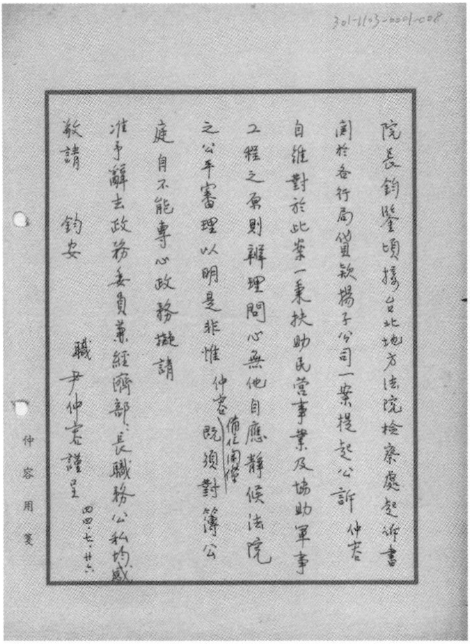
301-1103-0001-008

院長鈞鑒頃據台北地方法院檢察處起訴書
関於各行局貸款揚子公司一案提起公訴仲容
自維對於此案一秉扶助民營事業及協助軍事
工程之原則辦理問心無他自應靜候法院
之公平審理以明是非惟仲容備位閣僚既須對簿公
庭自不能專心政務擬請
准予辭去政務委員兼經濟部部長職務公私均感
敬請
鈞安
職尹仲容謹呈 四四・七・廿六

仲容用箋

尹仲容因為揚子案，請辭政務委員及經濟部長職，用字平和。　　（國立陽明交通大學圖書館提供）

你為自己的清白打官司，一年多後終獲無罪定讞，但是，訴訟磨人，有一次，地方檢察官夜間傳訊，你走路到家時，已是凌晨兩點多，一口鮮血噴出喉嚨；

1960年7月21日，臺灣銀行舉行新任董事長尹仲容（中）及總經理周友端（右）就職典禮，原任總經理王鍾（左）親自移交印信。（聯合報系資料照片）

在高院開辯論庭時，長達八個半小時，你必須站著。你一年瘦了十幾公斤。

被判無罪後半年，你復出，一九五七年，出任經安會委員兼秘書長。前兩年的官司纏身，不僅沒有讓你「學乖」，你反而更大刀闊斧，似乎想把那失去的兩年搶回來。

一九五八年起，你又身兼三職，同時是外匯貿易審議委員會主委、美援運用委員會副主委、臺銀董事長，掌握美援、外貿、金融三項大權，人稱「經濟沙皇」。沙皇大可以「圖利自己」，但你始終是「圖利他人」，圖利國家，圖利天下人，至死為止。

只有威權時代才可能有這種「人

治」，這是你以能力、操守和勤奮贏得的「特權」，而你沒有辜負這樣的信任，利用打通任督二脈的大權，掃除出口障礙，開放管制，簡化手續，十六個月內推出三波外匯改革，把當時近十項、至少三十多種極其混亂的外匯匯率，統一成單一匯率，臺幣兌美元定在四十比一的合理價位，這是翻天覆地的改革，這是威權時代才有的效率，我們實在不應歌頌。

一九六〇年的外匯改革，是未來出口快速成長的基礎，那年出口僅為一點六三億美元，改革後，一九八〇年增至一九八億美元，二十年增加一百二十倍，除了石油生產國，迄無任何國家破此紀錄。而且一九八億美元中，製造業產品占百分之九六點四，這數字證明我們終於有工業了。自立自強，這是真正的獨立。

你復出後，尤重法治，積極修正不合時宜或妨害經濟發展的法規。你在五年內主導核定或協助擬訂的財經條例等法案，多達五十多種，這些都是後來臺灣經濟起飛的基礎建設。

「四敢」、「三不怕」，這就是「尹仲容文化」

「臺灣經濟領港人」，這是李國鼎在你去世後為你做的歷史定位，經濟學者王作榮則譽你為「臺灣工業經濟之父」，王永慶稱你是「民營工業之父」。你開創了臺灣工業，但是，直到去世，你手上沒有一張股票，沒有一棟自己的房子。

1962年，尹仲容（中）和李國鼎（左）在機場迎接美國援華公署新任署長白慎士。五個月後，尹仲容即病逝。（聯合報系資料照片）

你去世後，《新生報》記者徐雪影懷念你有「四敢」：敢於負責，敢於改革，敢於認錯，敢於說話。你去世後三十年，辜振甫悼念你，說你「三不怕」：不怕圖利他人，不怕多做多錯，不怕丟烏紗帽。

你連周日都不休息。人稱「趙鐵頭」的前經濟部長趙耀東，三十幾歲時，即因經營紡織業有成，你每個週日都去找這個小夥子聊天，他建議你力拚外銷，你要他先做一件試試，趙耀東成功打開韓國市場，這是臺灣第一件有計畫外銷的案例，你信心大振，知道臺灣的工業製品可以走向國際市場了，大力推動出口。

開辦人造纖維廠也是出自趙耀東建議，你派他去美考察，他回來寫了設廠計畫書，後來交由民間承辦。這也是「圖利他人」。

你的部屬、前史丹佛大學教授嚴演存形容你是「一位有眼光、有魄力的巨人」。你每有主張，都曾花很多時間研究、與專家討論，不是一味蠻幹，不是興之所至，不是為了一時選票。

你的部屬樂於和你共事，因為看得到效率和結果。葉萬安回憶，你們和某部會開完會，別人回去還在寫開會報告，你的部屬已把執行辦法送到該部會了，葉萬安豪情萬丈地說，這就是「尹仲容文化」。

葉萬安曾被他的上司王作榮讚「一個人做三個人的事」，他說，不僅他每天工作十幾小時，只要跟尹先生做過事的同仁幾乎都是如此。你去世後，曾在你麾下擔任委員、秘書、專員的李國鼎、費驊、張繼正、王作榮、韋永寧、王昭明、葉萬安、孫震等人，後來都陸續擔任要職，延續你的使命和生命，對臺灣經濟發展極有貢獻。

韋振甫曾說：「希望政府多些尹仲容。」應該就是這樣。

張九如說，你挑選部屬的原則是「有活力，有朝氣，有不為流俗所喜的個性」。不為流俗所喜，就是不媚俗，不民粹。他還說，你「痛惡各機關安插冗員，致魚龍混雜，考核無效」，今天重看此話，仍如暮鼓晨鐘。

「現在只怕好人沒勇氣」，你的好友沈怡在致詞追悼你時泣不成聲。尹先生，這也是我們今天常常想流淚的原因。

「不浪費，不遲誤」，「經濟奇蹟」是人完成的

親愛的尹先生，如果有《臺灣年度歷史詞典》，它應會記載：

「亡國感」，二〇一九年關鍵詞，又稱「芒果乾」，選戰特產，有藍綠兩款，可供嚼舌。

「亡國感」其實並不新鮮。如果有《臺灣年度歷史詞典》可以覆按，七十年前，一九四九年，關鍵詞就是「亡國感」，並蟬聯二十年。

當年苦戰八年、慘勝日本、保全了國家主權的中華民國大軍，兵疲馬困，在緊接而來的國共內戰中，一敗塗地。這樣一個被鬥得破破爛爛、連總統（李宗仁）都出走美國的政府，帶著全身破破爛爛的百萬軍民，來到一個在二戰中被炸得破破爛爛的小島。那時，臺灣稍不小心，必將淪入共黨之手，中華民國就徹底亡了，我們每個人的命運、家庭史都要改寫。

「毋忘在莒」、「毋恃敵之不來，正恃吾有以待之」，現在看來好笑，當時確實全民警戒，知道自己的國家自己救，中共一定會打來，而中華民國軍人隨時準備犧牲。碧潭空軍公墓遍地墓碑，每一塊碑都是一個年輕人，很多人才二十歲出頭。隨時準備為國犧牲，這是真真正正的亡國感。

一九四九年，亡國感最深的一年。中華民國治權只剩千分之四，當時的臺灣經濟，李國鼎以四個字形容，「一島孤懸」，「所有重要工廠、礦場、道路、電力，都因炸毀或無法保養而陷於停頓」，農業也因肥料缺乏而不能充分生產，大家吃的是霉爛的番薯籤。

臺灣從這樣的戰後廢墟到經濟起飛，《聯合報》記者林笑峰說，那不是「奇蹟」，那是「人」一點一點完成的，是尹仲容帶著一群精英、全民苦幹創造的。甚至連「經濟起飛」這個詞，也是你說出來的，你一說再說，所做的一切都是把這個當目標，被多少人譏之為笑話、大話。

你不斷強調，臺灣資源不豐，一草一木都須用到最有效的地方，「不浪費，不遲誤」，「每一分錢的支出，都要能增加（經濟）起飛的力量」。一九五〇年時，臺灣連一千萬元信用狀都沒法兌換；一九六三年（你過世的那一年）臺灣外匯存底已達七千萬美元，並從這一年開始連續十一年，每年經濟成長兩位數，世界開始討論「臺灣經濟奇蹟」。一九七四年起，蔣經國推動十大建設、十年經建計畫、十四項建設，臺灣在八〇年代成為活跳跳的亞洲四小龍。

你一定不知道，李登輝接下蔣經國棒子的前一年，臺灣經濟成長率還有兩位數，可惜在他一九九六年推出「戒急用忍」政策後即下滑，在陳水扁當選總統第二年出現第一次負成長，我們人均國民所得自二〇〇五年開始被原本落後甚遠的南韓超越。《經濟學人》「二〇二〇世界情勢年報」，臺灣人均所得二五八〇〇美元，南韓三二三七〇美元，香港五一九二〇美元，新加坡六八三五〇美元，我們是四小龍之末，是第一名的三分之一。

豈能盡如人意，但求無愧我心

你太不像政府官員。你從事公職的座右銘是「絕不可存『多做多錯，少做少錯，不做不錯』之心理；應抱有『多做事，不怕錯』之勇氣。只要不是存心做錯。」你的辦公室掛著一幅對聯：「豈能盡如人意，但求無愧我心。」這些格言，你一生信守，請好友譚伯羽寫成字，高懸牆上，有時，你也寫給別人。但是，忍字心上一把刀，日日都是磨折。

這幅字是尹仲容請譚伯羽寫的，掛在辦公室，時時惕厲自己。現在由孫子收藏。　（尹小虎攝影）

你常感嘆：「人多口雜，做事者少，批評者多」，當時國民黨充滿失敗主義，你做的每件事都有人罵。

譬如，臺灣當時進口最多的是肥料及棉布，多是由日本傾銷來臺，你希望把外匯省下，便要「足食（肥料）足衣（棉布）」，你決定擴建台肥和發展紡織業。但是，台肥進口最新機器後，試車極不順利，變成輿論笑柄，你咬牙堅持，後來台肥六廠成為最有效率的肥料廠之一。你為了扶植紡織業，限制紡織品進口，新廠商也禁入，進口業者罵你，想加入棉紗業的人罵你，而初期國產棉紗不如日貨，甚至比國際市場貴一倍，棉布業者也罵你，消費者更是罵你。等紡織業站穩腳步了，你立刻取消保護，讓新廠商進入，既得利益的紡織業者也回頭罵你，你打落牙齒和血吞，終於汰弱留強。

你經常被指「圖利少數資本家」，這對一個有潔癖的人是多麼不堪忍受的潑糞。你在給沈怡信中感慨：「頗欲一切不問」，不無齒冷之感，但憂而愈憤，始終撐著，「由他去說好了」，這些應都間接傷害了你的身體。

很多人說你脾氣壞、好辯，那是因為你捍衛、說明政策，不遺餘力。你折衝各單位或和立委諸公辯論時經常「面紅耳赤」，激憤拍桌，聲淚俱下，憂急至此。當年人民連「經濟」兩字都不知道何意，媒體扮演很重要的教育功能，你勤於和記者溝通，林笑峰統計你從復出到過世那五年，和記者的定期會談有一百九十次，談話紀錄超過百萬字，不厭其煩，有人以「舌敝脣焦」形容。你在住院前四天仍和記者例會，結束時還說下次再談。

「尹先生是累死的」，葉萬安每次提到你都不勝唏噓。他一九五三年進入經安會的工業委員會，你是他第一個長官，他跟你工作十年，直到你過世。在你去世前半年，有一次，你去國防研究院報告，慷慨激昂，葉萬安替你換簡報板上的大字報時，看到地上一攤水，細看居然是血，嚇一大跳，他低聲提醒你，你竟只往地上看一眼，繼續滔滔不絕。葉萬安後來才知道那是你痔瘡的血，自褲管流到地上。葉萬安今年九十三歲了，回想此事，仍很動容，「好震撼，我到現在都忘不了」。

張九如在追念你的悼文中，也提到你在開經貿會議時，痔血滴到辦公桌下，渾然不覺。

最後奪走你性命的是肝病。你長年身兼三職，一人當三人，一天當三天，直到倒下。你把三十年的工作，十年做完。

人才和國命有關，最後一代儒官的身影

你是國民黨主政時的官員，但是，你不是國民黨員。國民黨現在被人貼的標籤只剩二二八、白色恐怖，但是，當年那個威權統治的政權，尚且知道「用人唯才」。

「人才和國命有關」，你常這麼說。這不是「宿命論」：國命不好，沒有人才。而是「因果論」：不識人才，不用人才，所以國命不好。這幾年，很多人充滿「亡國感」，常常私下嘆息，「國之將亡，必有妖孽」，就是一種「人才和國命」的「因果論」。國家用的不是「人才」而是「妖孽」，焉能不亡？

陳誠在一九五〇年日記有一段反省錄，今天看來，特別讓人有感：

凡政府在決定政策前，能採納各方不同意見，爲大多數民眾謀福利，這就是民主。

凡政府決定了政策，在執行時能貫徹意志，不問權貴與親朋，均「沒有例外」，這就是法治。

民主之精神在能擇善，法治之精神在能固執，古人所謂「擇善而固執之」，則庶幾近矣。

你就是那樣一個擇善固執的人。中研院研究員瞿宛文以「最後一代儒官」形容你，你受過傳統中華文化教育，充滿經世致用的胸懷，學的是電機，做的是經濟，擁有當年國家現代化時最需要的學問，卻仍像傳統知識分子用毛筆寫信、批公文、作絕句或律詩，並花十二年時間校釋《呂氏春秋》，辭職時潛心研究郭嵩燾（一個在清末即有現代知識的外交官，但為朝廷及時人所疑，抑鬱以終），撰寫他的年譜。傳統中華文化形塑了你的人格、器識，現代科學知識給了你促使國家富強的專業。「經世致用」於你，是生命的學問，一生的工作，半點不妥協。

當時國民黨政府灰頭土臉退守臺灣，許多人既疑且懼，對你的創新進取，頗為側目，頻頻掣肘，而你愈挫愈奮，念茲在茲的是「突破經濟發展上的技術瓶頸、工業組織管理瓶頸，開通眾人腦筋上的瓶頸、開發能自己發明創新的腦筋」。而你也是一個知過必改的人，有錯認錯，曾為了一個中藥政策讀了《本草綱目》，發現自己的確有錯，立即修正，曾有記者譏你「朝令夕改」，你說「知道錯了不改，那還得了」，有人質疑如此「豈非有損政府威信」，你說「知過不改，才真的有損威信」。

真正地讓臺灣走出去

你和陳誠相遇相知，對臺灣產生革命性的巨變，我在半世紀後研讀你們的事，忍不住一再感念天佑臺灣。

歷史令人戒慎恐懼的是，任何一個小小的環節都可能大大改變國家命運。史丹佛大學「胡佛研究院」研究員郭岱君，曾在《臺灣經濟轉型的故事》追溯一段「中山堂同哭」的歷史場景：一九五〇年，蔣介石希望陳誠擔任行政院長，遭到立院和黨部極大阻力，蔣介石為了說服同志，在中山堂的國民黨總理紀念月會痛陳「中華民國要亡了」，並說自己是「亡國之奴」，要跟「亡國之主」說幾句話，希望大家同心協力，「死裡求生」，蔣介石眼淚奪眶，多人泣下，終於讓陳誠組閣。

這真是「亡國感」的五內俱焚，憂憤交加。當年，若不是蔣介石堅持陳誠的人事案，並充分授權，若不是陳誠充分信任你，讓你先後或同時主掌生管會、工業委員會、中信局、經濟部、美援會、外貿會、台銀，臺灣可能在十幾年內翻好幾番，飛快進入開發中國家之列？這麼多大權集中一人，這是多大的信任，多高的風險，但是，得其人時，這又是多有效率的授權。你沒有辜負這樣的相知，從代紡代織、進口替代到外匯改革，最後推出「十九點財經改革措施」、「獎勵投資條例」，往自由經濟逐步邁進，民有民治民享，全民共富，讓臺灣亮麗地出現在國際舞臺。這是真正地讓臺灣走出去。

1968年財政部與外匯貿易審議委員會首長交接儀式後，新任財政部長嚴家淦(右)、外貿會主任委員尹仲容合影。（聯合報資料照片）

一九七二年，你去世不到十年，《紐約時報》報導，臺灣人均國民所得已為「亞洲最高國家之一」，「臺灣貿易量將首次超過中國大陸的貿易總額達五十二億美元以上」，「維護了國家聲望，阻遏了共黨勢力的入侵」，這是國家主權、國家尊嚴、國家安全的真正維護。

尹先生，我在讀你的資料時，才知道當年的威權政治不是一言堂，只是達成共識後，反對者不會永無休止地扯後腿。臺灣經濟改革，經過三次大辯論，國之重臣吵得臉紅脖粗，但拍板後，大家只有一條心。以外匯貿易改革為例，九人小組歷經數月爭論，只有你和陳誠有強烈改革企圖，其他財經金首長幾乎都一面倒地反對，最後陳誠把你的改革案呈報蔣介石，蔣明確指示：「外匯貿易政策必須改變，本案極客觀，不會錯」，堅持保守立場的外貿會主委兼財政部長徐柏園辭職，但跟屬下宣示：「政府既已決定執行全面性改革政策，我個人雖有異議，但我們應捐棄成見，全力配合。」事前力陳己見，事後絕不杯葛，這是何等廓然大公。

你和徐柏園對財經改革意見經常相左，陳誠除了讓你接任外貿會主委貫徹改革大計，還請了嚴家淦二次回鍋擔任財長，讓你好做事，臺灣經濟才能飛速改革。但是，當你和糧食局長李連春對糧食出口政策衝突時，心直口快的你應是對李連春口出不遜，讓陳誠忍不住在日記裡兩度直言批評：「尹固有其長處，但對人對事有成見、偏見，實為最大缺點」，「尹仲容雖極能幹，但說話太多，尤其尹對李連春，不宜以責罵對之。」

大家都是為了國家，雖對政策有激烈衝突，但不記恨。你的么兒尹宙建中畢業即赴美讀書，對你的工作及交往並不熟悉，但他記得李連春，因為李連春常到尹府商談公事，「我媽媽一九八七年過世時，李連春送了好大的輓聯來」，讓他印象深刻。張九如說：「尹雖常面折同寅之非，但因其心地坦厚，終能使人人欣賞其剛直忠誠，慍而不怨。」記者張齡松在你逝世多年後，在一篇評論中寫道：「當時恨他的人，如今都在懷念他」。尹先生，「君子疾沒世而名不稱焉」，原來應這樣解釋。

兒子回憶家中「空空的，就像個辦公室」

親愛的尹先生，世上真有魂靈嗎？你祖籍湖南，生在江西，累死在臺灣，埋骨陽明山。若有魂靈，你現在在哪兒？

你彌留昏迷時，最後痛苦地喊了一聲「媽」，母子未能相見。你九十歲的母親，始終被大家瞞著，直到你出殯三天，她在親友家無意中看到唁函，才知兒子不是遠行出差，而是再也不會回來了。你事母至孝，下班後去友人家接她打牌回來，若牌局未散，你不准別人先通

尹仲容墓旁，豎立兩塊大理石碑，記述他對國家的貢獻及蔣總統的褒揚令。（沈珮君攝影）

報，在外面借著車燈看書。若有魂靈，你應是放不下的。你放不下的，應不僅是老媽媽。可憐你的老母親，在你逝後一年也追你而去。

尹先生，我知道你愈多，愈想知道你更多。有一天，我又在google「尹仲容」時，在「蔚藍」的部落格上，看到她寫一個「修繕工」。蔚藍住在加州爾灣，經人推介找到一個八十歲的「修繕工」，那人一邊修水管一邊教她，希望她下回能夠自己修理，還陪她到店裡選買器材，前後花了四個多小時，最後只收她六十美元工資，而一般美國行情，一小時至少四十元。她驚喜地說要替他介紹客人，他說千萬不要，他一天只做一件，他是機械工程師退休，替人修修東西，純粹是樂趣。後來蔚藍請他吃飯，聊天時，才知道他的父親是尹仲容。蔚藍年輕，很早就赴美定居，她在部落格上寫著「一時熊熊想不起來這名字，聽說尹仲容在臺灣很有名」。

那個修繕工就是你最小的兒子尹宙。我大喜過望，寫信給蔚藍，她「筆試」我多次，在尹宙夫婦同意下，她給了我尹宅電話，但電話總是不通。一轉眼五年，我退休了，再寫信給蔚藍，這回她終於相信我是一個尹仲容粉絲，幫我約了拜訪尹宙的時間，我先飛舊金山探望女兒，再從加州一號高速公路開車南下，這是我第一次在美國開車，為了「追星」，一路雀躍，後來拿到一張三百多美元的超速罰單。

政治人物現在在臺灣，歷年來民調，政府官員可信度是倒數二或三，媒體記者是倒數第一，我居然為了想了解一個官員，上窮碧落下黃泉。

尹仲容子媳孫合影。前排左起：媳婦章湘谷（章乃器女兒）、兒子尹宬、孫子尹小虎。後排左起：尹仲容兒子尹宙、長孫尹志勇。（尹小虎提供）

我看到尹宙時，覺得像在作夢，激動得熱淚盈眶，我那天也見到了你五十多歲的孫子小虎，小虎是你當年留在大陸念協和醫學院的次子尹宬所生。尹宬在一九五七年因言獲罪（多像你的脾氣），送農村勞動一年，再送到人民公社當醫師，但文革又被揪出，在鬥爭會中「坐飛機」，大彎腰，兩邊由紅衛兵按著肩膀，脖子勒著粗鐵絲，吊掛三塊磚頭，鐵絲勒進肉裡，他後來被分配到醫院廚房燒鍋爐、切鹹菜。尹宬一九八〇年帶著念高中的小虎和四十美元到了美國，千辛萬苦考上行醫執照，終於在美落地生根。小虎現在也住在爾灣，是一個成功的企業家，你當年掛在辦公室的對聯，「豈能盡如人意，但求無愧我心」，現在掛在他家。他的哥哥、你的長孫志勇，在聖地牙哥一所大學擔任終身教授。

透過小虎，我最近也跟你仍在北京的女兒儀芝通了電話，她九十歲了，聲音年輕得像個中年人，在電話中抄寄我的郵箱，一次就對。你來臺時，儀芝才十八歲，剛進入燕京大學音樂系，尊夫人和她再次見面時，儀芝已五十多歲，那時你已過世二十多年。喜歡音樂的她，待過文工團，編過兒童報，在工廠車間工作，最後是在北京家電研究所所長任內退休。

你們家應有長壽基因（你若非過勞，應不致連六十歲生日都過不了），尹宙八十五歲了，腰桿筆直，走路快速，身形像你。一九五五年，他才高中畢業就赴美念大學，當時非常吃力，他笑說：「像幼稚園讀臺大。」吃力的應還有生活，出國時，你給他二千美元，就再也沒給他寄過錢，他暑假打工，端盤子，一小時賺一點二五美元，一個月生活費約五十美元。大哥尹宓當時已在加州理工念碩士班，後來是史丹佛電機博士。

尹宙說，你們父子相處時間很少，「在家裡也像辦公」。出國時，他只記得你叮囑他，「在美國少看一點電影。」他記憶中的家裡陳設簡單，「空空的，就像個辦公室。」最後連同家具把房子交還給政府時，家具破爛到被列為報廢品。

你去世後，尊夫人曾去美國和尹宓同住，陳誠日記寫著：

五十二年四月四日

今日通過褒揚尹仲容先生案。現尹夫人在美，與其子租一汽車間樓上一間小房子，母子同住，政府對尹之清廉，應有以助其子女教育之責。

喪葬費都湊不出，身後但餘書滿架

臺灣工業經濟之父，去世時連喪葬費都湊不出來。你的司機哭，「他的鞋和我同樣舊，我都不好意思換新鞋」。省議會通過要給你公葬，但行政院會有人力阻，唯恐「開此先例，後患無窮」，兩位部長級官員站出來說，未來若有像尹仲容一樣的人，應都比照公祭，這是百姓之福，「求之不得」。

你身居要職，假日在家常需接待客人，人家勸你把破家具換新，你反問對方：「有人會因為到我家必須坐藤椅，就不來的嗎？」、「有什麼外國客人會因為我家具舊就不上門嗎？」人家勸你換大一點的宿舍，你說：「我要大房子養蚊子嗎？」

你常說「國家太窮了」，即使在兼任台銀董事長時，公務車破舊到連車門都關不緊，也捨不得換，有一天，你的公務車和另一車相撞，你跌出車外，仍不換車，直到車子不值得再修了，才換了車。

你辭職時，連從中信局借來的一張舊几都立刻送回。「身後但餘書滿架」，這是別人悼念你的感慨，其實，你何其「富有」——追思會當天，自動自發來殯儀館的人超過五千，發喪到陽明山時，送殯車輛有四、五百，路邊致祭的人綿延三公里。不認識你的礦工主動為你捐一日所得，花店老闆知道客人訂的花是要弔祭尹先生時，不肯收費。「富潤屋，德潤身」，尹先生，現在人們只知「胡潤」富豪榜，若有「德潤」富豪榜，幾個人比你更「富有」？

有識有為，任勞任怨，今日能幾人？

你的告別式，蔣介石拄杖來了，陳誠徘徊靈堂，頻頻拭淚。陳誠夫婦還親赴陽明山公墓迎靈，葉萬安在他身旁，聽到他自言自語說，讓你身兼三職，是為了讓你好做事，沒想到把你累死了，陳誠淚流滿面，葉萬安和陪同在旁的人都淚流不止。

你不是國民黨員，卻在那個威權統治時代，被國民黨政府充分授權，在十幾年內改變臺灣每一個人的命運，可惜時間真的太短。你去世前兩天，陳誠去醫院探望你，你已昏迷，他在日記寫著「不勝悲感」。工商界對政府即將失去能人，惶惶不安，對陳誠表達了「關切與動搖」，他「許久說不出話來」。只要醫師對你的病況表達一點點樂觀之意，陳誠即滿懷盼望，「如能轉好，真謝天謝地」，知道你將不起時，陳誠痛心無比，「豈

1963年，尹仲容的追思禮拜，總統蔣中正（左）與夫人蔣宋美齡女士（右）親臨致哀。（聯合報系資料照片）

余失一助手，實國家之損失也。有識有為，任勞任怨，今日能幾人？」

他和你共事十多年，知你，用你，信你。陳誠悼你的輓聯至性至情至真：「是膽識猷守兼具之才，並世難逢，每念運籌多至計；為國家鞠躬盡瘁而死，中興未半，何堪揮淚哭斯人」。

你早已不堪負荷。一九五九年春節剛過，你在給友人的信上寫著：「弟近來身體極不佳，但又說不出患處。」身體對你發出警訊，本是要你休息，你反而是更加緊步伐。四年後，你連春節都來不及過，上天要你永遠休息了。

沈怡說，你「忙碌得想不到死」，對臺灣發生深遠影響的重大經濟改革，都是你去世前那幾年快馬加鞭推出的。

「仲容希望工程」助學，種子長成了樹

你在入院前三天，立委張九如去拜訪你，他事後回憶，你當時眼睛發亮，手卻「冷得出奇」，你們倆都不知道，那時你的肝已嚴重受損，生命只剩一個月。你的臉色晦暗，卻精神亢奮，縱論經濟大計，並預言臺灣經過外匯貿易改革、十九點財經改革措施，很快將經濟起飛，你在張九如告別之前，殷殷提醒，「經濟跑道仍有障礙，你們立委負有修築的責任」，這就是你的最後遺言，對立委滿懷熱望。

一九六二年元旦，人家放假，你卻邀請經濟部長、立委、農林廳長等人，一起去中部

視察農復會業務，租了一輛遊覽車，裝了擴音機，在車上立刻討論，立刻記錄。這樣的尹仲容風格，已成絕響。

如果你在一九六二年元旦時，知道自己生命只剩三九九天，那個新年你會怎麼過？若知天不假年，你應是何等急切。你在五十歲時給老同學信中說：「我輩只要能夠奮身努力，再幹十年，雖死亦不算短命了。」一語成讖，你去世時還差三個月才滿六十歲。

一九六三年，一月二十四日凌晨，我們永遠失去了你。

那天是除夕前一天，蔣介石在日記中寫道：「又弱我一革命健兒矣。」陳誠日記悲呼：「春節春節，今春如何過？」真情流露。

你去世後兩年，陳誠也去世了，也是肝病，他的遺言叮囑大家「不要消極」，呼籲「地不分東西南北，人不分男女老幼，全國軍民共此患難」，潛臺詞依舊是濃濃的亡國感。

一九九七年，你的老友嚴演存在美募資推動「希望工程」，你的長公子尹宓抱病響應，嚴演存退還他的捐款，笑說：「你又老又窮，我不收你的錢。」不久尹宓過世，你的兒媳遵照他的遺志，把奠儀再加上存款，捐給了希望工程，嚴演存收了，連同自己和王作榮、張繼正捐款，在四川敘永縣合樂苗族鄉建立了「仲容希望小學」，那是在川滇之間一千二百公尺高的山區學校，六百多位孩子可以上學了，有希望了。嚴演存、王作榮、張繼正都曾是你的部屬，這就是尹仲容文化。

「仲容希望小學」位居川、滇之間，山上的孩子可以上學了。（尹小虎提供）

二〇〇八年，儀芝又發動親友募捐，加上一位崇敬你的臺商劉慶弟女士贊助，在那所學校設立了「仲容獎學金」，不僅每班每年都有四名優秀學生可拿獎學金，認真教學的老師也有獎勵金。學校歷年申請的物資，有課桌凳、學生用床、飲水機、鼓號。學校在二十年的努力下，變成「中心學校」，多了初中部，且辦學優異，連四年獲獎，國家也富了，電腦一下可送來一百臺，孩子營養午餐也可以吃到肉了，這個以你為名的「仲容希望工程」才在二〇一八年告一段落。

「仲容希望小學」全體師生寫了一封感謝信，細數你們親友如何把曙光和希望帶到這個偏遠山區，他們承諾將「刻苦學習，努力拚搏」，「把自己磨練成品學兼優合格有用的人才」。感謝信文字素樸，但幾乎每句都像誓言，最後一段寫著：「懷著一顆感恩的心，我們一定以自己實際的行動去證明：唯有努力學習才是真理。」最後，他們說，

2019年年中，作者飛到美國加州拜訪尹仲容兒子尹宙（左）、孫子尹小虎（右）。
（沈珮君提供）

「我們發自內心地祝願你們：好人一生平安。」信末，他們寫著「敬禮」。

「好人一生平安」，這是來自山區六百多位師生對你們家族的最高祝福。你祖籍湖南、生在江西，埋骨臺灣，你雖早逝，但你的親友讓你在四川、雲南山上散播了希望種子，種子長成了樹，樹又將有多少種子，千千萬萬的人將帶著你的魂靈，就算他們忘了你的名，又如何？「天何言哉？四時行焉，百物生焉。」

親愛的尹先生，我在初寫此信時，一肚子憤世嫉俗。我氣我們薄情，臺灣幾乎忘了你。我替你不值，為國家「忠勤盡瘁」，連最愛

2024年清明節，尹小虎返臺祭拜爺爺尹仲容。
（沈珮君攝影）

的老母都未及好好告別，而你至死都放不下的斯土斯民，把「亡國感」變成「芒果乾」這種浮言浪語，我想到你說的：

「百年苦樂由他人」，我如不一心一德，發奮為雄，做些可以令人欽服之事，終必無幸也。

但是，此刻，在「仲容希望小學」的感謝信裡，我看到了你的魂靈。只要我們真心「圖利他人」，你便活著。我在紡織廠長大，我家三代因你而改變命運，我父母都失學，但我們來臺第二、三代都受了完整教育，八個人有五個碩博士，長期捐款給臺灣家扶及非洲貧童。不論官場有沒有尹仲容，不論人家是否記得尹仲容，只要曾受惠於你的，繼續「圖利他人」，親愛的尹先生，我們就有更多尹仲容。

敬禮。

◎原載二〇二〇年一月十九日至一月二十一日《聯合報．副刊》

葉萬安

臺灣經濟的幕後鐵漢

葉萬安（左一）「安邦定國」四兄弟及姊姊幼時合影。（葉萬安提供）

（沈珮君攝影）

一九二六年生

祖籍浙江紹興，在南京出生。一九四八年國立上海商學院銀行學系畢業，分別在國際貨幣基金（IMF）研究所及世界銀行經濟開發研究所（EDI）各研修六個月。曾任台糖公司副組長、行政院經安會工業委員會專員、行政院美援會專門委員、經合會綜合計畫處處長、經設會經濟研究處處長、經建會副主任委員。

曾兼任行政院主計處國民所得統計評審委員會創始委員、普查委員會委員；先後兼任東海大學、東吳大學、臺灣大學副教授；並曾擔任《經濟日報》主筆四十年，撰社論近兩千篇、專論一百餘篇。現兼任中華經濟研究院政策研究諮詢委員，行政院主計處國民所得統計評審委員會及普查委員會委員。

經濟活電腦，一生血汗在臺灣

葉萬安，九十六歲，前經建會副主委，職務並非特別顯赫，《經濟日報》在他退休時卻以「國家瑰寶」譽之。他三十歲即被同事、長官敬稱「萬老」。財經界尊他為「臺灣經濟活百科」，整部臺灣經濟史烙印在他腦子，因為他全程以「全人生」的方式參與，「那是我的工作」，公職生涯四十四年，每天工作十二到十五個小時，怎能不刻骨銘心？

我曾跟他借閱某些名家寫的臺灣經濟史，看到他在書上記下很多眉批，全是揪錯，有些高達一百多個，他連註解都仔細看過。

胡適千叮萬囑學生，做學問一定要「不苟且」，萬老做事、做人就是這樣。

萬老是尹仲容時代的人，他的直屬主管有王作榮、李國鼎、嚴家淦、俞國華、趙耀東。在臺灣資源有限還是「管制經濟」時，他從「經濟建設第一期四年計畫」即參與，從助理做到主持規劃大計，後來是經濟「自由化」的推手、催生人。

萬老是浙江紹興人，生在南京，不是避難來臺，他是興沖沖來臺灣工作的。民國三十七年，他在上海考上「臺灣糖業」（台糖）。

他是當時最好的財經學校——「上海商學院」（上海財經大學前身）畢業的。他在念「南京臨時大學」商學系時，統計學完全聽不懂，急得退選。轉入「上海商學院」就讀後，名教授鄒依仁帶他進入統計學殿堂，這門對他原本困難、枯燥的學問，忽然變成繁花滿目，讓他痴迷一輩子，並成為他「報國」的方法。

好老師可以改變學生一生。他碰到不僅一個好老師。

他在上海商學院就讀後，從商學系改念銀行系。他念銀行，當初是只求「安定」。亂世，沒有比安定更可貴的。他父祖輩雖創業有成，全盛時期在南京夫子廟附近有一家紹興酒廠、三家餐廳、一家冰廠，卻因戰亂家道中落，而鄰居同學的爸爸任職銀行經理，高薪、穩定，銀行系便成了他的第一志願。他說自己原本「胸無大志」，但大四修了徐宗士教授的「高等經濟學」，如獲啟蒙，發現「經濟」才是「經國濟民」之道。經濟，不是只解決「自家」問題，是解決「國家」問題，他從此滿腦子「國家」，一心一意要做「經濟研究」。

葉萬安快畢業時，通過上海華新銀行筆試，面試時主考官問他想做什麼，他說「經濟研究」，主考官啼笑皆非：「我們小銀行，哪有什麼經濟研究？」再問他有沒有其他志願，這個老實人說「沒有」，落榜了。

天可憐見，中國那時有什麼經濟？中國自清朝開始即因落後，飽受列強欺凌，中華民國建國之後，又因內亂外患，遍地烽火，經濟根本無處扎根。即使民國五十六年王惕吾先生在臺灣創辦《經濟日報》時，大家都還笑他：「臺灣哪有什麼經濟啊？」而葉萬安這個年輕人在民國三十七年就已死心塌地要做「經濟研究」。

他第一次面試失敗，仍未學乖。主管國營事業工礦單位的「資源委員會」也來校招考，其中一項是統計員，上海商學院當時還沒有「統計系」畢業生時，他是第一批修習「統計學」成績第一名的學生，學校又推薦他去。面試時，他仍然一口咬定要做「經濟研究」，主考官翻了翻資料說，只有台糖「經濟研究室」可去，他立刻說：「我去。只要是經濟研究，不論在哪，我都去。」他連臺灣在哪都不知道。

民國三十七年九月二十七日他與另外五位同學在基隆港下船，台糖派卡車來接他們，坐在車上，他立刻領教到烈日如火，這是他對臺灣的第一印象。他住在台糖倉庫（《中國時報》萬華區現址），地方很大，人很少，晚上只有一顆五燭光的燈泡，昏暗到令第一次離家這麼遠的他心毛毛。那年他二十二歲，這是他在臺灣的第一站。

他一生血汗在臺灣。

承繼「尹仲容精神」

「安邦定國」，是萬老四兄弟的排行。父親雖是酒商，心心念念的是國家存亡，對老大葉萬安寄望很深。葉萬安從小就覺得自己笨，學什麼都比三個弟弟慢，弟弟書讀一兩遍就會了，他必須讀五或十遍。他自小便知「勤能補拙」，「人一之，己百之」，念書如此，工作也如此。因為勤，所以特別耐煩。

葉萬安是台糖「甲等實習員」，底薪一百一十元，因為表現優異，年年跳級，五年後底薪已升為二百元。在臺灣一切混亂時，他替全臺三十四座糖廠建立即時的產銷日報表。

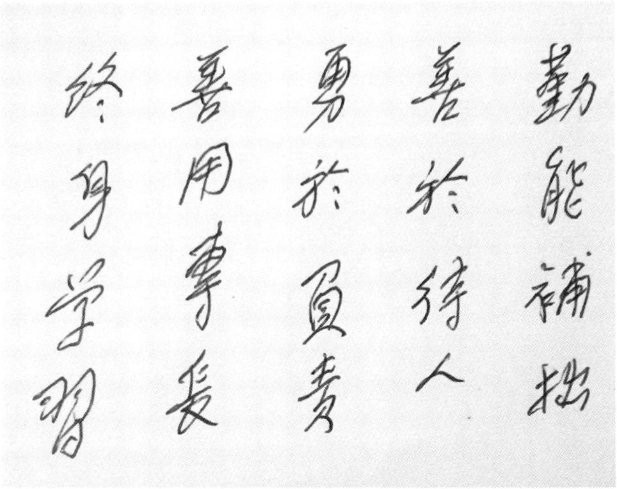

葉萬安親自書寫座右銘，隨時提醒自己。（沈珮君攝影）

當時臺灣最重要的出口物資是「糖」，占總出口百分之六十以上，是國家外匯的主要來源。財經當局希望每天能看到前一天的產銷日報，但當年沒有電腦，資料要用郵寄，一個星期才能收到。為了搶時效，葉萬安每天一早打電話給三十四個糖廠，查問前一天產量，並與總公司的出口量合併呈報，趕在當天中午之前將產糖日報送到台糖高層、財經首長、台銀董事長的辦公室。

當時電話是手搖的，透過接線生轉接，通話品質很差，辦公室也吵，一百八十公分高的葉萬安常常得蹲在辦公桌下打電話。這應是他日後脊椎隱患的來源。

因為他嚴謹、敬業，他的長官潘誌甲問葉萬安願不願意跟他進入「經濟安定委員會」（經安會）的工業委員會，尹仲容是工業委員會的召集人，那時正要做「經濟建設第一期四年計畫」。葉萬安大喜過望：「經濟研究，我的第一志願。」葉萬安進入工業委員會財經組，從王作榮的助理做起，王作榮當時是尹仲容極倚重的幕僚，常替他撰稿。

尹仲容是臺灣從二戰廢墟到經濟起飛的「領航人」。有一次，尹仲容給「國防研究院」演講，葉萬安替他換簡報板的大字報，忽然發現地上有水，細看才知是血，原來是尹先生痔瘡發作，血自長褲裡面流到地上，他提醒尹先生休息，尹非但不以為意，演講後還回辦公室繼續開會。葉萬安回憶當時，「我太震撼了，一輩子都忘不了。」尹仲容「一個人做三個人的事」，未滿六十歲即因「忠勤盡瘁」（總統蔣介石悼他的輓額）病逝。

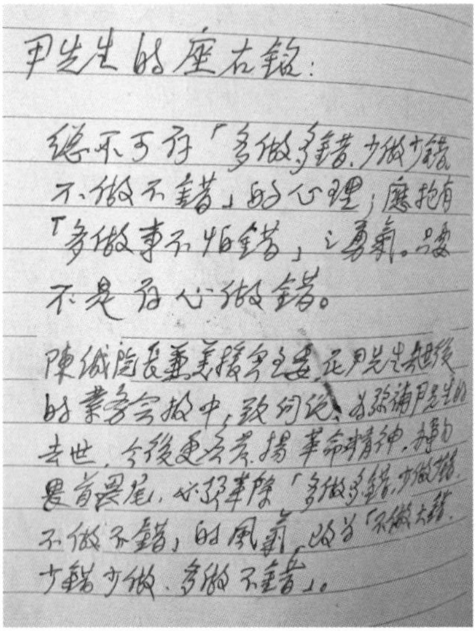

葉萬安寫下尹仲容座右銘惕厲自己。
（沈珮君攝影）

「尹仲容精神」影響很多人，葉萬安是承繼人之一，他唯恐事情做得不夠多、不夠好，對國家貢獻不夠大，生病也仍伏案工作。他曾因脊椎問題，痛到不能下床，同事背他下樓就醫。王作榮曾提及此事：「葉萬安一個人抵三個人，才累出病來。」

經安會撤銷後，葉萬安隨王作榮、尹仲容到擴大改組的美援會工作。美援會對臺灣影響巨大。前臺大校長孫震的第一份工作也在美援會，王作榮是他

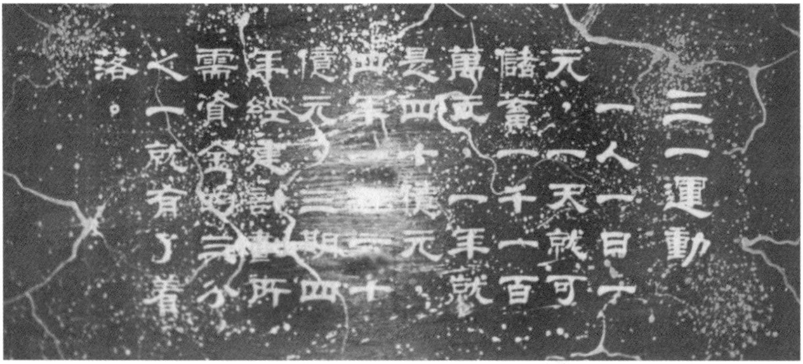

葉萬安建議三一運動，一人一天儲蓄一元，彌補了美援停止後的臺灣資金落差。
（國史館提供）

的第一個伯樂，他帶孫震認識的第一個人就是葉萬安，當時葉萬安已是資深專員。孫震後來歷任要職，曾在一篇文章中提及他：「萬安工作專注，導致背痛，有一段時期腰部裝上鐵架，仍然不肯休息。」他們都是拚命三郎，年紀輕輕就把身體搞壞了，孫震患氣喘好幾年，葉萬安終身之痛則在脊椎。

提出「三一儲蓄運動」，成功達成自力更生

臺灣曾經非常缺錢，一九五〇年時，臺灣銀行開的信用狀都遭國外銀行拒絕，台銀還曾向民航空運公司借用五十萬美元，以供調度。尹仲容常跟同仁嘆「國家實在太窮了」，沒錢就不能投資、建設。美國自一九五一年起每年給臺灣約一億美元，這對臺灣幫助很大，但一九五九年起即逐漸減少，並預告一九六五年完全停止，所謂的美援，後來變成貸款，且是否給予貸款、貸款多少，將視我政府提出的計畫而定。

臺灣當時極迫切的問題是美援停止後的一億美元缺

口，怎麼辦？老蔣總統指示要「自立自強」，葉萬安跟王作榮提出「三一儲蓄運動」，一人一天存一元，當時人口一千一百萬，一年可存四十億元，正好約一億美元。

王作榮提報之後，副總統兼行政院長、美援會主委陳誠立刻接受，並在廣播電臺呼籲大家支援經濟建設，一人一天存一元，各銀行紛紛趕設儲蓄部，老蔣總統夫婦還親臨臺北市十信合作社開戶，這個運動大獲成功。

一九六〇年時，全民儲蓄額是七十九億元臺幣。一九六一年推出「三一儲蓄運動」之後，一九六五年儲蓄額是二百七十億元，一九七〇年是五百七十四億元，一九七二年已達一千零九億元，不僅可充分供給國內投資，也可對外投資。

臺灣「自力更生」了。臺灣在接受美援的一九五二到六五年間，平均每年經濟成長率百分之八點六，美援停止後的一九六六到七三年更高達百分之十一。一九七四到七八年推出十大建設，強化各項基礎設施，輕工業也向重化工業轉型。臺灣經濟起飛，在蔣經國時代，每年平均經濟成長率為兩位數，是亞洲四小龍之首。這些漂亮數字的背後，是多少人的高瞻遠矚、殫精竭慮，還有勤儉的人民。

催生「家庭計畫」，對抗龐大的保守力量

臺灣正在躍起，葉萬安病倒。一九六二年他的腰椎已經撐不住了，醫師要他「好好睡兩個月」，他兩週後就用鐵架把自己撐起來上班，醫師氣得罵他：「你這麼不聽話，以後

1972年工業委員會老同事歡聚，前排左起為王作榮、張繼正、費驊、嚴演存、李國鼎、韋永寧。後排左起為崔祖侃、潘誌甲、沈葆彭、葉萬安、陳文魁、華國楨、杜文田、王昭明。（葉萬安提供）

不要來看我了。」

這個穿著鐵架的鐵漢，又催生了一個當時充滿爭議的政策，一九六八年臺灣家庭計畫全面實施。

多子多孫多福氣，這是早期農業社會觀念，當年家家戶戶至少生五、六個孩子，生十幾個的也大有人在。我上小學時，全班同學有七十八人，中午吃便當時，好幾個同學小心翼翼用便當蓋遮遮掩掩，不希望人家看到裡面只有幾條番薯，這成為我童年回憶的創傷畫面。

人口增加太快，糧食供給不足，經濟發展、公共建設、教育、物價都將出現問題，農復會主委蔣夢麟早已預警，一九五九年甚至說下重話：「我要積極地提倡節育運動，我已要求政府不要干涉我。如果一旦因爲我提倡節育而闖下亂子，我寧願政府來殺我的頭，那樣太多的人口中，至少可以先減少我這一個人。」但是，反對力量很大，節育只能偷偷摸摸做，效果不彰。

一九六四年葉萬安彙編「十年經濟展望」時，認為必須正視人口問題，希望在十年內將人口增加率由百分之三點六降低至百分之二，這份計畫與「第四期四年計畫」分訂為上、下兩冊，葉萬安負責在行政院院會口頭報告此一重大目標，被一位黨國元老厲聲斥責：「大陸有四億人口，臺灣才一千多萬人，你們還要降低人口，我們拿什麼去反攻大陸？」當時「反攻大陸」最大，行政院長嚴家淦圓融地裁示「十年經濟展望」留作內部參考，「第四期四年計畫」先核定通過。

2024年4月，尹仲容孫子尹小虎（左）來臺拜訪葉萬安。葉萬安剛出版新著《台灣經濟奇蹟的奠基者：尹仲容》。（沈珮君攝影）

葉萬安沮喪極了，他和經合會副主委李國鼎一起搭車回辦公室，他不死心，因為事關臺灣未來經濟發展，他建議召開人口問題研討會，公開辯論。

李國鼎分析，反對者多是「國父遺教學會」會員，那些人認為降低人口出生率違反國父遺教，李國

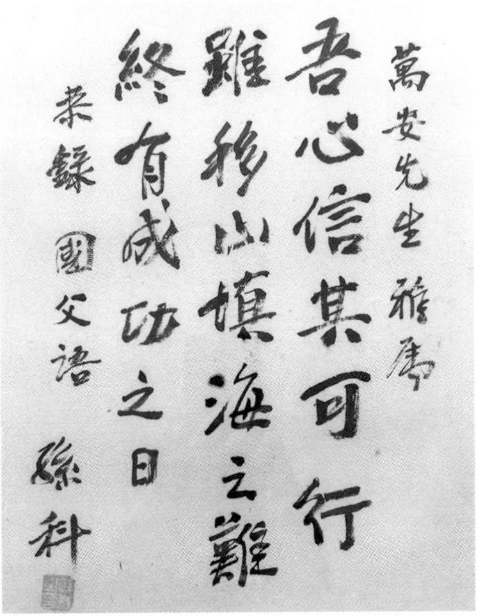
萬安先生雅屬
吾心信其可行
雖移山填海之難
終有成功之日
國父語
孫科

孫科有感於葉萬安對人口計畫的鍥而不捨，題寫國父語錄贈他。這幅字至今仍掛在葉府客廳。（沈珮君攝影）

鼎主張邀請國父哲嗣孫科來做研討會的主題演講人。孫科應邀之後，葉萬安主動想替他擬參考稿，他說不必。葉萬安很忐忑，因為他完全不知道孫科立場。

其實，孫科和他的主張完全一樣。演講後，《聯合報》記者張作錦訪問孫科，直指核心：「家庭計畫是否違反國父遺教？」孫科直接了當回答「不違反」，就此一槌定音。

內政部後來提出「人口政策綱領」、「家庭計畫實施辦法」，一九七〇年代臺灣人口增長率降到百分之一點八，葉萬安欣慰極了，「孫科一席話，降低人口目標提前十年完成」。

孫科知道是葉萬安以一個小小「專門委員」的身分，不屈不撓在對抗抱殘守缺、龐大的保守力量，會後主動用毛筆手書國父語錄送給葉萬安：「吾心信其可行，雖移山塡海之難，終有成功之日。」這幾句話才是國父精神。

編訂第一本《臺灣統計手冊》

臺灣第一本《Taiwan Statistical Data Book, 1960》（《臺灣統計手冊》）是葉萬安編訂的。一九六〇年財政部長嚴家淦要去瑞士參加聯合國經濟社會理事會，希望有一本可以放在口袋的小冊，裡面須有臺灣各項經濟社會資料統計數字，並附比較分析，可以隨時翻閱查找。葉萬安帶著三個助理，在兩週內做出，不僅有統計分析，還加上國際比較，總共一百八十三頁，來不及排版鉛印，是油印本，可見在多麼緊迫的時間內完成任務。從此以後，《臺灣統計手冊》年年編印。

葉萬安也是主計處國民所得統計評審委員會創始委員，迄今五十七年。除他之外，其他委員全是經濟學博士。他不是掛名而已，每次會議都提出具體評論及建言，被稱為「重量級委員」。譬如，二〇二二年二月開會時，他提醒該會對出口、景氣的預測過度樂觀，對物價上漲的預測過度保守，後來果然印證他是對的。

他一直沒有正視自己的脊椎問題，直到二〇一七年底痛到不能不動手術，當時他近九十二歲，術後恢復極不順利，後來連心臟也動了手術，他在八個月內五進五出醫院，幾度昏迷，先後住院一百五十天，瘦了二十公斤。在臥床時，連翻身都痛得要命，他心中浮現還有三本書未寫，這麼多事沒做完，怎可倒下？他每天從走十步、二十步開始復健，能走五十步時，再告訴自己可以走一百步，他的意志力，加上妻兒對他的愛，終於又讓他打贏這一仗。

葉萬安有一枝健筆，自民國五十九年開始以公餘時間替《經濟日報》寫社論，直到民國九十九年止，四十年共寫近兩千篇社論。

二〇二二年初夏，他出版五十多萬字巨著《邁向經濟現代化之路》（聯經），是他的社論選輯，也是一部臺灣經濟史。其中近十萬字導讀是他大病之後、九十六歲的新作，他每十年做一個斷代式的析論，裡面不僅有臺灣經濟各階段問題，還包括複雜的國際政經情勢。老先生不用電腦。

葉萬安腦袋雪亮，個性耿直。參與「第一期四年計畫」時，他只是助理，到「第五期四年經濟計畫」，已獲經合會主委嚴家淦授權全權策劃設計。葉萬安認為內閣設定的每年經濟成長目標百分之七，太保守了，主動將此列為「最低」目標，後來這四年經濟成長率最高曾到百分之十二點一。他膽敢如此樂觀預測，不是因為選舉畫大餅，而是經過「總體經濟計量模型」反覆演算，一再調整到合情合理為止。

蔣經國的最後一次財經會談

一九七八年蔣經國當選總統，因為關心經濟，在總統府召開財經會談，每兩週一次，直到三年後才改成不定期召開。葉萬安是報告人、記錄人、撰稿人。其實，不僅如此。在第四十四次財經會談之後，蔣經國要求幕僚事先給他建議，這個任務又落在葉萬安肩上，他每次擬出五、六條，蔣經國幾乎都會從中挑選三、四項作為指示。葉萬安為了思考能夠提出什麼更有益於經濟民生的點子，絞盡腦汁，有時候在客廳來回繞圈圈，一度痛苦到想起蔣介石文膽陳布雷的「油盡燈枯」之嘆，後來找石齊平、呂惠恕、周慶生一起加入，集思廣益。

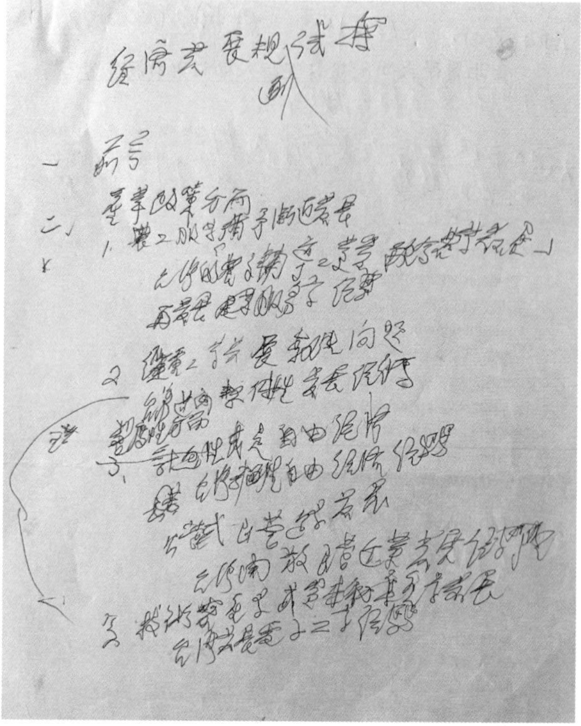

葉萬安前幾年病重，甫自昏迷中醒來，仍在規劃自己的新書，當時字跡筆畫全扭在一起。（沈珮君攝影）

七〇年代，對中華民國來說是不幸的「黑色十年」，但後來回頭看，卻是危機變轉機的「黃金十年」。當時風暴連連，一九七一年中華民國退出聯合國，一九七二年中日斷交，一九七五年蔣介石去世，一九七八年中美斷交，以上四件大事都足以令臺灣地動山搖，而一九七三、一九七九年又連續兩次石油危機，國際油價大漲。蔣經國在人心危疑、物價震盪時，在一九七四到七八年推出十大建設，在最壞的時刻，大舉用公共建設改變臺灣體質、鼓舞人心。

蔣經國讓臺灣脫胎換骨，但他也會犯錯。第一次石油危機時，「行政院長蔣經國」擔心影響民生，即使國際油價一漲再漲，但他遲遲不讓國內油價同步上漲，臺灣成為世界油價最低的國家之一，人民毫無節約能源的觀念，而國內物價仍然因為民心預期上漲，瘋漲不已。第二次石油危機時，葉萬安在財經會談用圖表檢討第一次石油危機，並建議臺灣油價應該要即時反映進口成本。終獲「總統蔣經國」裁示同意。

李國鼎會後告訴葉萬安：「你等於是當面批評總統，總統沒有不高興，還接受了你的建議。表現很好。」

一九八四年蔣經國召開第八十四次財經會談，距離上次開會已七個月，他的身體明顯很差了，蔣經國與葉萬安握手時，恭賀他升任經建會副主委，葉萬安心裡一震，「天哪，總統國事如麻，身體又這麼弱，居然還注意到我這個小部屬的升遷」，葉萬安激動又感傷。那是蔣經國最後一次財經會談。

主張經濟自由化、國際化、制度化

一九八〇年代初期全球經濟不景氣，除行政院指示經建會研擬各種因應方案外，葉萬安也主動提出貿易巨額出超因應方案、促進投資方案、因應新臺幣升值方案，報政院核定實施。一九八一到八六年全球在經濟陰霾中，平均每年經濟成長率百分之二點九，臺灣卻高達百分之七點九，相當於全球經濟成長率的二點七倍。

蔣經國去世前半年，一九八七年七月十五日《戒嚴令》廢止。同一天，立法院通過《管理外匯條例》「暫時凍結」，這是臺灣政治、經濟「自由化」的一大步。葉萬安回顧歷史上的這一天，「真是一個了不起的日子」。

《管理外匯條例》「解嚴」也是葉萬安「任勞任怨任謗任辱」的成果。一九八四年俞國華受命組閣，事先請葉萬安提供對經濟的意見，他立刻提出「自由化、國際化、制度化」，俞國華在立院通過人事案當天下午宣示新閣基本政策就是這九字。

落實那九字，問題一籮筐。自從一九五八年尹仲容提出貿易改革之後，二十年沒人再推動「自由化」，當時許多產業歷經長期保護，已有相當基礎，當年鼓勵出口、限制進口、高關稅、管制外匯等政策，已應功成身退，否則將影響到產業效率與投資意願，甚至衝擊經濟發展、物價穩定。許多經濟學者一再呼籲開放，直到俞國華組閣，葉萬安在關鍵時刻踢出臨門一腳。

但是，過程並不順利，各方充滿疑慮，其中《管理外匯條例》修或廢，是「自由化、國際化、制度化」重要的一步，葉萬安在各單位奔走溝通，屢遭質疑，還被一位央行副總裁譏為「書生之見」。在他鍥而不捨下，終獲財經首長共識，央行總裁張繼正最是積極，認為「愈快愈好」，葉萬安請教通曉修法程序的政院趙捷謙組長，在他的建議下，請立法院將有關「管制」的條文「暫時凍結」，取代曠日廢時的逐條修正，從此出口廠商可以自由持有、自由運用外匯所得，一般人民也可自由結匯、自由向國外投資。

「自由化、國際化、制度化」姍姍來遲，但仍不算太晚，為臺灣日後加入GATT/WTO（關貿總協定／世界貿易組織）創造了有利條件，臺灣經濟結構也因鬆綁而朝向高附加價值方向轉變。

「亞太營運中心」變成一場大夢

但也未必好點子都可落實，「亞太營運中心」變成一場大夢，是葉萬安的最大遺憾。一九九二年他退休了，常去大陸參訪，當時大陸正因六四事件，外資卻步，官方積極推動改革開放，同文同種的臺商快速卡位，到處大興土木。葉萬安看到了臺灣機會，截長補短，兩岸若可共好，對臺灣將是大好，已國際化的臺灣可成為大陸與東南亞之間的投資仲介或雙方據點，臺灣可做製造中心、金融中心、轉運中心，對雙方都是「站在巨人的肩膀上」，將可「天下無敵」。

此時正好蕭萬長接任經建會主委（一九九三），副總統兼行政院長連戰責成經建會提出「振興經濟方案」，蕭萬長邀請在珠江三角洲參訪的葉萬安回來擔任顧問。

葉萬安以他在大陸的所見所聞，主張應將臺灣建成「亞太營運中心」，並列為「振興經濟方案」最高目標。亞太營運中心，多年前即有人倡議，始終被當空中樓閣，葉萬安這次又再提出，幾乎也被所有與會者反對，有人嘲笑素來務實的他：「萬老去過大陸以後，變得愈來愈好高騖遠了」。但連戰看到亞太營運中心的前瞻性，將它自中長期目標列為「跨世紀重大工程」，指示立即規劃，並自任專案小組召集人，不到一年即有二十多家跨國廠商來臺做策略聯盟，期待兩岸盡快三通。未料總統李登輝在一九九六年宣布「戒急用忍」，嚴格限制兩岸經貿往來。前臺大教授杜震華是亞太營運中心研究、規劃的四人小組之一，他曾回憶當時心情：「望著臺上滔滔不絕的李登輝，我的心裡卻在瞬間淌血——完了，不會有兩岸三通，亞太營運中心也沒了！臺灣經濟，以後大概沒希望了！」

三十年過去，大陸早已是世界第二大經濟體，並儼然已「不只是」亞太營運中心，而臺灣本來應「至少是」亞太營運中心，卻一度成為四小龍最後一名。臺灣與大陸漸行漸遠，葉萬安每次回想此事都扼腕。十大建設時，蔣經國有一句名言：「今天若不做，明天會後悔」，亞太營運中心便是。

一九九五年大陸生產總值（GDP）才七千億美元，葉萬安在一九九六年預測，亞太營運中心如果可以落實，二〇一〇年大陸GDP可增加四兆美元，而臺灣GDP將增加八千億美元。大陸十五年可成長六倍？連大陸產官學界對葉萬安的預測都覺得「不可思議」。葉萬安很有信心，因為他是根據亞洲四小龍及他畢生參與、推動臺灣經濟發展的經驗所預估出來的。

二〇〇九年大陸GDP四點九兆美元，比他預估的提前一年完成。可悲的是，自我粉碎「亞太營運中心」大夢的臺灣，二〇〇九年GDP僅增加一千五百億美元，是他預測的五分之一。直到二〇二一年，臺灣GDP才達七千七百億美元。

總統！您的財經數據有問題

葉萬安這個活電腦，在經建會規劃全民健保時，也派上用場。當時臺灣無人懂健保，葉萬安推薦哈佛教授蕭慶倫參與，蕭教授是健康、經濟專家，是美國國家科學院院士，曾研究、參與全球二十多個國家的健保制度，他後來也是美國三位總統的顧問。蕭慶倫是臺灣全民健保第一期規劃總顧問、總設計師，葉萬安除了替國家找到國際級的專家，並負責提供蕭慶倫需要的經濟資料，所以，健保初期規劃很快完成並提早推出。

沒有人知道葉萬安在健保的角色，萬老自己也從未提過，對他來說，只是日常工作，但讓蕭萬長印象極深。功而不有，蕭萬長讚嘆「葉萬安真是公務員的典範」。

萬老至今仍繼續投書媒體，專攻經濟領域，都是用數字說話，言必有物，而且不改耿直，譬如：〈總統！您的財經數據有問題〉，駁斥尋求連任的陳水扁在總統大選辯論中炫耀的財經政績錯誤百出，連政府發表的國債數字「創新高」，也被扭曲說成「創新低」。萬老每篇文章都不假他人，是親自執筆、最年長的經濟評論家。

二十二年前，葉萬安曾在媒體發表一篇長文，分析早期財經決策官員共同的風範與特質。他那篇文章是在李國鼎逝世百日寫的，藉以期勉「新政府」。現在臺灣已經歷三次政黨輪替，那篇文章至今看來仍然充滿「新義」，摘要如下：

一、即使在威權時代，財經決策官員都是一心謀國，無私、無求，爲國家、爲人民，絕不爲個人權位考量。

二、全力追求國家現代化，他們兼具中國傳統與西方文化、知識的修養，心胸開闊，尊重幕僚，樂於聽取各方意見，但經過強烈辯論後，只要做成正確決策，共同全力以赴，絕不會反覆不定。

三、負責任、有擔當，絕不推諉，絕不好高騖遠，絕不拖泥帶水和稀泥。

四、積極主動，敢於改革，明知困難，但有「雖千萬人吾往矣」的氣概。

五、操守廉潔，生活簡樸，公私分明，都有「鞠躬盡瘁，死而後已」的精神。

分享臺灣經濟發展經驗

葉萬安退休後，終於可以回老家了，但只能哭墳而不能見到老父了。

葉萬安高二時，他們家生活困難，父親同鄉介紹他去錫箔店當學徒，十四歲就當學徒的葉爸爸搖頭說：「寶林（葉萬安小名）是要念大學的，我再苦也要讓他讀書。」葉萬安當場落淚，更加用功，為了減輕家裡負擔，高二即以第一名跳級考入大學。他大學畢業後即遠赴臺灣工作，一別就是一生。

當年再苦也要讓他讀書的父親等不到他回來，「我平生最對不起的是爸爸。」九十六

1992年葉萬安第一次返鄉，最小的弟弟已54歲，老母88歲，在南京莫愁湖畔合影三年後，老母去世。（葉萬安提供）

歲的葉萬安至今念及老父仍忍不住哽咽，這是他身為人子的此生最痛。所幸還來得及見到老母，母子相見三年後母親過世。

他畢業四十五年之後，終於可以再回母校，上海財經大學比他念書時大多了，當年僅四百人左右，現在有三、四萬人。為了回饋母校，一九九七年葉萬安夫婦與另一對校友夫婦各捐五萬美元，折合當時人民幣共約八十三萬元，這在當時是很大一筆數字，一個教授月薪不到五百元人民幣。直到二〇一三年獎學金用盡為止，共有三百二十五人受惠，其中一人後來成為副校長。

他始終沒找到統計學恩師鄒依仁，但找到經濟學的啟蒙老師徐宗

2017年葉萬安（右四）母校上海財經大學建校100年，他獲頒傑出校友。　（葉萬安提供）

士，徐老師高興極了：「教了五十年經濟學，終於有學生用經濟學為國家經濟建設做出貢獻。」而這學生是在臺灣開花結果。一年後徐老師病逝。

大陸改革開放初期，葉萬安常去各地分享臺灣經濟發展的經驗，希望幫助大陸脫離貧困，在亞洲金融風暴及美國對大陸施壓下，他對人民幣應升或貶也都有準確預測與建議，他的文章曾送到當時總理朱鎔基的桌上。

他希望兩岸「和平共榮」。馬英九選上總統後，兩岸融冰，葉萬安在二〇〇九年樂觀預測二〇二二年中國大陸將趕上美國，成為第一大經濟體，如果兩岸合作，

「二十一世紀，將成中國人的世紀」。他這個活電腦當時的確無法預見美國現在會以半個地球的力量壓制中國從老二變老大，也不能預見臺灣會像自願一般將成「美國巨大武器庫」，但那時他已提醒：「二十一世紀是否真正能成為中國人的世紀，兩岸未來的和平發展和兩岸領導人的『一念之間』或許是一個重要關鍵。」

他那篇文章的前言就是「或在一念之間」。

◎原載二〇二二年十二月十八日至十二月十九日《聯合報．副刊》

自勉「終身學習」，臺灣經濟史全在腦袋裡

作者與葉萬安夫婦在葉府合影。（沈珮君提供）

二〇二二年十一月，我跟萬老約在麥當勞見面，他點了一客冰炫風、一支霜淇淋。冰炫風也是一種冰淇淋，他把霜淇淋倒入冰炫風的杯中，再把原本盛裝霜淇淋的甜筒杯捏碎，用湯匙拌入兩份冰中，熟練地完成所有過程，心滿意足地吃起來：「我就是喜歡冰淇淋，吃一支不過癮。」此時，他像一個孩子。

十年前，我第一次看到葉萬安先生，是在國史館辦的近代史論壇，當時他已近九十歲了。

張作錦（作老）先生替我們互為介紹。作老知道我正在研究尹仲容，他說：「萬老是現在極少數跟尹先生一起共事過的人，妳應該要認識。」後來

發現，萬老不僅是尹仲容部屬，而且具有尹仲容精神。

我後來又屢屢在《經濟日報》辦的各種財經論壇看到他高大的身影。他常常自勉「終身學習」，不是說說而已，他應該是聽眾席中年紀最長的。

他不只是聽者，有時也是講者。二〇二二年春天，雖然有疫情，他還是接受邀請，參加了在七海官邸舉辦的論壇，並是主講人之一，剛開始電腦有問題，替他播放簡報檔的人卡了一段時間，九十六歲的萬老在沒有畫面提示下，侃侃而談，聲若洪鐘，我再次見識到臺灣經濟史都活在他腦袋裡，不像電腦會卡住。座談會結束，他在妻子聶又云陪伴下，雙手划著登山杖，以北歐健走的方式流暢離場，搭車而去。

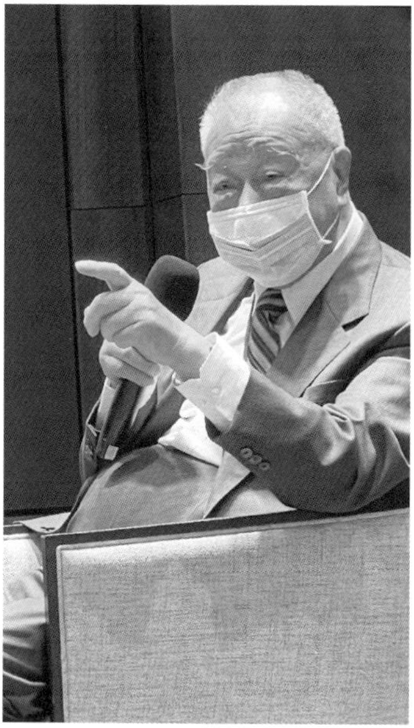

2022年，96歲的葉萬安出席臺灣經濟史的論壇，是主講人之一。

（沈珮君攝影）

萬老的貴人無數。所謂貴人，是他尊敬、可以學習的人。他受益最深的貴人除了尹仲容之外，還有王作榮、李國鼎、嚴家淦，他們都曾和尹先生共事。這些人都經過抗戰八年、內亂四年，萬老對他們充滿敬意：「凡是有良心的知識分子，只要有機會，就想盡辦法努力把國家從窮國中掙脫出來。」他也是如此。

他跟王作榮工作最久。王作榮

飽讀詩書，受了完整的西方教育，學有專精，常替尹仲容寫稿。尹先生涉及的領域很多，王作榮也必須什麼都要立刻上手，替他蒐集各種資料的就是萬老，萬老不以為苦，反而認為這正可讓他海量式地快速學習。

王作榮剛正不阿，個性率直，寫稿一揮而就，自己不看第二遍，萬老替他修潤，包括語氣，讓他少得罪人。王作榮仕途不順，他始終覺得有人作梗，雖然後來李登輝在總統任內請他做考選部長、監察院長，但都不是他志趣所在，他的專長在經濟。

2005年連戰（前排左二）率團赴大陸展開「和平之旅」，與胡錦濤（前排右二）會談，葉萬安（後排右三）隨行。這是兩岸國共兩黨最高領導人在1949年之後首度見面。（葉萬安提供）

王作榮認為在工業委員會及美援會那段期間是他公職生涯的「黃金十年」，「官階不高，權力沒有，但有重大影響力」，這似乎也正是葉萬安的一生。王作榮在自傳中向美援會同仁致謝，特別點名葉萬安，「辛勞備至，貢獻甚大」。

擇善固執，咬定青山不放鬆

萬老最佩服的人是尹仲容，他很嘆息尹

先生過世太早，否則他能替臺灣做更多事。

幸好李國鼎承繼尹仲容精神，他雖然因病很早退出第一線，但在政務委員任內，把冷門位子做得風風火火，「KT（李國鼎英文名）像火車頭，到哪裡都會動起來」，萬老說，李國鼎極勤，即使週末休假在家看雜誌，看到有用的地方，就在上面貼一堆小條子：「╳╳兄，請參考」，「╳╳兄，請看看有無可採用的地方」，「╳╳兄，請提意見」，上班時把那些東西分送給很多「╳╳兄」。

當年稅務人員很多貪汙案件，李國鼎召集剛畢業的碩士，成立稽核小組，把資料輸入電腦，一切透明，無所遁形，腐敗分子就不容易上下其手了。

李國鼎擔任科技顧問時，動員人脈，跟企業界、科技界、學術界合作，在孫運璿行政院長任內，推動能源、材料、電子資訊、生產自動化、光電、生物科技、食品科技及肝炎防治等「八大重點科技產業」，這些直到現在都是臺灣的明星產業。

李國鼎跟尹先生一樣，非常清廉，藤椅破了，用麻繩捆綁固定。直到他去世後，故居整修，那把破椅子才被人發現。

尹仲容為了解決問題，背負許多罵名，甚至被人誣陷而一度停職打官司，辦公室高懸「豈能盡如人意，但求無愧我心」對聯。

不怕挨罵、不畏困難，尹先生常說「絕不可存多做多錯、少做少錯的心理」，萬老認為這就是「勇於負責」，他常說「公務員就是要替國家人民解決問題」，他自己最愛解決問題，同仁問他累不累，他說怎麼會累，解決問題可以得到極大快樂。

他從尹先生學到承擔、負責，從王作榮身上學到「善用專長」，從李國鼎學到「鍥而不捨」，也從圓融、謙和的嚴家淦身上學到「易地而處」、「善於待人」，這些都是能解決問題的人格特質。

當時年輕的萬老默默把這些融為一身，而且「擇善固執」，「咬定青山不放鬆」，他認為對的事情，即使阻力很大、要磨幾年，他都死心眼地一關一關化解，並去找到對的人來做對的事，而水到渠成時，他高大的身影隱在幕後。

葉萬安（左一）敬佩的師友：王昭明（左二起）、王作榮、李國鼎、張繼正、崔祖侃。（葉萬安提供）

在數據中找到解決之道

有衝突時，萬老會站在第一線。「公營事業民營化」，他是專案小組執行秘書。一九九〇年中石化要轉民營時，員工怕年資、權益受損，很恐慌，近百人到經建會樓下示威，並揚言週日要召集千人去總統府前抗議。萬老立刻下樓，請工會全部理監事十五人到樓上說明。

在開會之前，他寫了一張紙條「小不忍，亂大謀」放在襯衫口袋，貼胸放著，自我提醒平心靜氣。針對工會的質疑，他一一解釋，並把民營化草案印給他們每人一份，工會才知道他們的疑慮在草案已有處理辦法，道謝離開。他得到工會很大的信任，後來民營化過程就順利了。

葉萬安也曾和李國鼎一起在臺大共開一門課，一教十六年。

李國鼎因病從財政部長卸職之後，一九七七年臺大校長閻振興請他到國發所開設「臺灣經濟發展政策與建設」課程。

李國鼎上課第一天，因身體剛復原，怕心力不濟，臨時請葉萬安替他講第二小時的課，主題是「石油危機對國際經濟衝擊與對臺灣的影響」，他在毫無準備的情形下倉卒上臺，不僅能把一九七〇年代一漲再漲的國際油價如何讓臺灣消費者物價指數上升百分之四十七，及十大建設如何在這種狀況之下，以擴大公共投資，保持經濟成長百分之一點一，一九七五到七八年臺灣經濟如何在公共投資大力支持下，又回復高成長，所有數據他都能立刻寫在黑板上。

閻振興大為驚訝：「你怎麼記得這麼清楚？」葉萬安說：「這就是我的工作。」在別人看來的死資料，對他來說，都是活資訊，「我每天要從數據中分析、發現問題，在數據中找到解決之道」，這些數據「活」在他腦子裡。

李國鼎立刻請閻校長邀葉萬安與他共同開設這門課。直到葉萬安退休了，李國鼎也八十多歲，一九九三年兩人一起辭職。

注重養生，忙著編寫《數字會說話》

萬老是一個堅毅的人。他回任經建會顧問時，有一段時間上班常穿長袖襯衫，因為他不希望別人看到他手臂上的咬痕，太太咬的。

那是萬老的隱痛。葉夫人是安徽滁州人，她直到萬老一九九二年退休才跟他第一次回大陸探親，太晚了，她在安徽老家不僅不認得任何親人，並陷入極度恐慌，回臺就醫確診已罹患失智症，沒多久就跌斷髖關節，只能坐輪椅。

很多朋友都看過萬老在一大清早推著輪椅帶太太在國父紀念館廣場散步、晒太陽。葉夫人失智後期，不願洗澡，洗澡像打仗，經常把萬老咬得一塊青一塊紫。為了讓太太每天乾乾淨淨、清清爽爽，萬老咬牙忍住。

他的第二任妻子聶又云就是有感於萬老當年對病妻的有情有義，而不在乎他們年紀相差二十五歲，決定與他相守。結婚二十四年來，他們互為對方的最大支柱。萬老重病昏迷時，她不斷在他耳邊講話，他清醒後，積極復健，一半原因雖是自勉，另一半原因是不忍累她。即使病癒，他仍然不敢懈怠，如果沒在讀書寫作，一定在客廳「動來動去，做各種運動，一刻不閒」，聶又云很以他為傲。萬老認為自己若非有她，不可能活得這麼老、這麼好。

2023年12月葉萬安出版新著，紀念尹仲容去世60週年。（天下文化提供）

他很注重養生，每天早上做「長生學」，靜坐及調理半小時，踮腳尖三到五分鐘，用手心拍打腳心各兩百下。他除了不吃辣之外，沒有特別食物忌口。他大病掉了二十公斤，現在已全部回來了。

大疫期間，萬老的健康也維持得很好，雖然一度感染新冠肺炎，但平安度過。

萬老是紹興人，老家做酒賣酒，但是，他不喝酒。二十二歲時他在來臺灣之前，同學設宴歡送他，他喝了幾杯紹興就吐了，從此不喝酒。他和王昭明、江兆申、趙其文等九位好友，是「國防研究院」同期受訓的，結業後結為好友，組成「啤酒小組」，自一九七五年起每月聚餐，人家喝酒，他喝可樂。直到二〇一三年王昭明中風病倒，啤酒小組才結束。

九位老友，現在只剩他一人。

他仍忙著，正在編寫《數字會說話》。

◎原載二〇二三年十二月十九日《聯合報．數位版》

孫震

清寒學生成為經濟學家、臺大校長

1993年國防部長孫震（中）巡視金門，與蛙人部隊合影。（孫震提供）

（沈珮君攝影）

孫震

一九三四年生

山東平度人，中華民國經濟學家、教育家、政治家。畢業於國立臺灣大學經濟學系，美國奧克拉荷馬大學經濟學博士。現任臺大經濟學系名譽教授、臺大經濟研究學術基金會董事長。

曾任國立臺灣大學校長、財團法人工業技術研究院董事長、國防部長、行政院經濟設計委員會副主任委員。早期著作以經濟學為主，二〇〇〇年以來從企業倫理深入儒學領域。近年研究的方向為儒家思想在二十一世紀的意義，及其對世界發展可能的貢獻。

第一位自臺大畢業的臺大校長

民國三十九年，臺大校長傅斯年在臺灣省議會倒下時，他聲嘶力竭爭的是：「絕不能廢止臺大清寒獎學金。」他知道兩年後這獎學金將栽培出另一位臺大校長嗎？

民國四十一年，清寒生孫震因為這獎學金在臺大安心完成學業，並在五十歲時出任臺大校長，他是第一位自臺大畢業的臺大校長。

孫震讀臺大時，寄居齊東街姨母家。

（孫震提供）

臺大是臺灣當年唯一的大學，孫震因家貧差點放棄，在姨母的堅持、獎學金的支持下，他才成為臺大人。獎學金讓他學雜費全免，每月還可獲得生活費九十三元，他只要每週幫學校工作幾小時即可。大一時，他被分派的工作是打掃教室，當時和他一起清掃的還有兩人，一位是于宗先（後來成為知名經濟學教授、中研院院士、中華經濟研究院院長，對臺灣經濟發展、人才培育很有貢獻），另一位是丁介文（她直到兒女大了

當年這三位臺大清寒生一起打掃教室，不知道人生故事怎麼寫。他們後來成了中研院院士（左一，于宗先）、旅美傑出女企業家（中，丁介文）、臺大校長（右，孫震），這是他們畢業五十週年時拍攝的。（孫震提供）

才繼續進修，近五十歲拿到博士，前幾年獲全美保險業傑出女企業經理人獎）。

那個年代的人，都是戰火餘生，都是「生不逢辰」。孫震三歲時就碰上對日戰爭，好不容易抗戰勝利了，又遭逢國共戰爭，他的童年、少年不是逃鬼子，就是逃土共，念過八所小學，初、高中都各只念兩年。

他在大陸讀「山東省立青島臨時中學」高一，到臺灣之後考入臺中「裝甲兵子弟中學」（今「宜寧中學」），直接念高二，他是「裝甲兵子弟中學」第一個考上臺大的學生。當年不是聯招，臺灣只有一所大學、三所學院、四所專科，各自收費招生，學生若無十足把握，不敢「浪費」錢去考臺大。

那年頭，大家都窮，有各種滋味。高中時，他曾被訓導主任叫去談話：「你品學兼優，就是太不注重儀容了。」因為頭髮太長。他生活費太少，當月若需買牙膏或肥皂，就沒錢理髮。他念大學時，教科書很貴，外文書更是珍稀，有一次，系裡弄來兩種各十本英文原著，一百多位學生抽籤購買，孫震兩本都抽中了，高興之後，開始痛苦，因為要花費他整整兩個月獎學金。那兩本書，他花兩個暑假，勤查字典，一字不漏讀完，摩挲再三。

他總說：「我是一個笨笨的人，所以認真念書。」從到臺灣開始上高二起，直到在美國拿到博士，從未蹺課。他極珍惜讀書機會，老師上完課，他回家立刻複習，當天就搞懂。他靠美國傅爾布萊特、奧克拉荷馬大學和臺灣國科會三種獎學金，分兩個階段完成博士學位。在奧克拉荷馬念書時，冬雪紛飛，他只有一件在臺灣用兩百元買的二手風衣，在風雪中如同披著一張報紙，但那已是他最珍貴的財產。

孫震在「山東省立青島臨時中學」的高一照片，不久即離開大陸來臺。　　（孫震提供）

一生只跟父親開口要過二十元

這個寒門子弟，出身書香門第，世居山東平度城東關「文村巷」（以「文村」命名，據說就是因為他們孫家）。孫震的高祖父是清同治七年（一八六八年）進士，父親孫功偉曾任平度三個小學的校

孫震高祖父孫儒卿畫像。孫震說：「山東人不會做官，只知盡忠。」高祖以梁寒操詩勉勵子孫：「只知盡責無輕重，最恥言酬計短長。」（孫震提供）

孫震父親孫功偉年輕時是家鄉游擊隊的美男子，1949年來臺之初拍攝。（孫震提供）

長，是七七事變前平度縣最年輕的校長。

古人曾譏嘲「百無一用是書生」，他們家不是這種書生。孫校長的高祖父儒卿公十七歲為州學生，咸豐十一年（一八六一年）捻匪犯境，他率鄉人捍衛家園，被長矛刺中喉嚨，癒後棄武從文，發憤讀書，成為舉人。他的外祖父邱丕振公為鄰邑掖縣望族，十七歲留學日本，參加同盟會，為革命先烈，蒙難時年僅二十八。孫爸爸也不遑多讓，這位校長在對日抗戰時，參加游擊隊，屢有戰功。當年保家衛國，「拋頭顱，灑熱血」不是口號，他們不曾奢望外國人替他們打仗，甚至不敢寄望政府。

抗戰勝利後，這些所謂「游雜部隊」卻被歧視，但是他們這種直心腸的人仍然「忠黨愛國」，心向政府，拋下家人，追隨政府打共產黨，孫爸爸的老母妻兒則流浪到青島，成了難民。這成了孫震很深刻的記憶，媽媽去撿市場丟棄的菜葉、別人啃過的西瓜皮，醃成鹹菜給一家子吃。十幾歲的孫震也拖著小車，去工廠挑他們燒過的碎煤，拿到河中淘洗，剩下沒燒透的所謂「煤核」，給媽媽生火。直到大陸幾乎全面赤化，政府遷臺，孫爸爸才把孫震託給友人帶來臺灣，自己從另一管道逃出，老家留下一對兒女、有孕在身的妻子及岳母。

孫爸爸這個打游擊的「教書匠」，來到臺灣，放下筆桿、失去槍桿，完全沒有謀生技能，摸索好久，最後學會打燒餅、磨豆漿、炸油條，這才安頓下來。

孫校長回憶父親工作的身影，「他穿著汗衫當爐打燒餅，夏天時，那可不是『汗流浹背』可以形容。」他看我一頭霧水，嚴肅地先說文解字：「『汗流浹背』是被誤用的成語，《後漢書》：『操出，顧左右，汗流浹背』，是說曹操見了漢獻帝出來之後惶愧不安的樣子。那四字不是用來形容工作辛苦。」

即使時隔七十年了，孫校長仍記得父親打燒餅時的樣子，「工作辛苦的那種流汗，絕不是『浹背』而已，而是額頭上的汗流到眉毛被擋住，再往兩邊流下。」他曾在看著大汗淋漓的爸爸時，突然靈光一閃：「人的兩道眉毛一定是『進化』的結果。」否則汗水不斷流進眼睛，怎麼工作？這個現在聽來好笑卻不無道理的邏輯，應是一個孩子對父親的辛勞備至極感心痛的領悟。

孫爸爸白天在臺北廈門街賣豆漿燒餅，晚上在螢橋新店溪畔賣茶，一度很有事業心地

臺大經濟研究所學生與老師施建生教授在法學院合影。當時因為拮据，照片只比現在的一元硬幣略大。左起：周宜魁、蕭聖鐵、施建生、梁國樹、孫震。（孫震提供）

把豆漿店擴張成三家，一家在南門市場，一家在古亭市場，他也做過月餅，在羅斯福路、和平東路口賣過牛肉，但做什麼賠什麼。孫爸爸慷慨仗義，同鄉老友很多，但對家人「大而化之」，他的弟弟孫同勛是靠兩個姊姊照顧，而在臺灣唯一的兒子孫震則是交給太太的妹妹撫養。孫震直到考上研究所才搬入臺大宿舍，他一生只跟父親開口要過二十元。

校史唯一，叔姪同時任教臺大

孫同勛是孫震的叔叔，比他大一歲，也是讀書人。孫爸爸和友人晚上在家打麻將，孫同勛只好站在屋外電桿旁的街燈下讀書，成為廈門街違建區一景。孫同勛後來也考上臺大，和孫震在同一個傅爾布萊特交換計畫赴美留學，在密西根州立大學獲博士學位，曾任中研院美國文化研究所所長，是知名的臺大歷史系教授。叔姪同時任教

2023年7月，孫震（左）與叔叔孫同勛教授(右)、姑姑在餐廳合影。 (孫震提供)

臺大，這在校史上是唯一。

「我這輩子一心一意讀書，只想做個稱職的老師。」這是青年孫震認為可以操之在己的心願，但人生自有安排。他的碩士論文獲得校外口試委員蔣碩傑（中研院院士，臺灣走向自由經濟的關鍵人物之一）的重視，把他推薦給美援會，三年後孫震回臺大經濟系擔任講師，一路升為教授，後來又被政府借調至剛成立的經設會擔任副主委，十一年後接掌臺大，九年後接任國防部長，一年十個月後轉任政務委員，最後在工研院董事長任內退休，可謂「歷任要職」，但是，「這都不在我的人生規劃裡」，孫震認為：「我只是一個經濟學者，湊巧擔任這樣那樣的職務而已。」

他從未想過「鴻鵠將至」，他說自己只不過「凡事盡忠心」，在每個職位上把事做好。他從未「求官」，一生只「求職」一次，就是回母校任講師。他在《半部論語治天下》裡詮釋《禮記．儒行》這段話：「儒有席上之珍以待聘，夙夜強學以待問，慎忠信以待舉，力行以待取。」他的白話解釋十分平實，充滿退讓，似乎很不符合這個時代，但其實是積極主動的「反求諸己」，而且飽含自己的生命驗證：「儒者重視自己的尊嚴，不會主動去求職，但會在學問上和品德上做好準備，等待出仕的機會」，而這樣的儒者「不寶金玉，忠信以為寶」，「不祈多積，多文以為富」，「難得而易祿也，易祿而難畜也」，這種人「請他做官難，但他不會計較俸祿；雖然不計較俸祿，但是留住他不容易，因為道義上如果不合，就會離你而去」。

人生最煎熬時，去留都不是為自己

蔡元培任職北大校長十年，辭職七次。孫震任職臺大校長九年，也曾辭職，那是他人生最煎熬時，去留都不是為自己。臺灣一九八七年解嚴，蔣經國一九八八年去世，孫震在一九八四到九三年任職臺大，正是解嚴前三年、解嚴後六年，街頭抗爭如四竄的野火，臺大作為臺灣最高學府，推倒戒嚴時期留下的心理高牆，自有責無旁貸的使命，孫校長「躬逢其盛」。臺灣民主史上知名的「野百合運動」，就是一九九〇年由臺大學生拉出序幕，要求解散國大、廢除臨時條款、召開國是會議、訂定民主改革時間表，在中正紀念堂靜坐的各校學生最多時曾達六千人。他們的訴求不是校長可以回覆的，孫校長曾去看學生，贊成他們的言論自由，但希望他們不要罷課，也不要干擾想要上課的師生，他說「上課是學

1990年學運，臺大學生在中正紀念堂靜坐，校長孫震（左）去探視他們，希望學生注意健康、安全。（聯合報系資料照片）

生的權利、老師的責任」。

一九九一年又爆發「廢止刑法一百條」的學潮，主張「意圖」破壞國體、非法變更國憲、破壞政府，不能論罪，以免人民連「想」的自由都沒有，也避免政府「誅心」，製造口實，將異議者入罪。時逢雙十節前，孫校長與「一〇〇行動聯盟」李鎮源教授商定，把臺大抗議師生自總統府前移到臺大基礎醫學大樓外的矮牆內，並與教育部長毛高文要求警政單位讓臺大自我約束，警方不要取締。各方說好，最後卻爆發衝突，行政院長郝柏村在立法院答詢時震怒，表示支持警方，「沒有任何一個國家允許校園有治外法權」，並批評「警察要進入時，校方找不到人」，「學校負責人未能負責，我非常不滿意」，其實孫校長和警政高層始終聯繫不斷，但現場失控，警方動手驅離。

孫校長看到電視報導的郝院長談話，當晚提出辭呈，他認為「個人可以默爾而息，但作為臺大校長不能受辱」。他辭職受訪只說：「尊重院長，唯日久自明。」慰留孫校長的花籃從二樓辦公室排到一樓，臺大也前所未有的團結，各系連署請求校長不要走。郝院長很快就知道自己資訊有誤，第二天即跟孫校長道歉，並親赴孫府致意。總統李登輝也派黃大洲、蔣彥士勸他不要辭職。

那時，許多人藉機「倒郝」，在郝院長兩度道歉下，孫校長是否留任，又成為一個難題──「士可殺，不可辱」，不少好友勸他「飄然遠去」，留名青史；也有許多好友勸他「相忍為國」，不要成為政治鬥爭的工具。各方寫給他的信函之多、歧異之大，讓他最後都不敢拆。留任需要更大的勇氣，他在宣讀留任聲明時，雙手顫抖，眼眶含淚。

獲得「君子經濟學家」的榮譽

相對之下，收回臺大校地十三處，並在時限內完成徵收校地十六點九六公頃，這個「當時若不做，今天已做不到」的艱巨工程，反而相對容易。收回各機關借占的臺大校地，其中極大部分與國防部有關，但在蔣經國支持下，軍方終於分年歸還。

徵購校地涉及許多民間地主，來自臺南鄉村的臺大總務長黃大洲溫暖、細膩地一一解決，他在堅定執法的同時，能同情地了解經濟弱勢者，為他們爭取額外的補貼，替他們找房子。孫校長說黃大洲是一位「常懷悲憫之心，知道民間疾苦」的「誠篤君子」，後來黃出任末代官派臺北市長，推動基隆河截彎取直、拆除老舊不堪的中華商場一千七百多戶及大安森林公園預定地二千六百多戶房舍，無不繁劇，黃大洲極力爭取從優補償，一一化解困難，終讓市容一新，但當時飽受罵名，黃大洲參加首次臺北市長民選，輸給陳水扁。「剛毅木訥近仁」，孫校長以此形容他的老同事黃大洲，只是這樣的儒者，很難在民主選舉勝出。

很多人說孫校長是「恂恂儒者」，既是誇讚，也是感慨，這個時代已不太能了解「恂恂如也，似不能言者」的意思了。這種人不太會為自己說話，臺大教授朱炎曾引陳東塾的話：「大事難事看擔當，順境逆境看衿度，臨喜臨怒看涵養，群行群止看識見。」形容孫校長在艱苦卓絕的環境裡勇於任事的「敏於行」，卻又能在含冤忍辱的情形下溫柔敦厚的「訥於言」。這和現在

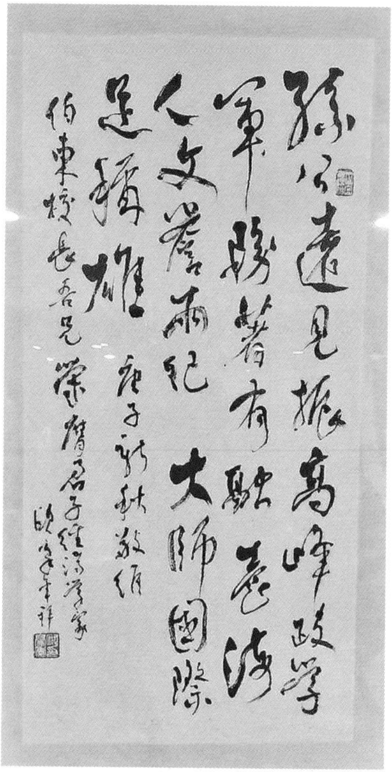

孫震獲君子經濟學家獎，書畫大師歐豪年自書詩恭賀。（孫震提供）

官場競比伶牙俐齒，哪種人更令人傾慕？

二〇二〇年孫校長獲得《遠見》雜誌第一屆「君子經濟學家」的榮譽，錢復在頒獎典禮用「謙謙君子」形容他。

他的謙謙，從小到老都一樣，認識他多年的朱炎讚他「窮達如一」。孫震結婚時，一位他服役時的軍中工友送來五十元大紅包（當時少尉月薪也才三百多元），他說：「孫少尉從來沒叫我『老徐』，都是稱我『徐先生』。」

尊重所有人，孫校長至今與人約會絕不遲到，即使明知婚宴必不準時，也必準時前往，「寧可我等人，不願人家等我」。

「修己以敬」、「君子學道則愛人」，這不是道學，而是「理當如此」（他的一本書名）的日常生活。

經濟不僅是科技問題，也是文化問題

二〇二二年五月二十九日，臺灣新冠疫情正往高峰奔去，立院在混亂中三讀通過修正「會計法第九十九條之一」，形同為陳水扁在總統任內的「國務機要費」案除罪，一連串以假發票報銷公費的案子就此清零。

二〇一六年孫震在臺大替卸任校長做的口述歷史裡說，政治領袖爆發以假發票報公費的醜聞，「那是我們那個時代的人無法想像的」。

那是什麼時代？

民國四十年代，身兼三要職（美援會副主委、台銀董事長、外貿會主委）、被稱「經濟沙皇」的尹仲容，他是「臺灣經濟工業之父」，病逝時手上沒有一張股票，連喪葬費都沒有。橫跨一九六〇到八〇年代的「臺灣經濟奇蹟推手」、「臺灣科技教父」李國鼎身後也上無片瓦、下無寸土。備受尊崇的前行政院長孫運璿中風後坐輪椅，公務車上下不便，他不願申請換新，《聯合報》創辦人王惕吾送他一輛凱迪拉克，他拒受，惕老說暫時借他，這才解決問題，他去世後，孫家立刻歸還。

尹仲容「一個人當三個人用」，從不準時下班，不報加班費，也沒有領兼薪，這變成「尹仲容精神」。孫震第一份工作就是在尹仲容部門，沒日沒夜，「我做了一輩子公務員，從來沒有報領過加班費，也沒有把首長的特支費挪作家用」。孫震任職經設會副主委時，主委是張繼正，他也在尹仲容時代任職美援會，張繼正連私人、公家信函的郵票都清楚分開，一介不苟。孫震認為就是因為「政府首長這般清廉，才有臺灣早期的各種成就」，只是後來大家愈來愈不在意，先從「小地方」開始，整體素質漸漸下降，臺灣在一九九〇年後失去「亞洲四小龍」的龍頭地位，甚至一度成為倒數第一，孫震認為與此有關，「經濟不僅是科技問題，也是文化問題」。

美援會的行政效率高，當年會中流行一個說法：「尹仲容今天交代你的事，希望你明天做好；李國鼎今天交代你的事，希望你昨天已經做了。」當年美援會專員葉萬安（前經

孫震第一份工作就是在美援會幫秘書長李國鼎（右）撰稿。
（孫震提供）

建會副主委）也曾說：「才開完跨部門會議，人家還在寫報告，我們美援會就已把執行辦法送到各單位了。」

孫震在美援會的主要工作是給副主委尹仲容、秘書長李國鼎擬演講稿和寫文章，他的稿子只有兩次被要求修改。一次是尹仲容的演講，尹先生認為孫震準備的講稿未消去季節變動，當時開講時間將至，尹先生先上臺講上半部，孫震在辦公室火速改寫下半部，及時趕上；另一次是李國鼎一篇關於對外技術援助的文章，李先生將文中所用的「援助」改為「合作」，以尊重受援國，並特別把孫震叫去辦公室向他說明。

受到長官鼓勵，年輕的孫震努力工作，白天不夠用，晚上繼續熬，感冒生病也從不請假，加上家裡燒的是煤球，久咳不癒變成氣喘，最嚴重時，每天黎明前都會發作，不能呼吸，覺得自己快要死了，天亮了，又悠悠轉來，繼續上班。他曾求診一位名醫，卻被告知「這病終身沒法痊癒」，讓他當場淚下。

其實，那是身體在警告他，他太累了，但他不懂。

一九六二年王作榮替他申請了聯合國獎學金，到泰國曼谷「聯合國亞洲暨遠東經濟委員會」接受九個月在職訓練，研習經濟發展與經濟計畫，那裡氣候溫暖，工作壓力較小，學習本身更是讓他快樂，他的不治之症才不藥而癒。

促成並見證了臺灣經濟的蛻變

一九六四年，孫震從美援會改組的經合會（經濟合作暨發展委員會）請辭，回到臺大經濟系任講師，重返初心，讀書、教書，他萬萬想不到十年後會再回政府工作。一九七三年行政院長蔣經國將經合會改組為經設會（經濟設計委員會），作為行政院的經濟幕僚單位，孫震被借調任副主委。一九七七年經設會又改組為經建會（經濟建設委員會），負責經濟政策的研擬、協調與整合，成為臺灣經濟發展的參謀本部，孫震留任副主委，並兼發言人，直到一九八四年出任臺大校長。

作為一個學院派的經濟學家，參與政府的實際工作，孫震促成並見證了臺灣經濟的蛻變。一九七〇年代世界經歷兩次石油危機，物價膨脹，繼之以經濟衰退。經濟學者鑄造了一個專有名詞「停滯性通膨」（stagflation），形容「經濟低成長，物價高膨脹」的艱難狀況，全球都陷入此一困境。

時任行政院長蔣經國雖未必很懂經濟，但會傾聽，「他只聽你講，自己很少說。」經國先生綜合學者專家的意見，組成臺灣史上最強的財經團隊，李國鼎、孫運璿、俞國華都

孫震近年專注於儒學的現代化新解，見人之所未見。頗具啓發性。
（沈珮君攝影）

是一時之選，他們畢業於大陸名校，曾受現代西方科技教育，經驗豐富，並有中國儒家「修己以安人」、「修己以安百姓」的使命，在迅猛的市場變化中，完成臺灣經濟的全面自由化，並推動十大建設，使臺灣基礎建設大為提升，而且孕育了資訊電子，使臺灣後來成為世界科技產業的重鎮。在所有發展中國家，臺灣最早成為已開發國家，不能不歸功於當年具有開放心胸、國際視野的蔣經國團隊。

「我們當時其實可以走得更大膽一點，」孫震仍有遺憾，「如果決策者對經濟學有更多的理解，對經濟學者有更多的信心，匯率、利率能夠更快速回應市場，當時臺灣經濟應會成長更快，也可避免後來股票市場從一萬兩千點摔到兩千點的泡沫化。」

近年著作以儒學、企業倫理為主題

除了「經濟」之外，他年紀愈長愈覺得「文化」才是國家可大可久的「根」。

孫校長公職退休後，到元智大學擔任講座教授，除了教「經濟政策」之外，特別開設「企業倫理」的課，並重新闡釋影響他一生的儒學。

他自二〇〇〇年起至少寫了九本著作以儒學、企業倫理為主題，並在新冠疫情期間撰寫出版了《孔子新傳》，除了四書和五經之外，融通、參證《春秋》三傳、《史記》、《戰國策》，簡直是一部以孔子為軸心的春秋史。

孫震解釋儒學最令人一新耳目的是，他以「經濟學之父」亞當．史密斯和孔子相互闡發，這兩位看似極端相反的大師，在孫震筆下，有時如同一人。

「多為別人著想，少為自己著想，節制私欲，樂施仁善，成就人性的完美。」你以為這是孔子「君子義以為質，禮以行之，遜以出之，信以成之」的白話版，錯，是亞當．史密斯。

「人口很多了，政府如何促進人民福祉？應增加他們財富。」你以為這是亞當．史密斯的《國富論》，錯，是孔子回覆弟子冉有的問題：「既庶矣，又何加焉？」孔子答案是：「富之。」

《四書》是孫校長的床頭書，《國富論》是孫校長研究經濟學的起點，他兩相匯通，讓人看到一般人忽略的亞當．史密斯在撰寫《國富論》之前原本是倫理學教授。但是，孔子和亞當．史密斯在「幾微之際」仍然有別，這成為他們極大分野。

史密斯第一本名著是《道德情操論》，那是《國富論》基礎，他再三申明人不僅「利己」，也有「利他」之心，經濟發展即是奠基於此——利己的同時即利他，經濟最大價值於此誕生。但是，史密斯的「利他」是結果論，並非是發諸本心。史密斯認為：「我們得到晚餐，並非因為屠宰商、釀酒者和麵包師傅的仁慈，而是因為他們認為對他們有利」，「我從未聽說那些假裝為公益而交易的人做出什麼好事來」。

為他人、為公益，未必是「假裝」，對儒家來說，那是發諸本心的「義」或「道」，而且是任何財富、權勢來源必須先建立的前提。若不合乎道，「不義而富且貴，於我如浮雲」；若合，「雖執鞭之士，吾亦為之」。若利己卻害人或敗德，真正的儒者絕不能做。若以這樣的初衷經商、建廠，會有食安問題、豆腐渣工程、血汗勞工嗎？

除了亞當·史密斯，孫校長還以諾貝爾經濟學獎得主顧志耐（Simon Smith Kuznets）及哲學家康德為輔，不僅讓孔子變立體了，也讓儒學更具當代感。這樣的東西方對話，尤可看出資本主義現在嚴重貧富不均的困境，是因完全忽略了他們鼻祖從利己、利他衍生出來「審慎」、「公平」、「仁慈」的美德，而只一味在利己。「審慎」是節制自己私欲，「公平」是不減少他人利益，「仁慈」是增加別人利益。唯有利己、利他並進，這樣的經濟增長才能讓社會共利共富。

西方資本主義已愈來愈重視「利己」，並因此引發相對剝削感，「占領華爾街運動」只是冰山一角，而儒家則是強調擁有財富之前須先講「義」，兩千多年前的儒學在此和現代問題接軌，並看起來是個解方。

孫震（左三）任國防部長時，巡視東沙。左二為副參謀總長顧崇廉，右二為海軍陸戰隊司令鄭國南，右三為海軍總司令莊銘耀。（孫震提供）

孫校長文字理性，乍看迂腐，但「聽其言，觀其行」，參照他的做人處事和政策，會發現他的「仁」學絕非口耳之學，而是「君子所性，仁義禮智根於心，其生色也，睟然見於面，盎於背，施於四體」（《孟子·盡心》上），自然流露，溫婉動人，卻有時被人訕笑。

赤子之心的「文人部長」

一九九二年金馬解除「戰地政務」，早已解嚴的臺灣地區自此可謂全面脫離「戰時」。孫震在第二年（一九九三）接任國防部長，他提出減少「不合理的操練（軍中美其名曰「磨練」）」，主張「讓軍人回家吃晚飯」，讓他們在平時也可享受天倫之樂、看到孩子成長。他認為社會愈愛護、敬重軍人，軍人愈會自重，更願保家衛國。他並想到軍人退伍之後的就業問題，主張國軍除了是戰鬥體、生活體，更應是一個「教育體」，苦學出身、曾任臺大校長的孫震，認為應給予軍人能銜接社會職場的專業教育，甚至讓他們去大學上課、修學分，妥善利用在軍中漫長的時間，讓量體龐大的現代軍人成為社會進步的人力資源。

這位「文人部長」的想法可能過於「文人」，但也正因為他是真正的「文人部長」，才有這樣充滿人文主義、赤子之心的主張。「主張」來不及變成「政策」，他便卸任了。

他說自己是「沒出息的溫情主義者」，我卻以為正是這樣的「沒出息」，使他把人人還原成一個個「人」，每個「人」都是生命，都有人生，都是一個家庭，而不是遠在天邊的客體或阿拉伯數字。

孫震喜歡席慕蓉的詩，40年前撿了臺大校園的茉莉，夾在印有席慕蓉詩的書籤中，保留到現在。　　（沈珮君攝影）

他也喜愛草木鳥獸，在臺大校園看到俗稱「大笨鳥」的黑冠麻鷺，會悄悄跟著牠們腳步拍照。他每天自製ＬＩＮＥ的早安圖，都是自己拍攝的動植物，不只是靜態的，有時是一池搖晃波光的各色錦鯉。他喜歡席慕蓉的詩，有一陣子，他送人家的書不是經濟學，而是席

2000年孫震卸下公職，第一次返鄉探母，老母親當時已全盲，一個多月後母逝。
（孫震提供）

慕蓉的名作《七里香》。他曾在一張印有席慕蓉詩的書籤透明封套裡夾了一朵茉莉花，快四十年了，他仍保有那張書籤，那花已枯成咖啡色，但他依然記得那朵茉莉是在臺大舟山路農場撿的，而且是被席慕蓉的那詩觸動：「我將我的哭泣也夾在書頁裡／好像／我們年輕時的那幾朵茉莉。」

他在公職退休後，二〇〇〇年第一次回山東老家，看望老母。自他少年離家已超過五十年，他的頭髮已白，而他親愛的母親雙目全盲，看不見這個白頭兒了，一個多月後，老母去世。幸運的是，孫媽媽在一九八七年曾來臺和孫爸爸一起生活了兩年，當時她只有三十七公斤，一目失明，雖然歷經戰爭、恐懼、飢餓，但端莊矜持一如當年那位大家閨秀。

孫爸爸在一九九〇年最後一次返鄉，本想以後即在臺灣終老，未料突然腦溢血，埋骨老家。落葉歸根，這是不是也算圓滿了？孫校長卻不無傷感，當年和孫爸爸一起抗日剿匪、同甘共苦的戰友都在臺灣，比家人還親，他們最後未能看到彼此，「海天遙隔，夢魂為勞，怎能無憾？」

此憾已不能彌補，而兩岸相隔的也不只是臺灣海峽。平度老家對孫校長已是一個完全陌生的地方，他的老家和南關油坊胡同的外祖母家，都不是他記憶中的樣子，那棵在秋天晚上果落大地聲聲敲夢的棗子，不僅已不見，連院子都蓋上了整排房子，哪有棗子？他念過的崇真小學也已變成菜市場，「曾日月之幾何？而江山不可復識矣。」（蘇東坡〈後赤壁賦〉）

「『故鄉』不是現實存在的地理名稱，而是連結著我們失去的歲月和對親友的記憶，永遠留戀，但也永遠回不去了。」

他在山東出生，只待了十六年，那是「故鄉」；他在臺灣超過七十年，流汗流淚，那個當年沒錢剪髮的少年早已一頭白髮，這是「家鄉」。「Home is where my heart is.」孫校長以這句英文及東坡詞「為問嶺南應不好，卻道此心安處是吾鄉」，回答我的「故鄉」叩問。

◎原載二〇二二年七月十七日至七月十八日《聯合報・副刊》

我問
我聞

研究學問的用心、用力，已是「用情」

作者與孫震（左）攝於他的臺大辦公室。　（沈珮君提供）

「當事情來了，我就知道事情正要過去」，這是孫震的話。大疫期間，我用這話安慰了許多自己或家人確診的朋友。有效。

孫校長經歷過戰火，在戒嚴時期出任公職，力促臺灣經濟從管制到自由化，在解嚴前後擔任臺大校長、國防部長，在那個壓抑又尖銳的年代，他不論是做幕僚或身居「高處不勝寒」的位子，他以儒家「為仁」之道一以貫之：「恭則不侮，寬則得眾，信則人任焉，敏則有功，惠則足以使人。」恭、寬、信、敏、惠，五個字，說來簡單，豈是簡單，一輩子的工夫。

他的公眾形象「道貌岸然」，其實是個性情中人。在應酬場合，人愈多的地方，他愈覺手足無措。他從未習慣站在聚光燈下，但碰到自己深入研究或沉迷的題目，他就忘了人群、忘了時間，侃侃而談，大放光芒。

「半畝方塘一鑑開，天光雲影共徘徊。」（朱熹），我常在聽著聽著孫校長說話時，腦海浮起這兩句詩。心之方塘有多大、多清透，映照的天光雲影即可有多豐富。他是經濟學家，他有興趣的、閱讀的、研究的，不只是經濟學。

他自小喜看章回小說，《西遊記》、《水滸傳》、《三國演義》……滾瓜爛熟，讀到諸葛亮「星殞五丈原」那段，書中描述他最後一次巡視軍營，「孔明強支病體，令左右扶上小車，出寨遍觀各營，自覺秋風吹面，透骨生寒，乃長嘆曰：再不能臨陣討賊矣。」諸葛神算，戰功無數，江山大業未竟全功，個人生命已到盡頭，幼年孫震大悲不已，撲簌簌淚滴下。

他至今仍能記誦《三國》若干段落。而《水滸傳》官逼民反、奸佞當道、英雄末路的愴然，也讓他經常縈迴。

這些充滿忠孝節義的章回小說，他寫文章時經常援以為例，可見影響他至深。我和他初次談話，他即問我有沒有看過《三俠劍》，見我一臉茫然，頗為失望，他一直在找看過

《三俠劍》的知音。他當臺大校長時，教務長郭光雄讀過《三俠劍》。

他研究一門學問時，用心之痴、用力之深，令人覺得已是「用情」。他詮釋儒學、倫理學，大紙鋪開，一寫就是九本，一本比一本厚，閱讀之廣博，真可用「泛濫典籍」形容。他讀書多、記憶力好，觸類旁通，除了信手拈來都是材料，並且發現這些經史子集對同一事件出入之大，更是勾出他滿滿的好奇心，非要找出真相不可，追根究柢，如有考據癖。

他讀詩詞也是這樣。他喜歡蘇軾的〈永遇樂・彭城夜宿燕子樓〉，二〇〇六年到徐州參加「海峽兩岸楚漢文化研討會」，親訪東坡「夢到關盼盼」的燕子樓實景，後來寫成一篇長文，從當地季節、氣候，參證蘇詞「曲港跳魚，圓荷瀉露」，考證東坡先生當年「夜宿燕子樓，夢盼盼」的時間，興味盎然。

「上窮碧落下黃泉，動手動腳找東西」，不就是這樣嗎？這是前臺大校長傅斯年主張做歷史研究時應有的態度，孫校長的考據精神正是如此，盡其可能尋找資料，比對查核，找出矛盾，排除錯誤，一步步接近真實。他不只是因為「做學問」須如此，更是情不自禁，此中有大樂。

心似少年，做人做事一絲不苟

孫校長當年考上臺大經濟系時，同時考上臺灣省立師範學院（臺師大前身）國文系。

這位經濟學家，有時更像中文系教授。

他今年八十八歲，一頭白髮是他漂亮的標誌。他至今仍像年輕時一樣，喜歡熬夜，捨不得早睡，因為晚上是他讀書寫作的時間，只屬於自己。新冠疫情高峰時，他也仍然每週三搭捷運進臺大社科院辦公室，準備線上演講或會議。

孫震夫婦的滿頭銀髮是他們的漂亮標誌。（沈珮君攝影）

那天，我臨時去他辦公室探訪，結束後一起走出臺大校園。他背著雙肩包，腳步比我輕快，才出社科院大樓，便看到草地上一大群鳥，在雨中、在大樹下，蹦蹦跳跳挑撿土裡的小蟲，他停步看了一會兒。走到舟山路，在生態池旁又看了一會兒，一隻夜鷺站在石頭上，被雨淋得頗狼狽，但像雕像一樣，一動不動，孫校長佩服地說：「真淡定。」

他對這個地方滿懷感情，

四十年前，他曾在舟山路三十巷臺大學人宿舍，住了十四年。那時，他每天往來舟山路，有一天，在臺大農場看到幾朵茉莉花落地，那時他正在讀席慕蓉《七里香》，想起其中一段詩：「我將我的哭泣也夾在／書頁裡／好像／我們年輕時的那幾朵茉莉」，他撿起地上的茉莉，回家夾在書籤裡，「我不希望讓席慕蓉的哭泣從書頁落下」，至今仍保存完好。四十年了，茉莉已枯，他仍記得當年對那花「不忍」的心情。

多情多感，心似少年，但他做人做事之嚴謹，跟做學問一樣，半點不苟。

人家約他演講或寫文章，常會客氣地說：「您隨便講幾句就好」、「主題您隨便定」，往往令他啼笑皆非，因為他每場演講、每篇文章，沒有一次是「隨便」的，不敷衍，不假手他人。

「在每個職位上盡忠心。」事無大小，他的態度都是這樣。永光集團創辦人陳定川出版自己的生命故事，請孫校長寫序。陳定川是新北市土城煤礦工人之子，家貧，小學畢業即去化工廠當工友，下班後再涉溪去萬華念夜校，三十四歲才自大學夜間部畢業，但因負責盡職又好學，不但建立了站在世界尖端的企業王國，而且誓言「只生產對人類有正面價值的產品。對人類有害的產品，永不列為經營項目」，同時未忘記自己從貧窮中走來，每年至少提撥百分之一稅後盈餘回饋社會，且連續七年獲《天下雜誌》「天下企業公民獎」及環保署「綠色化學應用及創新獎」。

孫校長為了替此書寫序，特別搭捷運到自己未曾去過的土城，親自走在陳定川生長的土地，走一遍當年那個窮孩子上班、上學的路線。這已不只是「設身處地」，而是「置身其中」，深深感受陳定川的今昔之異、天壤之別，更能描述他艱苦卓絕的蹈厲奮發。

此地一為別，孤蓬萬里征

他幼時與不到三十歲即寡居的「姥娘」（外婆）住了很久，有一段快樂歲月，頗受寵愛，但也孤單。他家當時避難到鄉下，他回去過暑假，覺得鄉下好玩多了，不肯再回外婆家。但姥娘一直盼著他回來，每每聽到外面有小孩說話，便以為他回來了。後來，他跟著逃難人潮渡海來臺，「此地一為別，孤蓬萬里征」，一別就是永別，再也回不去了，孫校長每次回想，都很自責，覺得對外婆「深恩負盡」。

他早已做了爺爺，長孫九個月大就跟他們住在一起，每天傍晚從保母家回來，孫校長夫婦遠遠聽到他的聲音，就很高興。孫校長常常因此想起外婆，當時她應該就是這樣盼著他回家，而他是如何讓外婆失望啊，他忍不住提醒太太：「不要太疼孫子，有一天他也許會讓我們很傷心。」這是多麼疼愛孫子、多麼懷念外婆，才有這樣心痛的體會。

有一天黃昏，我用ＬＩＮＥ跟他聯絡，他說他們夫婦正在散步，因為想念孫子，不知不覺就走到了板橋高中，那是他孫子的母校。他的孫子現在美國路易斯安那州立大學讀書，因為疫情，好久沒有回來了。

離別在人世間本是常事，但中國人的離別卻常是一生一世。古人是因幅員遼闊、交通不便，山高水阻，縱然「望斷故園心眼」，幾人能回去？就算回去了，人物俱非，「兒童相見不相識，笑問客從何處來」；一九四九年，來臺灣的那群人，則是因政權轉移，千百萬人一別就是四、五十年，連通信都不行，生死不知。現在雖然時空環境已變，但中國人的離散心傷，似乎變成基因，世代相傳。

顧全大局，做了「次佳的選擇」

他擔任臺大校長時，正值臺灣往民主道路上拉扯劇烈的最後一哩，有人以為總統蔣經國、教育部長李煥一定對他下了不少指導棋，孫校長說：「別人可能不相信，但是，真的沒有，連一通電話都沒有。」他也寧可沒有。他就任校長之初，蔣經國約見問他：「有沒有需要我幫忙的？」孫校長提出收回校地的困難，蔣經國指示在座的總統府秘書長沈昌煥協助，由總統府分函行政院、國防部辦理。後來，每年春節之前，經國先生都會在總統府約見他，但都只是單純地慰問他在臺大的辛勞。

他和經國先生的春節相會，剛開始，經國先生看到他進辦公室，都會起身迎接，後來經國先生一年比一年衰弱，最後只能坐在輪椅中等他走過去。孫校長自一九七三年起進入經設會服務，一介書生，毫無背景，與其說經國先生對他有知遇之恩，毋寧說經國先生為國家搜尋人才、培養人才、敬惜人才，做到淋漓盡致。

經國先生去世後，李登輝接任總統。李登輝是孫震就讀臺大經濟研究所時的老師。

「一〇〇行動聯盟」事件，行政院長郝柏村在立院公開指責臺大校長，孫校長辭職，很多人藉機「倒郝」，一時波譎雲詭。慰留他與鼓勵他離職的信，排山倒海而來，多到他拆不完。其中一封是中研院院士邢慕寰寫的，信封沒封口，事後邢慕寰告訴孫震說，信沒封口是要讓孫震知道「我是親自送來的」。孫校長在悼念邢慕寰時，充滿感念地回顧此事：「一個學生即使當了母校校長，他當年的老師依然如此愛護和關切他。」

為了顧全大局，孫校長最後選擇留任，他知道對個人來說，那是「次佳的選擇」。臺大中文系資深教授葉慶炳知道他留任後，鬆了一口氣，曾在報上發表一篇文章，記錄自己那五天的心情震盪，從「訝然」（郝院長對學術界一直很禮遇，怎麼會說如此重話）、「戚然」（此時此地，此種氣氛，臺大校長誰願繼任？誰敢繼任？）到「釋然」，並替孫校長作了一詩以寄意：「髮為臺大白，淚為國家流，未忍為清者，勉為任者儔。」

「人生不要看破」，朗朗映心

而這位臺大校長，怎麼一個轉彎變成國防部長的？孫校長笑說是因為「無知」，所以「無懼」。那段經歷真是一段奇幻旅程。軍令、軍政兩個系統分立，軍令系統的參謀總長直接上報總統，但去立法院報告、負全責的卻是國防部長，有時左手並不知道右手在做什麼。孫震與軍方毫無淵源，更是難為。他在任時間不長，但巡視過很多離島，也結交許多軍中摯友。

臺灣現在每年要花四、五千億軍購，身為「前國防部長」的他很感慨，常引《孟子》的話跟友人說：「域民不以封疆之界，固國不以山谿之險，威天下不以兵革之利。得道者多助，失道者寡助」，他也以戰國時的名將吳起對魏武侯說的話，解釋國家可以固若金湯的關鍵，「在德不在險」，領導人是否有德，比是否有高山大河這種天險地利，更為重要，因為「若君不修德，舟中之人盡為敵國也」。道、德，是真正影響國家安危、人民生死的「國防」。

二〇〇七年，孫震、于宗先、李瞻合編了一本書《臺灣危機》，作者全是臺灣知名之士，但一家大書局、一家大出版社全都婉拒出版。他把此事寫在《黑夜中尋找星星——走過戒嚴的資深記者生命史》序中，感慨「臺灣言論自由今昔」。

孰令致之？臺灣從戒嚴到解嚴，經濟從管制到開放，言論從箝制到百花齊放，我們真的自由了嗎？自由經濟市場那一隻「看不見的手」，本來是自然的，但現在有權有錢即可打造，並潛在各個領域，變成另一隻人為的「看不見的手」，迂迴地形塑我們的價值觀、世界觀、人生觀，讓我們的思想愈來愈一致。我們自由了，但異議者變少了，若有異議，有時肅殺之氣森森逼來。這是怎麼回事？

「我們真是自由的嗎？」我曾問孫校長，他未覆。後來他送我一本他的舊作《世事蹉跎成白首》，收錄的多是對臺灣有貢獻的人物故事，及他對青年的期許，但書名如此惆悵。

他曾說「人生不要看破」，不看破，不是「看不破」。不看破，草木鳥獸、天地日月，都仍可一一在目，朗朗映心，有滋有味。我每天看孫校長po來用自己拍的照片、影片做的早安圖，覺得安心，自己也默默跟世界說：「哈囉，早安，今天會更好吧。」

◎原載二〇二三年七月十八日《聯合報．數位版》

2023年臺大經濟系為老校長孫震辦理經濟學術研討會，慶賀孫校長90大壽。（沈珮君攝影）

臺灣另類型男

蕭萬長

1988年美國要求臺灣開放火雞肉進口，上千雞農抗議，蕭萬長出面說明，被雞農砸了一身雞蛋，他始終保持微笑。
（聯合報系資料照片）

（王玲惠提供）

蕭萬長

一九三九年生

嘉義市人，曾任中華民國副總統、行政院院長、立法委員、行政院大陸委員會主任委員、經濟建設委員會主任委員、經濟部部長、經濟部國際貿易局局長與中國國民黨副主席等黨政要職。

是第一位在臺灣出生的中華民國行政院院長，在政壇上有「微笑老蕭」之稱。

蕭萬長是少數從基層擢升，兼具外交、經濟、中國大陸事務與政黨事務經歷的談判人才，曾屢次率團參加亞太經濟合作組織會議以及博鰲亞洲論壇。

不知何時開始，政治圈像影視圈，也流行「人設」。四、五十年以前，政治人物不必人設，不必辦演唱會，不必蹭網紅，只要好好做事。他們常常很無趣。「微笑老蕭」就是這樣，自一九八〇到二〇一〇年左右，臺灣人民對蕭萬長熟悉到近乎沒有新鮮感，他永遠只有一號表情，但多數人不知道在招牌微笑之後，他這個小外交官出身的公務員，腸胃很差，三十歲出頭第一次出使國外，就曾胃痛到把車停在路邊，也不知道他在菸酒談判時十二指腸潰瘍出血，更不知道他的晚期肺癌在控制十三年之後卻中風。

二〇二〇年底他「橋腦栓塞」，左半邊癱瘓。經過三年堅毅地復健、運動，現在，八十四歲的他除了身邊多一根拐杖，依舊抬頭挺胸。

「年年蕭萬長，事事蕭萬長」

「年年蕭萬長，事事蕭萬長」，自一九七〇年代晚期起，他常常替臺灣參加各種國際談判，並五度代表總統參加ＡＰＥＣ（亞太經合會）領袖會議，即使在卸下副總統重任後退休，仍帶領工商團體奔走歐美亞及大陸，並成立「兩岸企業家峰會」，替他們架設高層平臺。

多數人看到他的風光，但是，極少人知道在龐大的壓力和工作之下，他除了腸胃不好，牙齒也只剩一顆。他在副總統將滿週年前夕，肺癌確診，術後良好，細心調養，誰料家人正為他挺過多年癌症的考驗而安心時，老天又用一記重拳把他打崩在臥室。

中風後，他在榮總加護病房醒來，微笑老蕭不笑了，第一句話是「我好累」，這應該是大腦在生死交關那一刻快速回放了一生影片，他的直覺反應。當他發現自己連在床上坐起來都辦不到時，很少露出沮喪之情的他悲傷了：「為什麼是我？我不菸不酒，也不交女朋友，為什麼是我？」

他一直是一個「標準公務員」（以前這句話是形容一個人正派規矩可信賴），連生活作息都很自律、嚴謹，為什麼老天對老年的他不罷手？

能怪天嗎？

把「操之在我」做到最好的「認命」學霸

他自小勤勞，到老都不太會玩，沒有娛樂。他的父母賣菜，都是文盲，蕭萬長放學後就要幫忙記帳、扛東西，這也讓他自少年起就是高低肩。蕭媽媽長年氣喘，嚴重時，睡覺只能半躺，以免喘不過氣，蕭萬長晚上常用瘦小的身體與媽媽背靠背，讓她有一點支撐，可以平順呼吸，而他就利用那個時間讀書、做功課。

這樣長大的蕭萬長是學霸。他以第一志願考上政大外交系，八學期拿七次第一名，並以第一名考入外交研究所。他大三就參加高考，也是第一名（普通行政組），畢業後參加外交特考，還是第一名。當年政大圖書館有一個固定的角落，同學都知道那是蕭萬長的位

1961年蕭萬長（左）從政大外交系畢業，與父親合影。（王玲惠提供）

子，因為他只要沒課就「釘」在那裡。

這個學霸畢業後原本可去哈佛念書，但錄取通知書寄到嘉義家中，媽媽拿給鄰居看，大家七嘴八舌，勸她不要讓兒子去：「出國就不會回來了。」因為有一個鄰家孩子赴美讀書以後，變成「黨外」，看不順眼臺灣政府，留學變成長期留美。媽媽把哈佛錄取通知書藏了起來，他當時正在服役，很久以後才知此事，錯過了回覆哈佛的時間。

「我很認命。」他常這樣說。一般人以為「認命」很消極，他的認命是「務實」，省下怨天尤人的時間和力氣，把「操之在人」的部分放下，把「操之在我」的部分做到最好，腳踏實地。

他錯過了哈佛，卻在臺灣從一個外

1966年蕭萬長是外交部小科員，在松山機場送往迎來。（王玲惠提供）

交部小職員，一步一步以實力晉升到國貿局長、經濟部長、經建會主委、陸委會主委、行政院長，最後成為副總統。其中還一度奉命返鄉參選立委（時任總統兼國民黨主席李登輝告訴他，那是有人要「害」他，但李贊成並鼓勵他參選），打敗爭取三度連任、擁有民視資源的立委蔡同榮，他成為第一位參選的政務官。

蕭萬長從未立志做大官，他從小唯一的「立志」是絕不做商人。他看到父親從商，生意那麼好，工作那麼辛苦，卻家無恆產，爸媽常為錢關起房門吵架，大哥也只念到小學就要幫忙家裡工作。其實，他父親不是沒有賺到錢，而是樂善好施，鄉親去世沒錢埋葬，蕭爸爸就會捐棺木。父親常告訴他：「人死留名，虎死留皮。所有財產都是假的。」蕭萬長才剛進國貿局時，父親就嚴厲地告訴他：「絕不能貪，一定要廉。」蕭萬長每次返鄉祭祖，面對祖先牌位，挺直腰桿，都會想到父親這些話，他充滿感恩：「我父母目不識丁，留給我的是最好的身教。」

以「經貿外交」為臺灣走出國際困境

他青少年時期對自己唯一的期望就是「要有國際觀」，外交系是早年臺灣學生探向世界的熱門科系。他的同學，全班三十多人，幾乎都是以外交系為第一志願。一九六二年他剛進入外交部時，我們邦交國有七十多個，但七〇年代外交重挫，先是一九七一年「中華人民共和國」取代「中華民國」的聯合國席位，然後是一九七二年中日斷交（當年我們不會說是「臺日斷交」，中華民國認真而莊嚴地稱自己是「中國」）、一九七九年中美斷交。臺灣媒體七〇年代常用「國際局勢，波譎雲詭」形容我們的嚴峻處境，總統蔣介石呼籲大家「莊敬自強，處變不驚」。二〇一六年起，我們又連丟九個邦交國，現在邦交國只剩十三個，臺灣已無感，真的「處變不驚」了。

蕭萬長在外交部工作十年，已是亞太司科長，駕輕就熟，但他看出臺灣的外交困境，建議要有「應變」計畫，以免斷交慌亂，這是他的務實，但被長官指責是「失敗主義」，他很灰心。務實的他更看出「經貿」才能在國際場合交到朋友，「中華民國要繼續強大，一定要靠經貿。」他渴望到國貿局工作，自請辭職，外交部不捨，用「商調」的方式，讓他轉到國貿局做「稽核」，希望有機會再把他調回。

誰也沒料到這個不惜降調的年輕外交官，後來以「經貿外交」替臺灣在國際困境中披荊斬棘，而且帶領出口導向的臺灣和世界一步步接軌，以國際化、自由化、制度化為目標，逐步讓臺灣從像一個草莽出身的青少年轉大人，優雅、文明地遵守世界規範，這是一個漫長、巨大的艱辛工程。

更可貴的是，在中美斷交全臺不知所措那一刻，蕭萬長在華府以不到十個工作天（實際作業約五天），替臺灣爭取到美國永久最惠國待遇，後來更是突破國內外困難，加入GATT（WTO前身），開出一條大路。臺灣這個極小而特別的海島，在世界地圖上堂堂正正地立足了。

一九七二年蕭萬長剛開始跨足經貿，從零學起，「我像一張白紙，什麼都不懂，」他很清楚：「這對我是很大的冒險。」他白天工作，晚上去政大公企中心上課，學習貿易理論與實務，全然陌生而新鮮，他一點都不覺得困難，有興趣極了。除了上課，他也閱讀檔案，別人認為枯燥，他卻興味盎然，他這個門外漢很快對臺灣經貿有縱深而全面的了解。

他的外交專業也在國貿局很快獲得重視。當年臺灣紡織品出口很強，美國給予配額限制，國貿局副局長邵學錕帶著有外交背景的蕭萬長赴美參加談判會議，竭盡所能替臺灣爭取最大利益，蕭萬長在現場既做翻譯，還做筆記，晚上回到飯店，立刻寫好當天報告，邵學錕第二天一早即可傳真回臺北，很有效率。

天下第一局——國貿局局長第一任到第四任：汪彝定（左二）、邵學錕（左三）、蕭萬長（左一）、江丙坤（右一），攝於一九八二年，當時蕭萬長甫升任局長，前排是他們的夫人。（王玲惠提供）

國貿局前身是「外貿審議委員會」（後又改名為「外匯委員會」），是臺灣財經決策機構，前兩任主委為徐柏園、尹仲容。一九六九年二度改組為國貿局，第一任局長是汪彝定，他很快發現蕭萬長這個年輕人。蕭萬長才到國貿局一年，汪彝定就召見了他，給他一本英文書，提醒他：「每天的業務都會強迫你快速學習，但是，培養國際視野必須常常讀書。」兩、三週後，汪彝定打電話來：「我給你的書看了沒有？有什麼心得？」孺子可教，汪彝定常常丟給他幾本書讀，對他影響深遠。汪彝定就像當年蕭萬長在政大外交系的老師李其泰一樣，對他的未來充滿關切，既是嚴師，也是貴人。

汪彝定是安徽人，西南聯大畢業，公職最高職務除了台糖董事長之外，就是經濟部次長。當蕭萬長升任經濟部長後，拜訪恩師，汪彝定告訴他：「你當上部長，我比自己當上部長還高興。」汪彝定在回憶錄《走過關鍵年代》裡對自己作為第一任國貿局長培育新人，「看見幾位後進……脫穎而出，為國家棟梁」，極感欣慰，他舉例的第一人就是蕭萬長，並提及：「萬長兄曾有人以極好的條件想拉他去民間機構工作，我和他的朋友說，萬長是要給這個國家做更大貢獻的，你不要拉他。我沒有看錯。」

談下美國永久最惠國待遇

二〇二三年卸任的臺大校長、中研院院士管中閔，對汪、蕭這段知遇頗有所感。管中閔初識蕭萬長時，蕭已卸任閣揆，管是中研院經濟研究所所長，他想邀請蕭萬長演講，那是他第一次面見蕭萬長，談話完畢告辭，蕭先生一直送他到進電梯，電梯門關上的那一刻，蕭萬長對管中閔一鞠躬，誠懇自然，管中閔很震撼，從此，管中閔送客也一定送到電梯門口。管中閔回憶此事，充滿孺慕之情地說：「當年汪彝定先生對蕭先生幾乎可說是『手把手地教』，我真希望有機會早點認識蕭先生，跟在蕭先生身邊，讓他手把手教我三、五年。」

不論蕭萬長在朝在野或退休，管中閔每次去拜望，蕭萬長總是立刻談起國家大事，不

2013年已卸下公職的蕭萬長與時任經建會主委管中閔（左一）一起參加APEC領袖會議。
（王玲惠提供）

斷問：「我們還可為國家做什麼？」

管中閔認為，「蕭萬長談下美國永久最惠國待遇，是他最大成就。」當時臺灣出口市場將近一半在美國，中美斷交在政治上對人心衝擊巨大，在經濟也是地動山搖，管中閔分析當時情境：「斷交已無可挽回，唯一可以讓臺灣遮風避雨的那塊布就是『經貿』，蕭先生當時義無反顧。」

一九七八年十二月十六日凌晨二時，美國大使安克志去蔣經國官邸告知美國將與中共建交，臺美正式斷交時間預定在兩週之後的元旦。汪彝定（經濟部次長）、蕭萬長（國貿局副局長）本來就預定十二月十六日搭機赴美商務談判，值此巨變，汪彝定必須留在臺灣參加行政院各種會議，他囑蕭萬長依預定時間出發，隨機應變。蕭萬長心亂如麻，飛機飛到美國上空時，他的嘴唇照例又因壓力太大而破了，但腦袋鎮定、清明了起來，他要為臺灣把美國永久最惠國待遇簽下來，讓臺灣出口美國的貨品關稅永遠享有與友邦一樣的最優惠稅率，不受斷交影響。

他下機時，看見來接機的僑胞痛哭流涕，他也不禁落淚，但他知道自己應給國人信心，作為代表中華民國官方最後一位談判代表，他身繫眾望，必須救亡圖存。他面對美方代表，剴切陳辭，以美國立國精神痛責他們二十分鐘，對方靜靜聽完說：「你氣消了沒有？」他很令對手印象深刻，其中有人成為他長年的朋友。

耶誕節前夕，冰天雪地，他談判結束回到住宿飯店時，發現行李竟被棄置在大廳，理由是飯店員工都要回去過節，飯店不提供服務了。他們在風雪之中搬到附近有麥當勞的小旅店解決食宿，身為第一線國家代表，「寒天飲冰水，點滴在心頭」，他忍不住又落淚，更堅信：「國家一定要富、要強，這才是最實在的。」

一九七八年臺灣對美出口五十點一億美元，一九七九年元旦中美斷交，那一年對美出口成長百分之十二，第二年成長百分之三十四，第三年成長百分之六十二，一九八九年對美出口已達二百四十點三六億美元，十年之間，臺灣對美出口是斷交那年出口額的四點八倍，這種輝煌的成就證明了臺灣驚人的韌性，也證明蕭萬長在最後關頭和美國談下永久最惠國待遇是多麼重要的「分手禮物」。

臺灣人民打落牙齒和血吞，蕭萬長的牙齒也是在那段時間壞掉、拔掉最多。

做事的年代，沒有人會阻擋你

「官做得愈大，事做得愈少」，這是蕭萬長的感慨。一個嘉義菜商之子，歷任要職，最後成為民選副總統，仕途看似一路順遂，他卻若有憾焉。時代變了，放手讓他做事的人也不在了。

他最懷念在國貿局時代。一九八〇年代，是臺灣經濟起飛成長快速的時候，蕭萬長意味深長地說：「那是做事的年代，只要你肯做事，沒有人會阻擋你。」

一九八一年底，國貿局副局長蕭萬長突獲總統蔣經國召見，告知他將被扶正。這是甫升任經濟部長的趙耀東建議，人選有兩位，蔣經國拍板選了他。蕭萬長很意外，因為趙耀東並不熟識他，僅憑他的工作表現就把他放入名單。蕭萬長也很惶恐，他知道當時的國貿局是「天下第一局」，自己沒有前任局長汪彝定、邵學錕的資歷及人脈，獨當一面恐不易，他婉謝，謙稱自己仍

1978年蕭萬長（右）從蔣經國手上接獲最佳公務人員論文獎。」
（王玲惠提供）

需歷練，蔣經國和藹地告訴他：「四十歲不年輕囉，」並勉勵他：「你是本地人，要多為這塊土地打拚。」為了讓他放膽去做，蔣經國告訴他：「未來若有困難，直接來找我。你若不找我，我每年會找你一次。」

蔣經國每年都要他在國民黨中常會報告，蕭萬長在那個機會中，報告的都是他「應該做」卻「做不了」、「推不動」的事，蔣經國在中常會都會明快裁示。蕭萬長回憶：「總統話不多，只有幾句，但很清楚，很堅定，言簡意賅。」蔣經國的話第二天往往就是《中央日報》頭條，因為方向、目標清晰，蕭萬長的難題常迎刃而解。

1981年底，蕭萬長獲經濟部長趙耀東(右)推薦，升任國貿局長。 (王玲惠提供)

智財權問題就是如此。臺灣對美每年出超甚巨，美國常對我們祭出「三〇一條款」，迫使我們開放市場或以各種條件交換，而其中「特別三〇一條款」則是針對智財權。臺灣貧窮時，產品經常仿冒他國、書籍盜版他人，當我們愈來愈富，卻還是沒有智財權觀念，常被譏罵是「海盜」。美國給我們很大壓力，但國內反彈甚巨，《晶片戰爭》作者克里斯．米勒回顧此事，在書上生動地描述李國鼎（時任經濟部長）剛開始也站在反對陣營。李國鼎與德州儀器高層馬克．謝弗德第一次見面即不歡而散，李國鼎對謝弗德說：「智慧財產權是帝國主義用來欺負落後國家的東西。」但是，李國鼎很快知道這是必走的路，茲事體大，他要蕭萬長「向上反應」，這是蕭萬長唯一一次求見蔣經國，「總統不說話，只聽，不置可否。」然後要他下週去中常會報告。他報告完後，第一個發言的便是李國鼎，他呼應蕭萬長，我們發展科技業，需要人才、外資，若不尊重智財權，人才、外資都不會來。行政院長俞國華在會中立即承諾成立專案小組推動，後來花了三、四年時間立法、修法，並教育民眾，最後終於讓臺灣從「特別三〇一觀察名單」除去。

「易地而處」，是談判成功的關鍵

蕭萬長最知名的一戰很慘。談判一定是give & take，有拿有給，我們對美有巨大出超，美國自然要從我方得到回報。一九八八年，美國強硬要求我們開放火雞肉進口，臺灣雞農強烈反彈，幾千人集會抗議，蕭萬長不畏壓力，坦然出席說明，正要離場，才剛轉身，突然有人開始對他丟雞蛋，蛋雨從四面八方襲來，砸了他一身，他冷靜地帶著微笑一步一步走出場，「微笑老蕭」這個稱號就是那時媒體給他封上的。第二天報紙以「蕭萬長中『蛋』」做標題和主照片，美媒也刊登了這張照片，美國助理貿易代表Coral Cooper說：「我看到後非常悲傷。」美方認知到蕭萬長已竭盡所能了，底線開始鬆動，他終於替臺灣爭取到一年時間讓業者及農委會因應。

蕭萬長回想此事，對結果十分欣慰，他完全不怪對他丟雞蛋的人，他說：「我當然會痛，但我不覺得受到羞辱。我生在農村，我今天若是他們，我也會出來丟雞蛋。」

「易地而處」，是他認為談判成功的關鍵。蕭萬長對自己獲得美方信任，完全不敢為傲，談判凱旋而歸時，幕僚建議他立即在機場召開記者會，對國人宣示戰果，蕭萬長一概拒絕，他認為要替談判對手著想，「我們公開慶功，不就代表對方輸了嗎？他們如何面對自己國人？他們下次還會讓利嗎？」將心比心，為了國家長期利益，他寧可功而不居。

在那個管制年代，國貿局權力龐大，貪腐時有所聞，他在國貿局大力推動自由化、制度化，把貨品分類從一萬三千多項改成三大類：禁止類（毒品、武器）、管制類（批准才可進出）、自由類（授權給銀行外匯局簽信用狀），能不管的不要管，要管的少管，大幅縮小國貿局權限，他召集同事說話：「這是減少外界『害』你們的機會，不要誤了你們家人。」他很欣慰六年國貿局長任內沒有一個貪汙案。

他另一件有遠見的革命性規劃是讓兩岸三地轉口貿易除罪化。臺灣即使在兩岸現況如此惡劣的情況，每年對大陸出超都還有一千多億美元，二〇二二年我們全部的出超金額是五百一十四億美元，僅僅對大陸（含香港）出超就一千零四億美元，換句話說，若少去對大陸出超，臺灣將成入超國。而這一切是先從臺港貨物轉口大陸的除罪化開始。

建議蔣經國將轉口貿易除罪化

商人最知道如何有利可圖。一九八五年，蕭萬長發現臺灣對香港出口從一九八三年的十六點四億美元，第二年突然增加到二十點八億美元，一年暴增近三成，他派人去香港碼頭觀察，發現很多貨在香港不下船，直接轉往中國大陸，當時大陸已往改革開放的路上走，未來這塊市場應該更大，他認為同文同種的臺灣不應放棄那塊肥沃的處女地。

當時臺灣對大陸政策仍是「三不」：不接觸、不談判、不妥協，轉口貿易若不除罪化，這些努力替臺灣賺錢的臺商都可能涉及「叛國罪」，當時已黑函滿天飛。他建議蔣經國將轉口貿易除罪化。

蔣經國當時身體已經很不好了，他報告時，蔣經國依舊不置可否，蕭萬長從總統府出來不久，立刻接到國安局長汪敬煦的電話，要請他吃牛肉麵，並要他把給總統的資料也帶一份過來。他們一起討論如何解決轉口貿易不觸法的問題。政院後來交給「力行小組」召集各單位會商，半年後終於解決。

一九八七年，他轉任經濟部長，發現愈來愈多臺商到中國大陸投資設廠，因為臺幣升值、勞力成本提高，廠商紛紛外移，中國大陸成為企業界最喜歡的投資地，基於務實，他開始逐步放寬赴中國大陸投資的限制，在一九九三年二月公布「在大陸地區投資與技術合作許可辦法」，採取具彈性的報備核准制，且可溯及既往，允許已經去大陸的臺商登記。

自一九九三年起到二〇二二年止，依我們海關署數字逐年統計，三十年來臺灣對大陸（含香港）出超總和共一兆六千六百四十二億美元，這是紮紮實實我們從大陸淨賺的天文數字。

臺商對大陸經濟貢獻巨大，連習近平都曾說「大陸功勞簿要記臺商一筆」。大陸龐大的市場、低廉的勞力，對臺灣又何嘗不是厥功至偉？這是兩岸共榮。

蔣經國的勉勵：要為這塊土地多打拚

回想蔣經國當年對蕭萬長的勉勵：「你是本地人，要為這塊土地多打拚。」蕭萬長盡力了，但他一談就要嘆氣的是一九九〇年代「亞太營運中心」（APROC，Asia-Pacific Regional Operations Center）。管中閔對此也很感慨：「亞太營運中心不是功敗垂成，而是還沒生出來就被捏死。」

亞太營運中心原本是徐小波（徐柏園之子，知名律師）在一九九二年在YPO（Young President's Organization，青年總裁協會）會議提出的，時任經濟部長的蕭萬長當時就坐在他旁邊，一聽大喜，立刻趨身告訴他：「這個好，我很有興趣。」他們兩家住得很近，走路十分鐘，蕭萬長晚餐後常常步行到徐府，一聊就到深夜。

徐小波最初想法是「亞太利潤中心」，蕭萬長認為作為政府計畫不宜特別突出「利潤」，以免給人「孜孜為利」的觀感，於是，把「利潤中心」改成「營運中心」，更具國家戰略性的格局，且亞太營運中心英文縮寫APROC還可把中華民國的英文縮寫ROC嵌入。一九九四年蕭萬長任經建會主委時，正式提出此議，被時任閣揆連戰納入政策。

亞太營運中心是利用臺灣在亞太的戰略位置，讓臺灣成為區域樞紐，營運中心含製造、海運、航空、金融、電信、媒體等六大中心。這應是繼蔣經國十大建設以來最大格局的國家計畫，但後來國民黨分裂，連蕭落選，政黨輪替，陳水扁主政，這個計畫變成泡影。

有人認為是因李登輝「戒急用忍」的兩岸政策，破壞了這個大計，徐小波否認，他是這個恢宏構想的原創人，他說，當時提出這計畫時，主要目的在修訂臺灣不合時宜的法令政策，例如稅務、電信、外匯金融、控股公司等政策，創造自由化、國際化的環境，並提升行政效率，讓臺灣成為亞太樞紐。他強調：「原始計畫完全沒有任何需要大陸配合的。大陸若加入，當然是加分，若不加入，也完全沒影響。」證諸大陸那時正在六四的創痛中仍未復原，當時他們經濟實力和我們相差如天壤，新加坡和韓國也仍在尋找自己定位，臺灣的確有大好機會將自己一舉推上亞太浪尖。

管中閔回顧此事，也深覺遺憾：「我們一九九〇年代之後，看不到什麼國家建設計畫，都是東一拳西一腿，臺商也像散兵游勇，好不容易有一個國家計畫出來，行軍布陣，亞太營運中心是當時最好的陣法，可惜沒做起來。」他分析，我們當時若做成亞太營運中心，在中國大陸成長之後更可順勢發展，「臺灣可以站上無與倫比的地位。」

把握當下、想到未來

亞太營運中心的推動，在總統選舉「連蕭配」失敗之後，戛然而止，此後，臺灣陷入政黨輪替的惡鬥，不管誰做執政黨，在野黨都希望他們垮臺，臺灣再也沒有推出任何具格局的國家級計畫了。

我們是不是永遠錯過了？徐小波嘆：「我們是民主國家，做事很辛苦。臺灣官場的特色就是官員做不久。」但他仍不願用「失敗」兩字，「亞太營運中心是我的心中之痛，但我不認為我們已全無機會。」徐小波至今仍在結合民間團體工總，替臺灣找機會，「臺灣人要有自信，我們可以影響大陸，而不是與他們隔離。」

蕭萬長，來自鄉村，不是政二代、富二代，沒有背景，長得不帥，木訥寡言，中英文都有濃濃的本土腔，但是，用功、努力、務實、謙和，很會忍，如果今天有一個人，像蕭萬長這樣，他可不可能像蕭萬長一樣得到一個又一個重要機會替國家做這麼多事？蕭萬長想一想，搖搖頭：「不容易，時代不一樣了。」

但是，務實的他仍然願意對來取經的年輕人，分享可以操之在己的部分：

一、培養一個專業才能，千萬不要虛度光陰，若高不成低不就，糟蹋了一生，那就太可惜了。

二、每天都要把握當下、想到未來。「把握當下」不是吃喝玩樂，「當下」是把握學習環境，站穩腳步，這是最務實的。務實，尤其要有國際視野，那才是「未來」。

三、低調，不好大喜功（P.S.他承認這點既是他的優點，也是缺點，不確定現在的年輕朋友是否該學）。

蕭萬長常說：「我是一個平凡人，但是，現在大家都只想做不平凡的人。」他那個時代，強人蔣經國主張的是「平凡，平淡，平實」，蔣希望與國人共勉：「做人要平凡，對名利要平淡，做事要力求平實，深入民間，深入問題，徹底解決問題。」卑之無甚高論，卻在當時變成臺灣全民文化和風氣，大家攜手走過國家的低谷，蕭萬長不勝懷念：「當時大家都在為國家利益著想。」

長年在蕭萬長身邊做事的前行政院長辦公室主任胡富雄說：「如果蔣經國能多活幾年，蕭先生能做的事會更多。」

應該不只是蕭先生。

◎原載二〇二三年九月二十五日至九月二十六日《聯合報・副刊》

蕭萬長，管中閔唯一登門拜年的人

作者與蕭萬長夫婦在他的辦公室合影。（沈珮君提供）

管中閔，人稱管爺，中研院院士，二〇二三年暢銷書《大學的脊梁》就是他在被遴選上臺大校長之後，卻在政治壓迫下一年不能就職，而他始終威武不屈的過程。管爺說：「我這輩子從不上門給任何人拜年，除了蕭萬長先生之外。」

蕭萬長不算是管中閔的長官，也不是他的老師，但他心裡以蕭萬長為師。

管中閔是教師眷村子弟，年輕時一度放蕩；蕭萬長是農村子弟，在大學幾乎不玩社團。兩人氣質不同，相識也晚，但因為都醉心經濟、關心國家，惺惺相惜。管中閔放棄美國的高薪教職返臺，在臺大任教，蕭萬長幾乎退休了，兩人才有機會面對面說話，不羈而傲的管中閔，對充滿泥土氣息的蕭萬長充滿敬服，兩人不常見面，但每次相見，話題均為國是。

「蕭先生是當年那些老技術官僚手把手帶大的，」管中閔說，「我在蕭萬長身上，看到那一代人的苦心孤詣。」管中閔在公職時間不長，但刻骨銘心，對自己與內閣精英常常要花很長的時間，被集體局促在立法院，被迫回答沒有實質內容的質詢，被任意鞭打，他用「挫折」兩字形容自己的心情，「我很遺憾沒碰到蕭先生那個時代，我很羨慕那個可以做事的環境。」

蕭萬長與朱俶賢結婚照。（王玲惠提供）

蕭萬長沒有辜負那個時代。他憂國憂民，直到現在都一樣。他已重聽嚴重，一般人閒聊時，他微笑坐在那裡，很少說話，但一旦談起國家大事，他的耳朵開關似乎立刻打開，抖擻起來，聲

蕭萬長（右一）派駐吉隆坡時，與岳母（左一）、妻子朱俶賢（左二）、女兒和友人合影。（王玲惠提供）

音洪亮，眼睛有光。

蕭萬長工作有多認真？一九六五年他結婚當天不僅沒請婚假，而且為了接待訪臺的泰皇，馬不停蹄一整天，他趕到婚宴地點「自由之家」時已傍晚五時半，好友朱建一氣得大罵：「你是要逃婚嗎？」

他有多會忍？他們同期考進外交部的共八人，大家都外放了，只有他這個考入時第一名、就職後極認真的人因為「太好用了」，長官遲遲捨不得放手，直到快三年才外放，而且那時歐美大館已沒缺額，他去的是馬來西亞吉隆坡。蕭萬長回憶當時，「說實話，人是有感覺的，我很失望。」但他馬上「認命」，和太太帶著親友送的蚊帳上路。

時隔六十年，他現在認為「幸好」

自己去了這個小館，他在吉隆坡待了六年，人少事雜，勤勞、務實的他練出一身紮實的基本功，什麼都會做。人家不承認我們國家，他以耐心和聰明，經營好「人和」，想出各種「權變」，事事都辦得通。還曾經因為送老立委上機，他來不及下機，從吉隆坡飛到新加坡，再從新加坡飛回吉隆坡。

他在馬來西亞還與當地極力推廣華文教育、甚至因此在馬國入獄的中文學校校長沈慕羽一起合作，蕭萬長負責打通馬華官方管道，促成大量馬來西亞僑生回中華民國讀大學。五十多年來，馬來西亞僑生一直占臺灣僑生數量三成以上，在疫情之前每年都有一萬多人，甚至一度成為僑生最多者，其中許多人在藝文、教育、科技界表現極其亮眼，是另一種臺灣之光。

「面對它，接受它，處理它，放下它」

蕭萬長有多廉？他的工作與工商界互動密切，他難道不曾面對天人交戰的誘惑？馬來西亞在一九六九年發生馬華種族暴動，一度戒嚴，華商吳先生要逃難，匆忙離開之際，交給蕭萬長一大布袋現金，請他代為保管，並且說「不必數了」。蕭萬長把它鎖在辦公室的大保險櫃，四個星期之後，動亂平息，吳先生回來，蕭萬長把布袋原封不動還給他，吳先生眼淚掉了下來，拿出一大把鈔票要酬謝他，蕭萬長嚴詞拒絕：「你一毛錢都不要給我，要不然下次我就不幫你了。」他從當基層公務員開始，就面對誘惑了，但沒有天人交戰，因為從不心動。

一九七一年臺灣退出聯合國，蕭萬長那一年年底正好任滿，將從馬來西亞調回臺灣，很多吉隆坡僑領都勸他留在當地，願意給他機會發展，他仍然沒有天人交戰，平靜、堅定地要回國：「我相信臺灣沒問題。」他回來與他生長的土地一起奮鬥。

他始終記得蔣經國對他這個鄉下小子的諄諄期勉，他也感念李登輝對他的知遇之恩。李登輝給他很多歷練機會，對他的工作調動頗多出人意表，譬如，派他擔任國民黨組工會主任，其中最讓人意外的是，李登輝要已做過經濟部長、經建會主委、陸委會主委的他，返鄉參選立委。

他個性木訥，實在不是選舉的料，何況競選三連任的蔡同榮是非常強勁的對手。蕭萬長完全沒有贏的把握，但是，他仍然咬著牙回嘉義去選舉，而且要求國民黨「絕不能替我買票」。他選得很辛苦，嘉義傳統上非國民黨的支持者較多，蕭夫人朱俶賢在街頭發傳單時，曾碰到一個摩托車騎士拿了傳單丟在地上，還往上吐了一口檳榔汁，再踩一腳。

直到投票前兩週，雙方民調仍未拉開差距，他壓力極大，打電話告訴李登輝，他這次可能真的會辜負他的期望了，後來李登輝兩度到嘉義替他站臺。法鼓山聖嚴法師也在選前赴嘉義弘法，蕭萬長去看他，聖嚴送他十二個字：「面對它，接受它，處理它，放下它。」他整個人忽然輕鬆下來，從此這成為他的做人做事準則，甚至連他中風之後，這都是他重新站起的力量。

蕭萬長險勝蔡同榮八千多票，成為國民黨第一個下鄉參選的政務官，成功建立典範。他覺得那是一次刻骨銘心的民主洗禮，他握到很多雙粗糙的手，甚至有人少了一隻手，讓他更知道底層人民的辛苦，他也發現嘉義之所以號稱民主聖地，是選人不選黨，「他們不分藍綠，唯人是問」，他認為這是臺灣選民最可愛可敬的地方。

有人認為他對長官太唯命是從，甚至用「yes man」形容他，也有人認為他其實是一個目標導向的人，他只想完成對國家有大利的事，個人被扭曲、受委屈，他打落牙齒和血吞。

在臺灣民主轉型、經濟轉型的年代，管中閔認為「蕭先生最特別的地方是沒有那麼深的意識形態，所以反而好做事。」

誠信，忍耐，同理心

蕭萬長極感謝父母的身教，爸爸常常幫助貧苦的人，也告訴他凡事忍耐，忍耐可以學習更多。蕭萬長剛入外交部時，有一個博士同事，脾氣很壞，家裡有十個孩子，經濟壓力極大，那位同事常常一早上班就氣鼓鼓的，其他同事都躲著他，不喜歡跟他一起做事，只有蕭萬長什麼都做，人家不做的，他高高興興地自動加班拿來做。

當時公務人員薪水不高，蕭萬長知道那位同事養十個孩子非常不易，而他自己除了月薪一千五百元，還有研究生獎學金幾百元，他覺得自己錢太多了，所以，每月拿出幾百元，請工友偷偷送給那位同事當奶粉錢，並要求工友絕不能透露他的名字。此事祕密進行兩年多，直到蕭萬長外放馬來西亞了才停止，而那位同事直到年老過世都不知道是誰曾贊助他養娃費。

蕭萬長分析自己的性格很平凡、很簡單，不過就是作為一個人應有的，譬如：

一、誠信。他說：「大家誠信，才可互信。」這不就是最普通的交友、談判基礎？但是，多少人做得到？

二、忍耐。他說：「我即使被蛋砸也忍得下來。我有耐性折衝，一項一項慢慢談，國家、企業就可以爭取時間應變或轉型。」因爲他有「大我」的目標，「小我」的痛苦就忍得住。但是，多少人想得到、做不到？

三、同理心。他說：「了解對方壓力，設身處地，一定可以找到雙方平衡點。」有了同理心，也比較不會生氣，更容易看到眞相。但是，多少人不是只看到自我？

他在擔任經濟部長時，為了深入了解後勁居民為什麼反對中油建五輕，在沒有警察保護下，「混」入他們的精神堡壘「鳳屏宮」，與居民一起坐在大榕樹下聊天喝茶，他們請他吃檳榔，他當時已經一口假牙，實在咬不動，他仍接下放在嘴裡含著。就是在那時，他聽到居民痛罵中油根本沒有遵守環保承諾，晚上偷排「臭煙」，他決定夜宿當地找真相，果然在晚上聞到臭味，他第二天把中油大罵一頓：「你們騙人。」要他們立即改善，從此居民把他當成「一國的」。時任行政院長郝柏村後來也到後勁夜宿，一方面了解、化解多數民怨，一方面也展現鐵腕，不被少數抗議人士拖延，一九九〇年延宕三年的五輕終於動工。

郝內閣只有短短兩年，但蕭萬長在那兩年不僅解決了五輕問題，也千方百計把正要去大陸海滄的六輕留在了臺灣，「郝先生說到做到，不囉嗦，責任一肩扛。只要他沒有反對意見的，就表示他擔了。」碰到這樣的長官，真是好做事。

「兩岸共同市場基金會」董事長詹火生初識蕭萬長時，蕭是立委，詹是臺大教授，蕭在立法院成立「財經立法促進社」，邀請八十多位朝野立委，不分黨派，努力推動舊法修正、新法增訂，僅僅一年半就通過四十多條財經法案，促進臺灣經濟體質調整，讓我們取得進入ＷＴＯ門票，詹火生對此印象深刻，他認為「蕭先生是最不政治的政治人物。他滿腦子只有經貿，認為經貿是臺灣命脈。」

蕭萬長也重視人才培育。在汪彝定國貿局長任內，蕭萬長就發現臺灣經貿人才不足，他建議舉辦特考招募人才，長期培養，汪彝定立刻同意，從此就有了「經濟部駐外商務人員特考」，至今已經超過四十年，造就不少經濟部可用之才，不論政黨如何輪替，很多人都獲重用，譬如前經濟部部長陳瑞隆、鄧振中，前經濟部次長梁國新、陳正祺，第一位女性國貿局長楊珍妮，都是經過這個特考進入公部門的。

創立「兩岸共同市場基金會」

1993年在西雅圖APEC，蕭萬長（左一）與美國總統柯林頓合影，這是中美1979年斷交後最高層官員會晤。（王玲惠提供）

蕭萬長一生都在推動臺灣經貿制度化、自由化、國際化，詹火生說：「這是他的志業。」卸任閣揆後，他還去政大EMBA教書，詹火生說：「蕭先生想面對面讓企業家知道，我們眼光一定要放遠、放大，面向世界，這是國家進步的路徑。」

蕭萬長務實地著力在他認為對臺灣有利的地方，譬如兩岸經貿。蕭萬長閣揆任內，來訪外賓百分之七十以上都在探問兩岸關係，卸任閣揆後，大家認為他至此退休了，他卻仍在兩岸之間奔走，他認為國家重中之重是經濟，經濟重中之重是兩岸。

二〇〇一年，蕭萬長創立「兩岸共同市場基金會」，並讓臺灣成為「博鰲亞洲論壇」創始會員。博鰲論壇是世界

2015年蕭萬長（中）代表總統參加APEC領袖會議，同時見到美國總統歐巴馬(右)、中國大陸領導人習近平（左）。（王玲惠提供）

經濟論壇的亞洲版，我們可以藉此平臺與各國經濟、企業領袖接觸，我們現在對外接觸的重要國際組織，除了APEC，就是博鰲論壇。

兩岸關係複雜，蕭萬長是各方都可接受的人，他五度代表總統參加APEC領袖會議，並參加十三次博鰲論壇。二〇〇八年他剛與總統馬英九當選正副總統，他在就任前與中共國家主席胡錦濤在博鰲論壇見面，打破陳水扁主政八年的兩岸僵局，被稱「融冰之旅」，後來又在博鰲三度見到習近平、李克強，蕭萬長不斷推廣他的「兩岸共同市場」理念，獲得習近平讚許「很有遠見」。二〇一三年蕭又成立「兩岸企業家峰會」，並任理事長，對岸理事長是曾任副總理的曾培炎，讓兩岸企業家更容易藉此平臺解決問題。

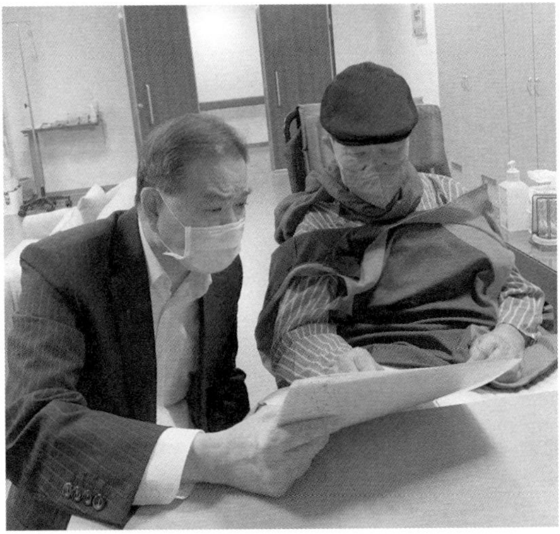

2020年大疫期間，蕭萬長（右一）中風住院，仍與陳瑞隆討論兩岸企業家峰會業務。（王玲惠提供）

蕭萬長中風前一年，仍在博鰲論壇力爭臺商應享有與陸資同等待遇，並希望落實惠臺三十一條措施。他中風還戴著鼻胃管、坐輪椅時，仍在病房與陳瑞隆討論兩岸企業家峰會的事。

蕭萬長凡事全力以赴，屬下隨他到國外談判，在回程飛機上就要寫好報告，經他核定後，下機直送印刷廠，有人就守在印刷廠等候，一印出立刻送呈。長年與他一起工作的胡富雄說：「蕭先生自己在做屬下就是這樣的工作態度，我們做他屬下也就這樣比照。」

蕭萬長很少責備僚屬，胡富雄記憶所及，蕭萬長說過最重的話就是「你們怎麼這麼老實」。蕭萬長很少露出個人情緒，但不是沒有情緒，「蕭先生開會回來，如果用拇指、中指啪的彈一下，就表示心情很好，他的案子應該是通過了。」胡富雄說，高鐵是蕭萬長著力甚深的案子，但當時困難多得不得了，他當行政院長時極力折衝各部會、銀行，協助聯貸，「我們都在看他回來有沒有彈指，如果有，就是順利，如果沒有，就表示受到挫折。」高鐵案在他閣揆任內終於拍板動工。

仍然嚴謹、自律，很有毅力

他中風後，第一個月完全坐不起來，第二個月才拿掉鼻胃管，在榮總團隊的悉心照護、家人鼓勵下，從學習「坐」、學習「吃」開始，每一個小動作都非常困難，每一口食物嚥下去都是成就，然後學習下床，一步一步抬腿，一階一階爬樓梯。復健極其無聊，那些動作非常簡單，簡直是幼稚園逗小孩的遊戲，自己卻做不了，很難不影響心情，但每天都要花幾小時去做。這需要耐心，也需要忍功，蕭夫人說：「我很佩服，他在復健過程完全沒有擺過臭臉。看到他第一次下床可以坐輪椅時，我就完全放心了。」

二〇二三年八十四歲的他，一星期游泳三次，每次一小時，前半小時做水中有氧，後半小時蛙泳。另外，他每星期重訓兩次、推拿一次，每天下午出去散步五千步，仍然嚴謹、自律，很有毅力。

蕭萬長辦公室主任王玲惠當年在二十八歲時就選上省議員，曾任白曉燕基金會執行長，她在蕭萬長身邊工作二十多年，她說：「看到蕭先生這樣一個長年孤獨、認真、默默為國家做事的人，我打從心底佩服。」

她近身觀察蕭萬長：「他真是一個不會『演』的人。」在蕭萬長中、壯年之前，那是一個不需要「演技」的年代，他不必please任何人，他心中只有國家、人民，他只要好好做事就好。

蕭萬長是不是臺灣最後一個顏值不高、演技不佳、口才不好，一心一意不是演戲而是認真拚搏替國家未來找出路的人？

蕭萬長這種典型，現在臺灣政壇還有另一個嗎？

◎原載二〇二三年九月二十六日《聯合報・數位版》

蕭萬長中風復原後多了一根拐杖，每天與夫人走路健身。
（王玲惠提供）

文藝青年打造護國神山

曾繁城

2003年，曾繁城在3705公尺的「中央尖山」攻頂成功。　　　（曾繁城提供）

（曾繁城提供）

曾繁城

一九四四年生

國立成功大學電機工程博士。一九八七年參與創立台灣積體電路公司，具先知卓見，重視研發，技術自主，自早期開始即確保台積電在全球競爭優勢，連帶推升臺灣半導體產業鏈在國際電子及資訊產業占領先位置。

一九九一年榮獲中國工程師學會評選為「十大傑出工程師」，二〇〇一年榮獲中華民國科技管理學會「科技管理獎」，以及二〇一三年榮獲潘文淵基金會「潘文淵獎」。二〇一八年獲清華大學雙學院名譽博士。

近年領導台積電文教基金會，致力於各項教育文化及社會公益活動，開啓多項創新贊助模式，播撒美育種子，引入人文活水。

2023年第20屆台積電青年學生文學獎頒獎典禮，曾繁城（第二排左三）與聯合報社長游美月（第二排左四）、聯副同仁、評審、得獎人合影，文壇老將、新秀，群星閃亮。

（聯合報系資料照片）

創辦「台積電青年文學獎」

「文學有可能過時嗎？」

——台積電青年文學獎二〇二三年小說首獎得主謝宛彤

「你怎麼樣能夠靜下來？怎麼樣能夠擁抱孤獨、拒絕外在的喧譁？你安於這樣的寂寞嗎？」

——台積電青年文學獎二〇二三年評審陳義芝

二〇〇四年開始，至今二十年，剛好讓一個嬰兒長成大人。《聯副》邀請評審與得獎者對話，談的是文學。豈僅是文學？是青春徬徨，是寂寞人生，句句是向天提問，永不甘心的自我超越。

二十年，繁花盛開。「台積電青年文學獎」是對這些生命的鼓勵與禮讚。曾繁城是開始這一切的人。

曾繁城，台積電文教基金會董事長、台積電的創辦元老。半導體業大老，為什麼會創辦「青年文學獎」？人類文明不可缺少的文學、歷史、哲學，其創作者、研究者，價值、貢獻在臺灣長期被嚴重低估，連酬勞都貧薄，以致優秀的人多數不敢、不能選讀文組。科技人曾繁城就是這樣一個當年被沉重家計「耽誤」的「文藝青年」。

曾繁城未能如願讀文組，但所愛始終未變。即使在台積電工作極忙的時候，他個人出資邀請名師葉嘉瑩、王德威、方瑜、歐茵西、彭鏡禧、辛意雲，在新竹誠品開講，兩週一次，連階梯都坐滿了人，他還請每位聽眾喝咖啡。余秋雨首次訪臺時，曾繁城請他來清大演講，那次人實在太多了，臨時改到清大活動中心，一千五百人。

白先勇提倡崑曲的第一聲「青春版《牡丹亭》」，需要經費一千萬元，曾繁城個人贊助六百萬元。

半導體，讓他生活富足；文史哲，讓他生命富足。他有一個大書房，但他最常用的書桌就是餐桌，那是他家最明亮的一角，陽光從落地窗斜灑，桌上是《宋徽宗》、《今文觀止》、《百年孤寂》、《人間詞話》……曾繁城也喜作詩填詞。

眷村窮苦孩子的大學夢

曾繁城，在找到半導體人生前，像你我一樣「渾渾噩噩」。

他是貴州遵義出生的湖南娃、喜歡文史的理工男，當年他和「臺大機械」只差一分，去念了第三志願「成大電機」，但他實在沒興趣，以第二高分考進去，倒數幾名畢業，至今連馬達都不會修。徬徨少年時，他常常泡在臺南的「美國新聞處」看電影，沉迷存在主義沙特、卡繆，喜讀王尚義《野鴿子的黃昏》，對前途一片茫然。那時他不知道自己未來將帶著團隊啟動臺灣電子業轉型，發展出一個龐大的半導體生產鏈。

曾繁城（右）贊助白先勇的「青春版《牡丹亭》」，讓這椿崑曲界世紀盛事得以展開美麗的第一步。（曾繁城提供）

曾繁城出生於一九四四年，中國對日抗戰已進入第七年，民生凋敝，國家在存亡關頭。一年後慘勝，國共內戰卻又立刻爆發，一打又是四年。

曾爸爸是孤兒，十七歲即從軍。部隊不斷移防，曾媽媽扛起扁擔，一頭挑著曾繁城，一頭挑著剛出生的女兒，從貴州、湖南、南京……一九四八年到了海南島。不滿五歲的曾繁城在那裡開始念小學，他到現在都記得赤腳上學走過的瓊河石板路。

一九四九年，海南島最後一批國軍撤守，他們也跟著到了臺灣，先暫居屏東機場附近，後來搬到高雄鳳山黃埔四村。曾繁城沒有念眷村的誠正小學，在他印象中，「那是高官子弟念的」，他念的是鳳山大東國小，同學都是臺灣囝仔，他與同學打打鬧鬧，輕輕鬆鬆學了一口南部腔的臺語。

他們三兄弟成績都很好，曾繁城是黃埔四村年紀最大的孩子，他就是眷村老大，他很自豪：「我們那個眷村沒有太保。」這個眷村模範老大，卻是老師的頭痛學生，學校廣播「○年○班同學○○○到訓導處來」，他經常就是那個○○○。他有用不完的精力。學校強制學生趴在桌上午休，他睡不著，不是偷溜到河裡游泳，就是爬樹摘蓮霧、芭樂。他太皮了，還曾掉到大水溝，差點溺死。當年小孩流行的灌蟋蟀、玩紙牌、打彈珠，他都是一流高手，彈珠戰利品有一麻袋。

他成績雖好，並無大志。他在鳳山初中畢業時是第一名，理應去考高雄中學，卻因「最怕考試」，選擇直升鳳山高中。在鳳中，他遇上了極好的歷史老師錢寶午，錢老師上課不用課本，把文藝復興、歐洲戰史說得讓他入迷極了。這個混沌小子開始睜開眼睛看世界，他有志向了，「我要念歷史系。」歷史能當飯吃嗎？曾爸爸極力反對，要他念理工，他一點興趣都沒有，但沒有抗爭，「我是長子，要為家裡負責。」

「我們家太窮了。」曾繁城知道父親也是不得已。曾爸爸升上中校就到頂了，薪水很少，每個孩子一年勉強可有一套制服、一雙鞋，家裡只有過年才能吃到肉。

曾繁城老父曾捷（右）與長孫在鳳山眷村合影。（曾繁城提供）

曾爸爸五十五歲退休，長官本想安排他去掌管福利社，但這個「肥缺」需要打點各方，曾爸爸選擇裸退，他在眷村後面的河邊種菜、養雞、種木瓜。曾繁城也幫忙餵雞、剷糞、撿蛋。但一如當年所有的外行養雞人，一場雞瘟，坑殺了他們的夢。

二〇一〇年曾爸爸以九十多歲高齡過世，生前一直住在眷村。曾繁城早已為他在澄清湖畔買了一戶好房子，曾爸爸一天都沒住。他捨不得搬離眷村，那是他在臺灣落地生根的家，他不需要什麼湖景豪宅，他在破破爛爛的眷村安心立命，吃得香、睡得著，他說要替當年一起從大陸來的弟兄們照顧家園。那些老弟兄早就過世了。

曾繁城手足共五人，因家裡養不起，小妹很小就送給別人，大妹為了成全三兄弟念大學，高中畢業就投入職場。曾繁城身為老大，很早就知道要盡快把這個家扛下來。

豆漿店會議，改變了臺灣的命運

五〇年代，全臺僅有幾所大學，錄取率極低，叫做「擠窄門」。那是他第一次參加聯考，直到高三才「聽說很不容易」，開始用功。他們四兄妹住同一個房間上下鋪，為了不影響弟妹睡覺，他拉一條電線到屋外讀書。他是黃埔四村第一個考上國立大學的，眷村受到很大鼓舞。

五〇年代念成大電機時，他沒聽過「半導體」，而且對歷史始終未忘情，同學李弘祺也是一個歷史迷，約他一起重考，曾繁城鼓起勇氣問了爸爸，又碰到銅牆鐵壁。李弘祺重考進了臺大歷史，是當年文組狀元，後來是耶魯博士。

人生的路就此分向兩途，李弘祺在美任教，是知名的歷史學者；曾繁城則為臺灣半導體業開路先鋒。有一次，李弘祺在美國辦學術研討會，請曾繁城負責經費，他跟李弘祺打趣：「假如當年我跟你去念歷史，今天大概沒能力贊助你了。」

曾繁城服役後，考入台電，簽約兩年，月薪兩千左右，做夜班，每天工作十二小時，但一年多後他決定重回學校，當時交大已有了臺灣第一個半導體實驗室，他想投入那個新興領域，但與台電合約未滿須賠償，工作一年多的薪水還不夠賠，他仍毅然「停損出場」。

進了交大電子工程所，他在老師張俊彥指導下，師徒做出臺灣第一個電晶體。畢業後，張俊彥帶他一起去了電子公司，那是臺灣第一家做半導體的，他很快發現公司「裙帶關係嚴重，不尊重專業」，張俊彥也曾氣得摔椅子，最令曾繁城印象深刻的一次是採購設備，他和同事找到便宜的美國最新機具，但高層「內定」的是價格高很多的舊款，卡住簽呈，曾繁城氣得飯都吃不下，胃部種下病根。

曾繁城在電子公司時，已經覺得「只做電晶體實在不過癮」。一九七三年七月工研院成立，九月他就進入工研院「電子研究室」，當時工研院還沒有「電子工業研究中心」，但他的人生有了奮鬥目標。

工研院的成立，從一開始就是在爭議中，立法院一直有人持反對意見。七〇年代，是中華民國遷臺以後最險峻的年代，退出聯合國、中日斷交、中美斷交、兩次石油危機，行政院長蔣經國推出十大建設，但這還不夠，臺灣經濟何去何從？工研院就是在這個時代背景成立的。

一九七三年蔣經國指派行政院秘書長費驊，尋找臺灣下一波經濟發展的策略，明示要「愈大愈好」。費驊找了經長孫運璿、交長高玉樹、電信總局局長方賢齊、電信研究所所長康寶煌、工研院院長王兆振，以及美國無線電公司（ＲＣＡ）研究室主任潘文淵等七人，在小欣欣豆漿店會商。潘文淵是費驊的交大同學，當時已花了一些時間訪察臺灣產業現況，認為臺灣電子業只是裝配業，並非科技業，應該由勞力密集轉型到技術密集，否則沒有未來，他建議臺灣應該發展積體電路（ＩＣ），直接從美國引進技術，孫運璿立刻支持。一頓四百多元的早餐會，就此改變了臺灣命運。

為了此案，工研院增設一個獨立的「電子工業研究中心」，胡定華（前工研院副院長）是這個中心創設時的副主任，他才剛滿三十歲，後來的要角楊丁元、史欽泰、曹興誠、曾繁城當時統統不到三十歲，胡定華生前在接受吳淑敏訪問時，指這批年輕人都是「可造之才，非常能幹，願意做事情」，讓他這個年輕主管「鬥志昂揚」、「勇氣十足」。

悲觀的樂觀主義者

政府決定派員到國外先進工廠學習，但含未來建廠預算總共只有一千萬美元（約四億新臺幣），投石問路，只有RCA提出的「學費」、條件接近我方需求。當年的領隊之一、前工研院院長史欽泰說：「那個年代興建高速公路一公里成本約一億，我跟同仁說，我們讓高速公路少了四公里。」這是多麼嚴厲的自我提醒，現在回頭看，這是多麼划算的投資。

一九七六年第一批去RCA的有十九人，兵分四路，學習十個月。曾繁城在史欽泰領隊的那組，去俄亥俄州廠學習半導體製程。這些臺灣工程師素質極佳，不僅學得很快，還能提出建議讓RCA改善，頗令美國人刮目相看。

大夥工作、生活都在一起，不僅個性要磨合，還要分工做飯，有人常常給大家青菜泡

1976年臺灣第一批去RCA受訓的工程師，後來都是臺灣半導體產學界的巨擘。左起：曹興誠、倪其良、曾繁城、戴寶通、劉英達、陳碧灣、史欽泰、RCA公關主任。
（翻攝自《十里天下》，史欽泰提供）

醬油，時間久了有各種衝突，在佛羅里達的團隊最後幾乎要鬧出人命，史欽泰把曾繁城調去「滅火」，史欽泰說：「曾繁城就是一個老大樣，他一出來，事情就會解決。」衝突雖然解決了，曾繁城卻胃潰瘍病發，有天早上起床，眼一黑就昏倒了，在佛羅里達切掉大半個胃。

RCA受訓完畢，工研院設立一個半導體示範工廠，第一任廠長是史欽泰，曾繁城是第二任。史欽泰拿到普林斯頓博士，在美短暫就業即回臺直接進入工研院，曾繁城比他資深。史欽泰說他當初有「兩個支柱」：「一個是章青駒，一個是曾繁城，」他很快看出曾繁城的特質：「他不是social的人，比較木訥，很負責任，專業很強，又資深，帶得動大家。」

史欽泰只要發現團隊有問題，找曾繁城就能搞定。最貴重的機器選購，也是交由曾繁城負責，因為他有實戰經驗，專業又無私。

臺灣半導體現在雖是世界領頭羊，但一路走來極為艱辛，「半導體產業是人類有史以來最複雜的生態體系。」史欽泰回憶當初臺灣從零開始，不僅與歐美日相較起跑點落後，國內也毫無前路可循，「我們犯很多錯誤，」但是，當時「孫運璿、胡定華這些長官都告訴我們：『你們可以犯錯』。」孫運璿甚至說：「我就算丟了官位，也要讓你們做下去。」有這些長官替他們扛著，讓大家有「士為知己者死」的決心。

遇到困難時，史欽泰通常是比較樂觀的人，他負責給團隊打氣。「曾繁城會預測最壞的結果，讓人以為沒希望了，但他小心翼翼把問題一個一個找出來、一個一個克服，」史欽泰笑說：「我們倆剛好互補。」

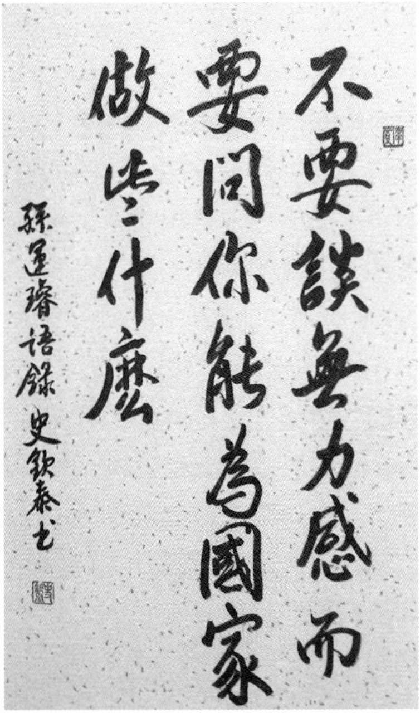

史欽泰用書法寫下孫運璿語錄，自勉勉人。（沈珮君攝影）

曾繁城是「悲觀的樂觀主義者」。因為悲觀，所以戒慎恐懼。台積電資深副總秦永沛與曾繁城相交三十年，共事很久，他說「FC（曾繁城英文名字）非常注重細節」，正是因為看得深、看得遠、看得到最壞，能見人之所未見，早早預防。而樂觀，則是永遠相信問題可以解決。

大道多歧，人生實難

「大道多歧，人生實難」，曾繁城在擔任台積電副總執行長的時候，在辦公室白板寫下這句話。「高處不勝寒」，作為個人、管理者，每個選擇都可能是未來關鍵，影響至巨，有時也飽受誤解。

台積電是工研院衍生的第二家公司，一九八七年創立，當時已能做出三點五微米晶片，比英特爾落後大約二點五代；現在台積電已成功開發三奈米晶片，領先英特爾一點五代。

台積電現在舉世皆知了，臺灣人暱稱它「護國神山」，但當年除了政府一口答應出資七千萬美元之外，邀約十四家外資企業入股，僅飛利浦認購，臺灣本土企業、銀行都興趣缺缺，當時孫運璿已病倒，由時任行政院長俞國華、政務委員李國鼎、經濟部長趙耀東一再打電話或親自登門勸說，才勉強有幾家企業認購，因為大家根本不了解「半導體」是什麼。

台積電三十多年來同時帶動了臺灣電子業升級，依據二〇二二年的統計：

一、臺灣總IC（積體電路）產值全球第二。

二、臺灣晶圓代工產值全球第一。全球十大中，臺灣有四家。

曾繁城陪同孫運璿資政（左）參觀台積電。　（曾繁城提供）

三、臺灣ＩＣ封測代工產值全球第一。全球十大中，臺灣有六家。

四、臺灣ＩＣ設計產值全球第二。全球十大中，臺灣有三家。

五、臺灣ＩＤＭ產值全球第五，其中記憶體產值全球第四。

「護國神山」台積電衍生出來的是雄偉的「護國山脈」，相依相生，產值巨大，是臺灣經濟的「中央山脈」。

被稱為「臺灣半導體之父」的張忠謀是當年決定將積體電路大型化、國際化、專業化的關鍵人物，而臺灣第一份「超大型積體電路計畫」製程的擬案人，是曾繁城。

他是工程師出身，是執行者、

拓荒者，孤獨有之，徬徨有之，更多的是決心與勇氣，而這一切甚至早於張忠謀從美國回到臺灣之前。

曾繁城去RCA學習的時候，就立誓臺灣半導體技術一定要「自立自主」，他很有信心，「只要自己願意做，有決心，都不會有太大的困難。」當年我們如果沒有自立自主的決心，絕對走不到今天。

工研院團隊在RCA駐廠學習回來後，第一批成品三吋晶圓，良率超過百分之七十，比「師父」RCA還高，RCA甚至想把它買下。工研院建立示範工廠時，曾繁城就說要做四吋，這樣才有競爭力，好大的口氣，RCA當時還做不到呢，曾繁城跟史欽泰打包票：「我們一定可以。」他們成功了，技術移轉給工研院第一家衍生公司——聯華電子。

有了聯電，工研院還要做「超大型積體電路」嗎？湧出許多反對聲浪，在眾聲喧譁中，孫運璿拍板要做！工研院建廠房時，本來要做五吋廠，曾繁城又力主直接開發六吋，因為他已看到英特爾、IBM在做，但經費實在太少了，曾繁城豪氣干雲：「機器可以買少，但一定要買最好的。」他並把兩層廠房巧妙設計成一層半，大大節省預算。這個示範工廠後來就是台積電一廠，這個先知先覺的決定為未來的台積電打下永遠超前的格局。

嚴格而溫暖，真正的領袖

曾繁城常提醒年輕人：「不要一心只為錢做事，否則會迷失自己。」

1986年工研院大型積體電路實驗工廠動土，這就是未來台積電的一廠。左起章青駒、史欽泰、潘文淵、胡定華、楊丁元、曾繁城。（曾繁城提供）

竹科很多巨富，都是當初參與工研院電子所、台積電創立的開路先鋒，但當年誰都不知道後來是否能成功，他們只是「一群小朋友，真的沒有想到個人利益」（胡定華語），他們努力在臺灣困頓的七〇、八〇年代，想替國家找到出路。曾繁城是其一。

其實，剛烈的曾繁城一開始就因為錢，氣得差點不去台積電。台積電設廠時第一批部隊就是由曾繁城自工研院帶去的一百四十四位工程師。當時公務員薪水很低，工研院待遇比民間差很多，曾繁城想替這批必須放棄公保、年資歸零的同仁爭取到一點補償，他希望給他們依原薪加百分之十五，勉強跟聯電（工研院第一家衍生公司）拉近水準，但被張忠謀回絕，曾繁城氣炸了，決定

張忠謀（中）、曾繁城（左）、蔡力行曾經是台積電鐵三角。（曾繁城提供）

不去台積電了。當天下班打球回來，史欽泰已坐在他家，力勸曾繁城為大局著想：「你如果不去，其他人也不會去了。」那臺灣的超大型積體電路計畫怎麼辦？曾繁城勉強按下怒火，說自己只要做到台積電損益平衡就退出。第二年，台積電仍在虧損，但曾繁城再次為同仁爭取加薪，這回成功了。

秦永沛是當時和曾繁城一起去台積電的工程師之一，「FC就是那種很照顧部屬的長官，」但他可不是濫好人，秦永沛說：「FC對品質要求非常嚴格，性子急，會罵人，大家都很怕他，躲著他。」現在回頭看，「在被罵的當下會進步。」曾繁城雖然自己會罵人，但是，「部屬若在公司會議中挨罵，FC會挺身而出。」

曾繁城嚴格而溫暖。蔡力行在曾繁城的八十壽慶時致詞回憶臺灣半導體的發展歷程，除了讚嘆當年「政府有開放的心胸、做正確的決定，這實在很不容易」，同時強調「FC天時地利人和全包了，

秦永沛（右）擔任台積電產品工程處處長時，帶領團隊獲得2001年tsmc Enterprise Information and Knowledge Management (EKM) 獎項，總經理曾繁城頒獎給他。（秦永沛提供）

尤其是人和，他是真正的領袖。」

蔡力行曾任台積電總經理、總執行長，現任聯發科副董事長暨執行長，他是曾繁城自海外招募回臺的，他到臺灣第一天，就是住在曾家。

秦永沛說：「台積電會成功，從工研院時代就開始。成功要有策略、人才，人才很多是ＦＣ招募回來的。」這些人後來在臺灣半導體產業開枝散葉。

曾繁城每年必去國外參加兩個ＦＣ盛會：ＩＥＤＭ、ＶＬＳＩ，除了去了解產業趨勢，另一目的就是去發掘海外學人，蔡力行、劉德音、魏哲家、蔣尚義、林本堅……等人都是他挖回來的。

台積電早期設備不夠，要跟工研院、交大借用，別人不用的閒置時間才輪得到他們。秦永沛說：「我們當時真的很艱困，工時也很長，有時每週超過八十小時，」他說：「在那種工作條件下，如果不是有ＦＣ招募回來的那些海外人才，又能好好帶他們，台積電不可能成長這麼快。」

台積電剛創立時，曾繁城是副總經理兼一廠廠長，非常重視品質，抓緊研發，一開始良率就近百分之八十，卻被冷嘲熱諷：「良率高有什麼用？賣不出去就不賺錢。」內外風雨交加，這需要多大的毅力、自信，才能動心忍性走「研發」這條短期看不到錢的路？蔡力行很有感觸：「不管多挫折，FC對R&D（研發）堅定不移，他帶我們的方向清楚，我很點滴在心頭。」

「誠信正直」為第一條核心價值

一九九九年台積電自主研發出零點一八微米，正在開發零點一三微米時，IBM邀請含台積電在內的四家半導體公司合組聯盟，一起合作，但前提是台積電必須停止在臺研發，曾繁城斷然拒絕：「我們為什麼要受制於人？與人家聯盟，反而會拖累我們。」後來IBM轉而找聯電加入，引起張忠謀不安，曾繁城以專業跟他保證，IBM聯盟不會成功，後來聯電也退出了，IBM又兩度回頭找台積電都被拒絕，最後台積電自主研發成功，全球第一，IBM聯盟失敗收場。

台積電製程一路領先到現在，正在研發二奈米、一點四奈米及以下。相對地，RCA早已退出半導體製造，飛利浦零點一三微米沒有開發出來，也停止自己製造。而IBM後來也決定退出半導體製造業，並想高價賣給台積電，曾繁城覺得不值得，力勸張忠謀不要出價，後來IBM等於是「送」給美國半導體公司格羅方德，再次證明曾繁城是對的。

曾繁城稱張忠謀為「大帥」，他是大帥少數的「諍友」。

台積電成立時就只有工研院那批一百四十四人，現在全球員工七點五萬人，研發人員約八千，廣義的研發人員總數約一萬五千人。二〇二三年研發總部落成了，當年「逐水草而居」的研發人員，終於有了自己的家，二〇二三年研發預算占總支出百分之八，二千億元。

回首從前，台積電高層終於敢大手筆投資在研發上，跟蘋果有關。

「二〇一一年我們做到二十八奈米時，蘋果終於來了，但他們要二十奈米，這是一個大跳躍。」曾繁城回憶，台積電花了兩年多時間，二〇一四年終於通過蘋果驗證，那就是**iPhone 6**的手機核心。

蘋果後來成為台積電第一大客戶，二〇二二年占他們總營收百分之二十三，今年最新的**iPhone15**、**M3**晶片都是台積電三奈米，蘋果產品上市發表會打出的口號是「快得嚇人」。

以客為尊，這是台積電文化。客戶有急單或有緊急問題，台積電總會盡量立刻解決。秦永沛說：「這種快速反應就是FC打下第一代的基礎，蔡力行是第二代，劉德音、魏哲家是第三代，現在是我要負責。」這就是傳承。他認為，台積電的工廠效率是其他國家半導體很難追上的關鍵，「這是早期領導人建立的，FC就是那個早期」。

竭力滿足客戶的要求，與爭取英特爾有關。台積電設立第三年，一九九〇年曾繁城帶領團隊通過了英特爾認證。

英特爾訂單豈是好拿的？CEO葛洛夫在台積電設廠第一年的年底親自來台積電「面試」，曾繁城就是跟他簡報的人，葛洛夫心動了，想測試台積電能耐，要他們做一點五微米MCU（微控制器），兩個月後英特爾先派一位代工經理進駐台積電督導，十五個月後，台積電總算拿到訂單。

曾繁城攝於1987年台積電一廠辦公室。　（曾繁城提供）

曾繁城把此役當成一場洗禮，落實英特爾每個環節的嚴謹要求，蒐集數據，尋找問題，建立台積電國際代工的最高標準。硬脾氣的他要求同仁「以客為尊」：

一、產品良率要高（台積電現在良率百分之九十九）。

二、品質要穩定。

三、成本要低。

四、交貨要準時。

五、交貨期要短（比客戶希望的交貨時間還早出貨）。

六、對客戶要透明（客戶隨時可自電腦查到進度）。

台積電直到拿到英特爾給他們「試試看」的訂單，才終於損益打平。而連英特爾都是台積電客戶，對台積電來說，是最好的口碑宣傳，後面的路就好走了。

台積電把「誠信正直」列為公司核心價值第一條，這是天條，上上下下都須如此，而公司誠信正直，對外就能挺直腰桿。

秦永沛說：「FC是以身作則的人。」他舉了一個例子，當年臺灣行政系統不是那麼好，「有些單位暗示我們要送股票、股條，但是，台積電規規矩矩，全不弄這一套。」當年還流行在召開股東會時贈送小股東禮物，台積電的贈品常會成為話題，有些公家單位就會明示：「你們股東會的旅行包包很不錯，送我們幾個吧。」秦永沛微微一笑：「FC就是不給。」

曾繁城剛直可見一斑。

自立自主、卓越，不可撼動的靈魂

他很受不了花不必要的錢。反對併購IBM便是一例，他寧可讓老闆怪罪。當年飛利浦要收台積電二點〇微米的權利金，也惹惱了曾繁城，那明明是工研院團隊研發的製程，為何要付？他飛到荷蘭一項項跟他們比對，總算砍下半價，只付四年。

但該花的錢，他絕對不手軟。像「光罩」對晶圓製造很重要，曾繁城認為這應該掌握

2018年，清華大學賀陳弘校長（左四）頒授電資院、科管院的雙學院名譽博士學位證書及永久校友證給曾繁城（左五）。曾繁城是清大校史上第二位獲得雙學院名譽博士者。頒獎後，與台積電創辦人張忠謀（左三）、董事長劉德音（右二）、總裁魏哲家（右一）、清大科技管理學院院長莊慧玲（左一）、電機資訊學院院長黃能富（左二）共同合影。（曾繁城提供）

在自己手上，秦永沛說：「光罩做得好，製程開發都會比較容易、比較快。當初FC堅持台積電要自己做光罩，這是非常有遠見的投資。」

光罩設備價格極其昂貴，每年還要購買新機，那是天文數字，史欽泰舉例：「美國禁止荷蘭ASML機器賣給大陸，那就是一種光罩投影機，是非常『卡脖子』的設備，台積電一年要買幾十部，一臺要兩億多歐元，要三架七四七飛機才能運送。」台積電就有這種氣魄。

半導體製造必須有極龐大的資本，門檻很高，從此例可見一斑。台積電長期高居全球第一，同業很難望其項背，連英特爾都著急了。

以前臺灣代工毛利很低，僅百分之三或四，被笑是「毛三到四」（諧音「茅山道士」），但台積電不是這種廉價代工，台積電一九九四年上市的時候，淨利率已經超過百分之二十，張忠謀不滿意，他希望像德儀淨利率接近百分之三十，將士用命，曾繁城掩不住欣慰：「我們毛利率早就超過五成了。」

曾繁城在八十歲壽宴上，面對在半導體業各廠的老友、戰友，他簡短說了幾句話，重點仍是「技術一定要自主，製程一定要卓越」。

自立自主、卓越！這應該不僅是台積電、臺灣半導體業上下游不可撼動的靈魂，也應該是臺灣領導人物帶領人民追求的。

生於憂患，發明省錢的「無塵盒」

在台積電壓力很大時，曾繁城開始爬百岳。臺灣百岳，他爬過四十九座，包含非常困難、高度三千七百零五公尺、號稱「寶島第一尖」的中央尖山。

曾繁城從工研院的「小嘍囉」工程師，做到台積電的第一任廠長、第一位本土總經理、副總執行長、台積電副董事長，他也曾是台積電子公司「世界先進」第一位本土總經理。他並擔任「創意電子」董事長二十年，「創意」最近一年股票自三百多元一度衝破一千八百元。

曾繁城說話精省，外界對他所知不多，直到他在二〇二一年將五千張台積電股票轉到妻子陳老師名下，市值約新臺幣三十億，聲量炸開，當時媒體都用「寵妻」形容，曾繁城的說法是「我很懶，把錢提來提去很煩」。

了解他們夫妻平日生活簡樸的人，就知道曾繁城這話絕非「炫富」，他們家中毫無華麗擺設，最「豪奢」的支出是大手筆贊助學校及各種公益團體，有些單筆捐款超過億元，不僅出錢也出力，而且不是「搵豆油」，曾夫人參與少年輔育、矯正學校超過二、三十年，即使在兩年多前中風康復後也未停止。

曾繁城夫人陳韓老師（左）也熱心公益。　（曾繁城提供）

他們認為「錢是要與有需要的人分享」、「老天只是把錢暫時放在我們手上」，他們認為「我們只是比較幸運的人」，應該散播自己的幸運。

曾繁城是從臺灣貧困年代走過來的人。曾夫人回想婆婆當年買菜有多麼不易：「她的菜錢只有那麼一點，她要怎麼讓一家吃飽？從市場頭走到市場尾，她要花很多時間比較、思考。」這個畫面，跟台積電剛建廠時，緩急輕重的拿捏與為難，其實一樣。

曾繁城在建廠前，參觀過英特爾、飛利浦的工廠，留下深刻印象：「太浪費了，實在太浪費了。」他們一個實驗室比足球場還大，蓋一條生產線就配備一個全套R＆D的廠，「哪裡需要這樣浪費？」

「生於憂患」，清寒人家、窮苦國家出身的曾繁城只有有限的預算，他要把它發揮出最大效益，同時讓產品成本降低。現在全球第一的台積電，當年是把兩層廠房「壓」成一層半起家的，這實在很勵志。

現在歐、美、日都爭相邀請台積電去設廠，而在台積電任職的臺灣年輕人會被稱「科技新貴」，但誰知道台積電早年根本招不到人。台積電資深副總秦永沛回憶，他們第一次在報紙刊登廣告徵求三個工程師，刊了三天，應徵者寥寥，而且多是夜間部畢業的，直到一九九〇年才有清華、交大這些名校畢業的人來應徵。

台積電自刻苦起家，即使台積電已經很不錯了，曾繁城仍然有極為省錢的「發明」，並吸引了IBM來參觀，想和台積電合作研發，一起爭取專利，但是，從建廠之初就決心「自立自主」的曾繁城何必跟他們一起？那個「發明」就是「無塵盒」。

晶片製造需要百分百無塵，但若要讓整個大廠房變成這麼高標的超大無塵室，經費非常龐大，曾繁城從一個印度人發明的盒子得到靈感，讓晶圓製造放在「局部無塵」的盒子，這樣便可省下大筆經費。台積電從二廠開始到現在都是用這種方式，這個看似不起眼的小發明，也是讓台積電可以降低成本的利器。

細節，可以讓人上天堂或下地獄

曾繁城回憶今昔：「我們那時傻傻的，認為做到像NEC、飛利浦就很好了。」哪裡曉得當時對臺灣可望不可及的世界半導體大廠都一個一個退出市場，連當時拒絕入股的英特爾也追不上台積電了。

「英雄不是只有一個，而是一群。」史欽泰說。就像張忠謀常形容的：「台積電不是一個人在跳舞，而是跟四百多個人在跳舞，」四百多人就是台積電的客戶，「臺灣是客戶很好的策略夥伴，外國人都認識到了。」而把台積電變成第一的，也是每個台積電人，而且一棒接一棒。

曾和曾繁城長期共事的史欽泰、秦永沛都說：「曾繁城非常注意細節。」細節可以讓人上天堂或下地獄，一點不能放鬆，台積電的晶片現在已正往一奈米發展——一奈米是多少？人的頭髮即使是最細的，也大約有兩萬奈米，換言之，一奈米是頭髮的兩萬分之一，細節是何等重要？

而數據則可反映人肉眼所不能見到的這種「幾微之際」。秦永沛說：「FC很重視數據的精確，對所有的數據過目不忘。」數據裡面，就是很多細節，可以見人之所未見。秦永沛說：「我們後面接棒的人也都這樣。」

曾繁城決心要做的事，他就要做到，從他年輕時的一件小事就可看出，這也跟他從小很「皮」有關係。大家去ＲＣＡ訓練時，四位領隊都是曾在美國留學的人，英文好，了解美國情況，也可以替大家開車、接送上下班。曾繁城沒有美國經驗，也沒有駕照，但他很快就考上美國駕照。有一次放假三天，他跟史欽泰借車，要從最北開到最南，史欽泰勸阻他：「你不曉得美國有多大。」他一定要借，開車帶著組員揚長而去，三天後回來說「屁股好痛」。史欽泰忍不住笑：「這就是曾繁城，他很自然就是那個頭，所以他能做台積電第一任廠長。」

不怕得罪人，做那個反映問題的人

曾繁城是台積電鐵錚錚的漢子，那不只是「貧賤不能移，威武不能屈」的傲骨而已，更是因為他對專業的堅持，他可以因為前東家搞裙帶關係，氣到吃不下、胃潰瘍，可見有多剛烈。專業是他的命根、他的驕傲，是他骨子裡的靈魂。

曾繁城差點不去台積電，史欽泰是「臨門一腳」把他踢進去的人，他的人生故事自此不同。曾繁城一直把史院長當作「我生命中的貴人」。他們的友誼跟工研院歷史一樣，五十年，史欽泰看著他一路發展，「ＦＣ對專業非常非常執著。」因為他苦心、苦功下得很深，所以，特別不能容忍不夠專業的人指三道四。

「他說話很直，不怕得罪人，」史欽泰做過他長官，對如何「帶」他有一點體會：

「你要尊重他的專業，理順他的毛。」尤其是做研發的人，他有沒有盡力，你怎麼知道？「你一定要尊重他、信任他，他就會盡全力。」

工研院曾因為曾繁城和聯電鬧翻了，預算被立法院卡住，薪水發不出來，一度在週六上「無薪班」（當年沒有週休二日），史欽泰帶大家在那一天做教育訓練。

即使面對「大帥」張忠謀，曾繁城也不會隱藏不同的意見。美式作風的張忠謀主張「衝突文化」，認為同仁之間不應該好來好去，衝突才能反映真正的問題，曾繁城常常就是那個反映問題的人。

與其說他的犟騾脾氣是因為他是湖南人，毋寧說他是「無欲則剛」，他不在乎名利，他堅持做、說他認為對的事，不在乎是否對他個人有損害。

這犟騾只會對客戶低頭，台積電設廠時，已經頗有技術了，後來更是在某些製程超越客戶，但那些國際大廠，剛開始並不信任台積電這個小公司、新公司，曾繁城的策略就是「好，第一次先聽你的。」照他們方式做出來，取得客戶信任後，以後就得依台積電製程了，因為台積電的做法更先進。現在當然客戶就直接依照台積電製程了。

台積電對客戶的急單，盡力配合，員工半夜也願意跑來公司解決問題，這是台積電的優勢之一，卻成為各國希望台積電去設廠時最大的文化扞格，如果他們沒有這種台積電DNA，也不願植入這種文化，能複製台積電、超越台積電？世界都在看。

◎原載二〇二三年十二月一日至十二月二日《聯合報．副刊》

「中央尖山」硬漢是貓奴

作者與曾繁城（右）訪談後合影，那天他穿的是工研院時代買的夾克，40年了。（沈珮君提供）

曾繁城，除了只對客戶低頭之外，還有一位「大哥」，能讓他變柔軟。

那是一隻貓。「貓大哥」是曾繁城夫婦收容的一隻流浪貓，在他們家十年，晚年為腎臟病所苦。有一天，曾繁城赴美出差，凌晨夢到自己帶著貓大哥一起逃難，牠忽然不見，他驚惶不已，自夢中駭然醒來，後來才知他作夢的那一刻正是貓大哥在臺灣離世時。要有怎樣的人貓情深，可以得此一夢？

傷痛耿耿於懷，他一年多後替貓大哥填了一闋詞〈江城子〉：

「十年相聚意難忘／綠籬旁／稚容昂／撲蝶驚蟬／英氣似嬌娘／栗鼠野貍都走竄／神武威／守家邦

「異鄉奇夢共逃荒／正匆忙／喪蹤芳／急覓無著／怎奈是身亡／歸來始知魂相辭／淒涼淚／太心傷」

「貓大哥」與曾繁城人貓情深。（曾繁城提供）

曾繁城生在戰亂。人力無可如何時，逃難就成為隱喻，潛入夢中。

曾繁城惜情，他在新竹明湖路的「起家厝」始終不賣。他救治過的、收容過的貓貓狗狗也都在那塊土地，至死不棄，他跟太太說，將來他也要跟牠們在一起。

曾繁城不過生日，但前幾個月好友要給他過八十歲生日，他接受了他們盛情。那天，他穿著大紅長褲，配黑上衣，所有好友衣服也多多少少有點紅，他們送他的禮物也是紅的，一頂法拉利紅色鴨舌帽。

生日派對的dress code是「紅與黑」。與他親近的人都知道他最喜歡紅黑配，他說，也許是他年輕時喜歡讀法國小說《紅與黑》。台積電tsmc的LOGO也是紅黑配，是曾繁城拍板的。

依然惜物，簡樸低調不張揚

我第一次見到曾繁城是在一家五星級酒店。主客共四人，各點自己的套餐，他是主人，客人推拖再三，他只好先點菜，他選了侍者推薦最貴的那道，印象中有一整隻什麼地方來的大龍蝦，加上牛排，其他兩位客人考慮半天，覺得自己吃不了那麼多，選了倒數第二便宜的，最後一位也選了第二便宜的。他似乎鬆了一口氣般，也立刻改選和大家一樣便宜的。其實就算那樣「便宜」，也已有半隻波士頓龍蝦和牛肉，也要好幾千元，已經太好了。富有如他，我覺得他鬆口氣，不是怕貴，而是真的吃不了，何必浪費？

那天，他穿著一套四十多年前在工研院時代買的西裝，毫不顯舊。他一九七六年在冰天雪地的俄亥俄州RCA廠受訓時，花了七十五美元買了

這件LONDON FOG風衣是曾繁城在RCA受訓時買的，至今仍像新的。（沈珮君攝影）

一件英國老牌「倫敦霧」（LONDON FOG）的長款厚風衣，保存極好，至今依然可穿。曾夫人除了正式場合，也是常穿一條有三十年歷史的牛仔褲出門。

他惜物。小時的衣服是每年一套制服，對父母來說已是很大的負擔，破了只能縫縫補補。他的兒子現在美國擔任數學系教授，也很簡樸，直到結婚才做了生平第一套西裝，也只穿了那麼一次。

他當年因家貧不能選讀自己所愛，現在他的孩子選系選校可以完全自由了。兒子國中時因為崇拜心臟外科名醫朱樹勳，立志學醫，曾繁城替他買了全套手術刀，並附豬心一顆，小傢伙「開刀」完畢說想吃牛排，再也不提當醫師了，沒多久愛上數學，高中就去清大旁聽，後來是臺大數學系第一名畢業。

女兒念日文，對日本文化有興趣。曾繁城的父親曾參加對日抗戰，目睹日軍如何荼毒中國生靈，他在淞滬戰役時，屁股還挨過日軍子彈，一輩子恨日本。孫女讀日文、去日本讀書，爺爺很生氣，但無可如何，她是自由的。

曾繁城自工作開始，透過妻子陳老師，每月都把一半薪水交給父母，直到雙親過世為止。但曾家老父母似乎不太了解兒子有錢與他們有何關係。有一年春節，曾繁城帶他們去一〇一高樓層吃飯、住在剛買的帝寶，曾爸爸只說了一句：「你們臺北有錢人是這麼過日子啊。」他還是喜歡過他的眷村生活。曾繁城住在新竹時，曾爸爸去兒子家過年前，會先花幾百元把他的老爺摩托車託運過去，以便他在新竹也可以趴趴走，曾繁城勸他出門

曾繁城全家都喜歡動物，這是女兒送給爸爸的油畫，張國二的作品〈迎接與送別〉。
（沈珮君翻攝）

坐計程車，他堅持自己騎車，直到八十七歲才終於不騎了。

曾夫人也常提醒婆婆：「你們兒子不缺錢了，生活不要省。」但婆婆看她的眼神似乎不了解那話是什麼意思。她陪婆婆買衣服，絕不讓她知道價錢，否則婆婆就買不下手。

曾繁城家中擺設簡單、大器，牆上掛的多是曾夫人油畫、好友史欽泰的書法，最大的一幅藝術作品是張國二的〈迎接與送別〉，畫中有許多飛鳥、貓狗、小動物，「主角」是老牛和老農，老農吻著老牛，他們將分離，老牛眼角掛著淚。這畫是女兒買的，知道爸爸會喜歡，他們全家都深愛動物。

性情中人，副手被挖曾倦勤

曾繁城是個性情中人。一九九六年，他在台積電工作已經十年，聯電把他的副手挖走，曾繁城極受打擊，「我很灰心，覺得這個世界上大概很難找到真心朋友」，難過之餘，竟萌去意，當時台積電已上市，他覺得自己已經完成任務，「我有點累了，想辭職」，張忠謀要他不要對外透露，不久調他去「世界先進」，換個環境，換個心情。他成為「世界先進」第一任本土總經理。

他在去「世界先進」之前，先去了黃山。從此愛上黃山，「我以前以為國畫上的山水都是畫假的，去了黃山，才知道它畫的都是真的」，中國典型的漂亮山水，就是黃山那樣。

他第一次去黃山，是從後山上去，「滿山雲海、松樹，都像是從石頭蹦出來的，高高低低，好漂亮」，他當時就發誓，他一定要去黃山七次。他喜歡「七」：「lucky7，幸運數字」，他第一棟房子的地址號碼就是七號。

他後來去了黃山八次，多出來的那次，是因為知道史欽泰沒去過，他邀請史院長一起去，「史欽泰是我的貴人，如果不是他，我就不會去台積電了」。史欽泰對工研院、臺灣科技業貢獻巨大，有人形容他：「完全無私，沒有敵人」。

科技界無人不敬重他，而他沒有自己的公司，他永遠只是成人之美。史欽泰非常有人文素養，退休後，勤練書法。自黃山歸來後，他勤練行草，用毛筆抄寫曾繁城自撰的黃山詩，送給曾府。

史欽泰也是完美主義者，這幅字足足練寫一年多才滿意送出。曾繁城把它掛在他在餐桌讀書的那個牆邊，頗有伴讀之感。

大中華主義者，喜歡大陸愛新竹

曾繁城喜歡看書，尤其鍾情歷史，我有一次看到他桌上放著《余英時回憶錄》，我們談起余英時這個超重量級的歷史學者、中研院院士，終生反共，少時與父母離開大陸之後，只在一九七八年參加過一次考古團訪華，至死不再踏上大陸土地，客逝美國。我問曾先生：「回過大陸老家嗎？」

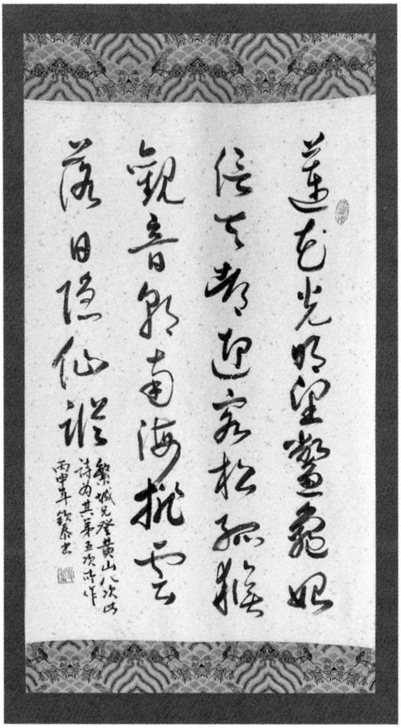

史欽泰與曾繁城同遊黃山歸來後，書寫曾繁城的黃山詩，以誌美好。（沈珮君攝影）

回過，但等於沒有回過。他是湖南邵陽人，但生在貴州，媽媽用擔子挑著他逃難，曾經過湖南老家，但他太小毫無印象。爸爸在世時，他工作實在太忙，一直沒有跟他回過老家。

他去過大陸很多地方，最喜歡南京，台積電要在大陸設廠時，他私心希望是南京，最後選在上海，直到二〇一六年在大陸設第二個廠，才終於是南京。

面對兩岸距離漸行漸遠，台積電被捲入所謂「地緣政治」風暴圈，曾繁城意有所指地說：「我是大中華主義者，我個人是中華民國派，我認為『一中』應該是『文化中國』，『統一』應該是『共榮統一』，兩岸應該要先『共榮』。」

「我很喜歡大陸，但我不習慣在那裡生活。別人問我故鄉在哪裡，我都說在臺灣。」他五、六歲就從高雄港踏上臺灣土地，在臺灣成長、就學、就業，他是臺灣一手栽培的，「我一生只做了兩個公司：工研院、台積電，一生只做積體電路。我沒有機會出國念書，但碰到好的政府想發展，我很感恩，我躬逢其盛。」

他半世紀工作、生活都在新竹，「我對新竹感情很深，我在這裡很心安。」他不爬百岳了，現在每天在新竹郊山走步道，在山路上碰到人家在唱卡拉ＯＫ，他會自動加入唱幾首，別人不知道他是誰。他非常愛唱歌，離開台積電到「世界先進」那兩年，最愛唱臺語歌〈流浪到淡水〉。前陣子大陸歌手刀郎〈羅剎海市〉爆紅，他也因此去看《聊齋誌異》，但忽然世界烽火滿天，難民流亡，他又開始看國際政治的書。

此心安處是吾鄉。但世界何時能讓生民安心生活，不用擔心戰爭，興之所至就唱歌？

◎原載二〇二三年十二月二日《聯合報．數位版》

第二部

人才，國命也

國家要美麗強盛、不膚淺，人才第一。
百年樹人，教育界、出版界啓發民智，
並以人格撐起了臺灣「人師」標竿。

辦學鞠躬盡瘁，埋骨臺大校園

傅斯年

傅園張莊嚴寧靜，傅斯年骨灰葬在此。
（沈珮君攝影）

（中央研究院歷史語言研究所藏品）

傅斯年

一八九六—一九五〇

字孟真，山東聊城人。中研院院士、歷史學家、五四運動學生領袖之一。曾任中研究院歷史語言研究所首任所長、北京大學代理校長、臺灣大學校長。逝於臺大校長任內。

提出「上窮碧落下黃泉，動手動腳找東西」原則影響深遠。性格耿直、嫉惡如仇，一九四四年以「美金公債案」公開炮轟當時的「皇親國戚」行政院長孔祥熙，將孔趕下臺；後於一九四七年炮轟時任行政院長宋子文，再將宋趕下臺，時人稱其為「傅大炮」。

傅鐘每日二十一響，源自傅斯年名言

傅斯年，這三字如雷貫耳，但是，誰知道傅斯年何許人也？若不是臺大學弟要求成立「促進轉型正義小組」，要去除校園「威權地景」，「包含但不限於」點名了傅園和傅鐘，傅斯年早被忘了。

最近，重回傅鐘下，發現一塊小碑，是陳維昭校長在民國九十一年立的，寫了傅鐘二十一響意義，「一天只有二十一小時，剩下三小時是用來沉思的」。原來如此。據說那

傅斯年去世後，學校建了傅鐘紀念他。鐘聲21響是因脫胎自他的一句話，一天要留3小時思考。
（沈珮君攝影）

是由傅斯年的一句話衍化而來。我在民國六十五年進臺大，新生訓練時從學長那裡聽到的傅鐘故事，是一個女子與情人相約晚上九點在傅鐘見，但他失約，她在此上吊，鐘聲二十一響是她的魂靈不斷回來相尋相問。

我們對歷史不是淡忘，而是從一開始就無知，無知故無感。拜學弟之賜，我忽然想了解傅斯年，「上窮碧落下黃泉，動手動腳找東西」，奔波於臺大和中研院之間，溽暑高溫三十六度，陽光燙到令我出門前總再三躊躇，而過程之困頓、挫折，也讓我知道歷史斷裂何其容易，想讓它從故紙堆裡再「出土」，卻要何等耐性。

1935年，傅斯年（後排左二）與太夫人（中）、妻俞大綵（左一）、姪樂成（斯巖子）合影。
（中央研究院歷史語言研究所藏品）

傅斯年，人稱「傅大炮」，因為他有理便爭到底，文筆雄健，辯才滔滔，蔣夢麟（曾任北大校長、教育部長）因辯不過他，他又說個不停，急得拿手杖打他；羅家倫（曾任清華大學校長、中央大學校長）和毛子水（文史教授、胡適墓誌銘撰稿人）常常跟他吵得三個月不打招呼、三天不講話。

傅斯年有時又被稱「肥貓」，固然是因胖，也因威。抗戰時，中研院史語所遷到四川李莊，他舉家搬去，陶所長說：「肥貓回來了，山上淘氣的小耗子這幾天斂跡了。」

傅斯年也從不以胖為忤，攘臂力爭之餘，若對方要打架，這個書生也不怯戰，他是五四運動總領隊，是扛旗的那人，最後奔往趙家樓，第二天他和一個情緒激動的人起爭執，打了一架。他重視科學，不怕打架也是經過物理計算的，他幽默地說，他「總體積」大，「重力加速度」，可以壓倒一切。

他雖胖，但也許因自小家貧，身體很不好，北大同學對他的回憶多是「身體羸弱，時常鬧病，但成績仍是第一」。他曾赴美就醫，醫囑不可勞累，絕不要再接行政工作，他因此婉拒接任臺大校長，但教育部長朱家驊再三懇請，他責無旁貸。他也曾拒任北大校長，推薦胡適出任，並替人在國外的胡適先做兩年代理校長，展現過人的幹才。

他不是只會搖筆動口的人，是會挽袖做事的人，中研院史語所從抗戰、內戰到渡海來臺，在他領導下，經九次大搬遷，研究不輟，珍貴的文物全都來臺，胡適曾讚他是「最有辦事能力的人」。他整裝來臺就任，以「歸骨於田橫之島」明志，這是必死的決心，他還告訴姪兒傅樂成：「我們到臺灣後，要準備過苦工甚至奴隸的生活。」

接掌臺大，鼓勵學生：將來你們是要革命的

傳斯年去世前最後身影。他在省參議會報告，強調絕不能讓貧窮學生被摒棄在臺大之外，獎學金絕不可廢。（翻攝自《中央日報》）

他在民國三十八年一月二十日接掌臺大，三十九年十二月二十日去世，還差一個月才滿兩年。他太累了，臺大千頭萬緒，上自典章制度、攬才招生，下至親筆給學生、工人回信，細大不捐。曾有一個外文系校友去信給他，抱怨畢業一年卻仍無畢業證書，他親自洽問，才知教育部因要查核每人是否修滿學分，一人不符，全體不發，光復以後即未發過畢業證書，在他要求下才解決。

他去世前幾天，跟朱家驊說：「你把我害了，臺大的事真是多，吃不消，我的命要斷送在臺大了。」他死在省參議會，報告完臺大校務，緩緩回到座位，臉發白，手奇冷，血壓一度高到兩百三十，五小時後即逝。

《中央日報》刊出他在省參議會的最後發言，傅斯年強調臺大獎學金制度不應廢止，「對於那些資質好、肯用功的，僅只為了沒錢而不能升學的青年，我是萬分同情的，我不能讓他們被摒棄於校門之外。」這成了他的遺言。當初受惠的臺大青年，應都九十幾歲了。

傅斯年剛接掌時的臺大，大教室很少，也沒有大實驗室，「理學院不能上普通化學、普通物理等科的實習，工學院沒有畫圖的桌子。」法學院學生太多，有些班不僅坐不下，連講臺都站滿了人，考試也沒法考。當年學校沿用日本留下的講座制度，七十幾個講座教授各擁一間研究室，像「聯邦」，能收的學生有限，且研究室半獨立，缺乏討論切磋機會。臺大醫院也如此，依傅斯年說法，「一個教授就是一個醫院。」有自屬的開刀房、圖書室、化驗室。講座研究室各擁圖書，總圖書館藏書反而像是各研究室不要的書才往總圖塞。他說，「這樣的『闊氣』，在美國也做不到；這樣的『獨立』，在德國也沒這樣的事。」以臺灣當時經濟狀況，臺大教授月薪買不到一石米，這種講座制度實在沒有效益。他整合資源、打破門牆，希望建立討論、對話的空間。

學生沒有地方住，也讓傅斯年傷透腦筋，學校裡教室、研究室、廁所，能睡人的地方都擠滿了人，連臺大醫院樓上傳染病房都睡了近兩百個學生。傅斯年要建宿舍，各方力阻，除了經費龐大，還有管理問題，但傅斯年說他不是要「自找麻煩」，實在是除了流亡學生外，臺大半數以上是本省學生，多來自中南部，且多清寒，至少有三分之二是靠親友湊錢或借貸而來，他們在臺北要有一席之地「難上加難」。

傅斯年在《臺大校刊》直言臺大是一個「窮人的大學」，學生付不起外面房租，學校有責任解決。他在給學生的第一封信中，承諾盡力擴大公費名額和宿舍：「我們若果不管你們的痛苦，我們無權責備你們守法用功。」他積極增建宿舍，卻有學生抱怨宿舍太遠，傅斯年在校刊回應：「我心中好生不然，老天生你兩條腿何用？每天走上六、七十分鐘，大有好處，難道你們都想胖得如我一副尊容，到中年鬧血壓高病嗎？」有人說是因為出門看女友不便，他說：「果然如此，還是等畢業後不為太遲。」

學生X光檢查，幾十人驗出傳染性肺結核，他立刻優先挪調幾個通風好的房間，給他們作療養室，派工友照顧，在經費拮据的狀況，還每人每月配給奶粉、魚肝油各兩罐及菜錢三十元，他百忙中還去探視他們，拿大好未來鼓勵這些當初被視為絕症的青年：「將來你們是要革命的。」

打造「臺灣學術中心」，痛恨人情關說

他積極跟臺大內外、師生溝通，臺大要成為「臺灣學術中心」，萬不能「大學小學化」，大學不是只教學，一定要做研究，提高學術水準。

他提出的響亮目標，至今仍標舉在校史館一進門的地方，是斯賓諾莎的一句話：「我們貢獻這個大學予宇宙的精神。」何等氣魄。他一再強調，臺大要集中人才，人才越多越好，「一分人才，一分成績；半分人才，半分成績，毫不含糊。」

他擬出一套教師聘任、升級制度，以學術及教學成績為第一考量。為了提升學生對學

術的興趣，一年級的通習科目即由一流教授上課，一方面要讓教授「從學術的立腳點出發」，更重要的是要讓新生一進臺大即被一流教授喚起強烈求知欲。當時的名教授如毛子水、屈萬里、臺靜農都教過大一基礎課。

招才甚難，在那個亂局尤難。傅斯年一生反共，有人以反共之名，想藉機混到臺大教師資格。也有人要求他盡力羅致「從共區逃出的學者專家」（大概就是今之所謂「外省人」），以政治立場掛帥，卻美其名「招賢納士」。傅斯年公開在報紙聲明反對：「我若把臺灣大學作為『招賢納士』之處，那真對不起國家了。……學校若此，必糟無疑。」他並解釋自己的反共立場：「我因為民族主義與人道主義，所以反共反蘇。我不能用共產黨的方式反對共產黨。因為

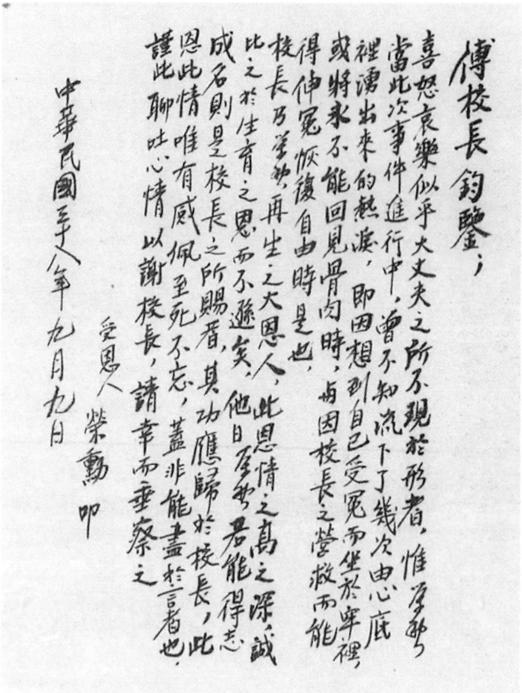
傅校長鈞鑒；
喜怒哀樂似乎大丈夫之所不現於形者，惟學生當此次事件進行中，曾不知流下了幾次由心底裡湧出來的熱淚，即因想到自己受冤而坐於牢裡，或將永不能回見骨肉時，與因校長之營救而能得伸冤恢復自由時是也，
校長乃學生再生之大恩人，此恩情之高之深，誠比之於生育之恩而不遜矣，他日學生若能得志成名則是校長之所賜者，其功應歸於校長，此恩此情唯有感佩至死不忘，蓋非能盡於言者也，謹此聊吐心情以謝校長，請幸而垂察之
受恩人 榮勳 叩
中華民國三十八年九月九日

一位在白色恐怖時期受害的學生，寫信給傅斯年，謝謝他的營救，讓他恢復自由，重見骨肉。
（中央研究院歷史語言研究所藏品）

若先向共產黨拜了老師，用他那一套不講事理不重人性的辦法，則自身先站不住，反共之結果，只有替共產黨擴張了勢力耳。」現在看來的至明之理，在當時卻是「政治不正確」，我在《陳誠先生日記》（國史館）發現，傅斯年曾為此去找時任省主席的陳誠說明，可見他承擔的壓力。

也有人想利用他的反共給許多教授扣紅帽子，說他們「把院系變成共產黨細菌的溫床」，連法學院院長、知名政治學者薩孟武都被指「參共親共」，他毫不客氣地請人拿出證據說話，他自己「不兼辦警察，更不兼辦特工」，絕不接受「暗射」，「若含糊其辭，血口噴人，正是共黨之所謂『民眾裁判』，固不因反共而去應用共產黨之方法與精神也。」

他也不准教授兼職，他曾以法學院為例，「今天教書，明天做官，後天又教書，大後天又去做委員，這可謂仕而不優則學，學而不優則仕」，有些教授當時還兼職兼到浙江、上海，他請他們停兼，若不聽勸則停聘。他對把臺大專任教授當作兼職的人尤不以為然，而那些人都是自大陸來臺的，傅斯年說：「近來到臺灣避難的朋友們，有些官長，有些委員，我實在愛莫能助，或者為此得罪了許多老朋友，這是無可奈何的。」千萬不要以為他說說而已，他已有言在先：「中國的毛病，不在法規之多，在乎其太多而又不實行也。我在臺大，定一種章則，必要實行，如不能實行，必然取消，絕不使其若有若無。」他七十年前說的話，今天仍然擲地有聲。

當時有一百多萬軍民自大陸倉皇來臺，很多人用盡手段想把子女送進臺大，他明定新生招生辦法，首創相關試務人員入闈方式，警察在外把守，如臨大敵，炎炎夏日，沒有冷氣，「門窗糊得撒土不透」，屈萬里曾在裡面住過三夜，以「臨時監獄」形容之，有老教授不得不帶氧氣瓶進去。出題也極祕密，數學、理化由多位老師出題，印前最後一天才圈定，鎖入保險櫃，英文是由教務長錢思亮（後來成為臺大校長、中研院院士）在印前兩小時才寫好題目。

傅斯年公開在《民族報》上嚴正宣示招生公事公辦：「奉告至親好友千萬不要向我談錄取學生事，只要把簡章拿來細細地看，照樣地辦，一切全憑本領了。」考季到時，他在辦公室門旁貼了一行大字：「有為子女入學說項者，請免開尊口。」毫不融通，絕無例外，若有人查出他有任何徇私，他接受政府「最嚴厲之懲處」。

大力培植臺灣人才，本土考生可加分

傅斯年有強烈「省籍意識」，他直言自己「常常以培養臺灣的人才為念」，因為臺灣人最有可能留在臺大服務。

臺灣學生因長年受日本教育，國文、英文較弱，傅斯年第一年讓他們英文加十分，而外省人在臺灣高中畢業者則不適用。第一年新生錄取，工學院第一名是外省人，第二、三名都是臺灣人，化學系第一名也是臺灣人。傅斯年說：「這是我做校長以來最高興的一件

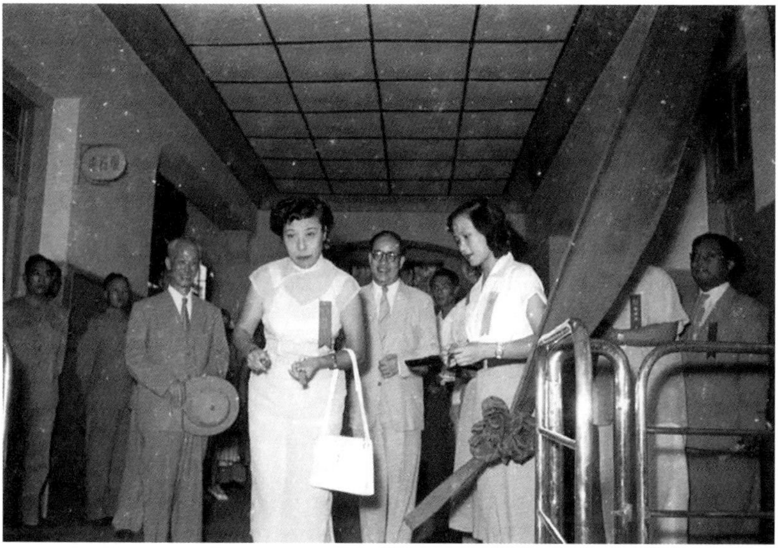

1954年8月19日，臺灣大學附設醫院放射線科、病理科暨病歷室落成，邀請臺大前校長傅斯年遺孀俞大綵（中）剪綵，時任副總統陳誠（左三拿帽者）與時任臺大校長錢思亮（左五）一旁陪同。（聯合報系資料照片）

事。」這些人即使不加分也會錄取，而因加分錄取的人，約三十人。第二年總分加十點五分，多錄取六十四人。當然有人反對這種省籍差別，但傅斯年認為眼前「必須認清事實」，加分是讓臺灣青年得到相對公平機會，只要臺灣高中教育進步了，即可取消。

他也致力協助臺大醫院募集臺籍人才，「臺大醫院是百分之百臺灣省人辦的」，「我向我的同事保證，……必須以扶植臺灣省人醫學人才為用心」。

人事由院長杜聰明決定，傅斯年只推介過一位教授，臺灣人，在日本學醫，他問杜聰明此人學問、人品如何，杜院長回答兩個「好」，所以就通過了，但幾位醫師寫信反對，傅斯年說：「我在此地一定想盡方法培植臺灣省的人才，然而萬萬不容許把持，休想把持！」

他對青年學人非常重視，「學問上已有萌芽，前途大有希望的，年輕力壯，尤其要多多注意」，他鼓勵「特別是臺灣籍的，有機會出去一趟，可因多所接觸引起心中研究的問題」。反之，他對部分大陸來的所謂名教授、老教授，有很辛辣的批評，令人絕倒：「『名』而有實，自然很好；如果『名』只是報紙上多見，各種職員目錄上多見，還是不名的好。『老』而造就出好些好學生，自然好，若果老字的解釋只是教育部或教育廳的二十年或二十五年之說法，或者三年一遷地方，則不老也好。」

當時《中央日報》有一位記者對臺大醫院抨擊甚力，而當年醫病關係也時有緊張，甚至病人家屬還會動手，傅斯年一方面讓媒體了解臺大醫院千瘡百孔的現狀，那不是短期可解決的，另方面也讓他們看到臺大醫院努力進步的痕跡，及有些家屬對護理人員要求不盡合理，譬如，多陪病人聊天。傅斯年以極淺近的例子，讓外界了解臺大醫院的能與不能，「若以為我們是個無心肝的組合，實在太冤枉了」，「這些誣枉，使我的同事很灰心」。

臺大醫院在二戰時被盟軍炸得很厲害，除了尾部已修不起來，中間炸彈區滿目瘡痍，「下層是水，頂層要打傘」，房間多半沒門，窗戶也幾乎沒有玻璃，他曾為此添購了幾萬塊玻璃，參議會黃議長跟他開玩笑：「你把臺北市的玻璃價提高幾倍了。」此外，一人住院，一家子都來，就在走廊開伙做飯，走廊到處是痰和垃圾，而副院長室也被一家人占

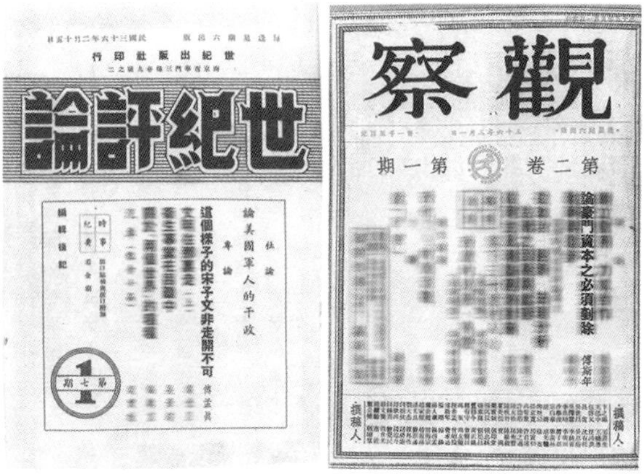

傅斯年深惡痛絕權貴腐敗，在轟走孔祥熙之後，以〈這個樣子的宋子文非走開不可〉（左）轟第二個閣揆，並在半個月後又發一篇〈論豪門資本之必須剷除〉，宋子文同日下臺。

（翻攝自《傅斯年文物資料選輯》）

居，地下室被商人占著做買賣。

他盡力籌款大修醫院，也曾為了了解醫院問題，自己去掛號就診，有一次還到開刀房閣樓偷看開刀，後來提出了他的觀察建議，其中之一是疑問：為什麼這麼多人不戴手套？他建議派幾人去美國進修，得到的回應是「我們很好了，美國醫學不如日本」。

他要努力溝通說服，但學校沒有可以集合全校師生的大禮堂，他不斷藉由校務會議和校刊說明理念，也鼓勵學生到辦公室找他，或寫信給他，有時他到學生食堂看他們吃飯，有時去福利社，學生圍著他，七嘴八舌像里民大會。

我擁護政府，不是擁護這般人的既得利益

傅斯年是國民黨政府派任到臺大的，看看他和蔣介石的關係。傅斯年在民國六年曾有一篇知名文章〈這個樣子的宋子文非走開不可〉，痛批當時的行政院長宋子文，認為他

的施政讓能看到遠景的人，完全失望，「徹底覺得在『魔鬼和大海之間』，也只有等死而已」。忘掉傅斯年的人，可能也不記得宋子文何許人，他是蔣介石的妻舅。宋子文的前任是孔祥熙，他是蔣介石姻親，是蔣夫人的姊夫，也是傅大炮轟下臺的。傅認為孔祥熙集團貪汙，他蒐集證據，並有詳細帳目，他怕這些資料被人盜取，隨身攜帶在公事包中。當時蔣介石曾宴請傅斯年，試圖轉圜，蔣問傅是否信任他，傅爽快說：「絕對信任。」蔣說：「那就信任我用的人。」傅答：「因為我信任你，也就該信任你所任用的人，砍掉我的腦袋，我也不能這樣說。」不久，孔祥熙即下臺。宋子文繼任，工業政策、黃金政策、人事，無不被詬病，傅斯年直轟，今天政府嚴重問題不在黨派或國際，而在自己，「第一件便是請走宋子文，並且要徹底肅清孔、宋二家侵蝕國家的勢力，否則政府必然垮臺。」文章見報半個月後，宋子文下臺。宋子文辭職當天，傅斯年另一篇文章在雜誌刊出：〈論豪門資本之必須剷除〉。

他對蔣介石及國民政府遣詞用句之霹靂，接連轟下兩個都是蔣至親的行政院長，有人曾形容這是當年知識分子和買辦階級鬥爭的最高峰。

傅斯年曾說，「我擁護政府，不是擁護這般人的既得利益，所以我誓死要和這些敗類搏鬥，才能真正幫助政府。」

陳誠在傅斯年任臺大校長時，極其支持他，臺灣財政困窘，時任省主席的陳誠優先給臺大一百五十億元修建校舍、購買儀器。但當陳誠接任行政院長組閣時，傅斯年對閣員名單極其不滿，寫了一封嚴厲的信給他，先是謝謝陳誠昨天對他「重拂虎威，不蒙譴責」，可見已痛快淋漓先罵過一輪，但「意猶未盡，再說幾句」，他直言內閣陣容親痛仇快，並點名副閣揆是「政渣、炭渣」，表示不解那人是如何「奉承吾公」，又說以陳誠自信極強，大概不會改變對人好惡，但此職非等閒，陳誠性格「有時忽其所不當忽」，且據昨天談話，他說陳誠「個人主義，更為顯著」，此內閣實為「兄一人之內閣」，最後一段，他說，「良辰美景已無多」，痛切表達了一個知識分子對國家操危慮患之急迫和沉重。

痛批毛澤東，「中國前途不可寄望共產黨」

與其說，他支持蔣介石或國民黨，毋寧說，他是愛國家，怕中國亡，亡在共產黨手上。他曾在給胡適的信中說，「使中共不得勢，只有今日政府不倒，而改進。」他曾去延安訪問，更認清了毛澤東和共產黨的真面目，他在那裡看到一大堆捧毛的旗幟，忍不住譏諷他「堂哉皇哉」，他回來後告訴友人：「毛澤東爭權奪利、假仁假義，絕不配談社會改革。」

他認為共產黨的階級鬥爭論只是一種說法，其實，是以階級鬥爭「發揮自己的野心」，他認為「人類的進步是靠愛之一念」，但階級鬥爭論卻把「恨的一念擴大到最大限度」。

中國前途不但不可以寄望共產黨，他甚至認為，「我們為保持人類的自尊性」，「我們為人在世界上活著有意思」，都「不能不向蘇共中共拚命反抗」。

他反共的決心有多強？他在中國大陸淪陷前，正在美國治病，人多外逃，他在國外卻堅決返國，「絕不託庇異邦」，共赴國難。他其實是悲觀的，他民國三十七年十一月給友人李田意的信中說，「我對於中國之命運是很看透的。」他所能做的只是每天照常辦公、看書、編稿子，他說自己絕不早跑，但也絕不會讓自己落入共產黨手上，若有萬一，「我自有辦法，絕不受辱。」其他友人憶述，他的「辦法」，是帶著一罐安眠藥，隨時準備一死。

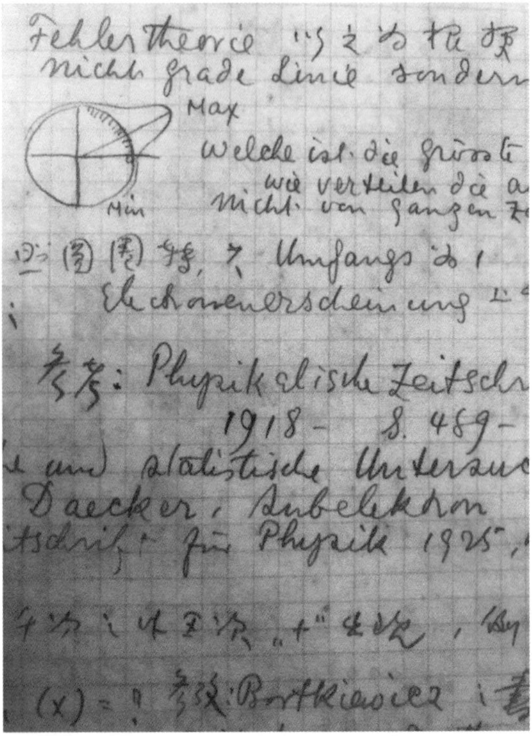

傅斯年，人稱天才，後稱學霸。主修文史，重視科學，去英、德讀書時，廣涉心理學、物理、化學，甚至醫學，對數學尤感興趣。（中央研究院歷史語言研究所藏品）

即使到了臺灣，韓戰爆發，局勢一度緊張時，他跟秘書那廉君說，自己很鎮定，「必要時一瓶安眠藥做個結束」，他在渡海來臺時即知「余必不返矣」。

一個親戚赴美移民，他去送行，友人說，希望早日和他在美相見，傅斯年正色以告，「我要留在臺灣，絕不去美國。」

傅斯年很重視貧富不均，他以一己之力盡量補上那個缺口，他在臺大校長任內，不斷為貧生爭福利，直到倒在省參議會為止，而他自己窮得在去世前一天還在趕稿，想靠稿費做一條禦寒的棉褲，他告訴太太「我冷得受不了」。傅夫人俞大綵在他去世近三十年第一次寫紀念文，說他常約見有才華的學生談話，有一次，發現一人有深度近視卻未戴眼鏡，問他原因，學生沉默以對；傅斯年去世後不久，劉瑞恆（哈佛醫學博士，曾在大陸任衛生部長）送來一副眼鏡，竟是傅請他替那位學生在香港訂製的。屈萬里說，傅斯年也常替窮朋友想辦法，甚至為了幫助友人，不惜賣自己的愛書。中研院史語所遷臺後，一度傅薪水發不出，陳槃轉述傅斯年信中的話，若有同仁斷糧，他也絕不吃飯，幸而各方設法，安然解決了。

共產黨講階級鬥爭，宣揚的是階級矛盾，傅斯年眼中全無階級。很多人都認識臺大司機楊先生，因為友人若要請傅斯年吃飯，他都說：「你要連我司機一道請啊，你不請他可不行。」楊先生也是他公餘之暇的棋友，屢屢贏他。傅斯年病故多年之後，楊先生去世，俞大綵還親往弔唁。傅斯年忙得要命，仍抽空教他家的小門房讀英文，鼓勵他去讀夜校。在那個年代，他即重視性別平等，他在臺大時發現女生很少，希望這現象能改善，即使女生少，他也要蓋女生宿舍，否則女生就學更不便。

傅斯年猝逝，臺大學生很激動，近兩百人趕去省參議會，在外面舉布條：「我們的心頭，就是您的墳墓」，「校長，您不要走，不要走」，「校長，回頭來瞧我們」。

胡適讚最稀有天才，十四個「最」字來形容

臺大當年請到的這位校長，十一歲讀完十三經，人稱天才，後稱學霸，他有比人更深厚的傳統底子，卻提倡白話文，主張「容人文學」；他主修文史，重視科學，去英、德讀書時，廣涉心理學、物理、化學，甚至醫學，對數學尤感興趣。他在內亂外患的烽火之中，在經費拮据之下，擘劃創辦中研院史語所，支持規劃殷墟之發掘十五次，法國漢學家伯希和在哈佛三百週年校慶時演講，盛讚殷墟「是近年來全亞洲最重大的考古發掘。中國學者一下子獲得了耶穌降生前一千年中國歷史的大量可靠材料。」那個工程之龐大艱巨，若非他的「膽大心細」，及親自去河南跟當地反彈的學者溝通，中國信史恐不易這樣往前推了幾百年，並受世界矚目。

傅斯年本來可以只做學術中人，但是，一如他對自己個性的了解，「在不自覺之間，常在多管閒事」，他對政治社會極為不滿，心冷之餘，很想放手，頗思遁入學問，「偏又不能忘此生民」。若當年他只做學問，或不致五十五歲即病逝。

傅斯年大去後，政府想請胡適繼任臺大校長，但他認為「我沒有孟真的才能。他那樣才大心細，尚不免以身殉校。」堅決辭謝。胡適在他去世後兩年替他的文集作序，其中一

段約兩百字，一口氣用了十四個「最」字形容傅斯年：

「孟眞是人間一個最稀有的天才。他的記憶力最強，理解力也最強，他能做最細密的繡花針工夫，他又有最大膽的大刀闊斧本領。他是最能做學問的學人，同時他又是最能辦事，最有組織才幹的天生領袖人物。他的情感是最有熱力的，……同時他又是最溫柔，最富於理智，最有條理的一個可愛可親的人。這都是人世最難得合併在一個人身上的才性，而我們的孟眞確能一身兼有這些最難兼有的品性與才能。」

臺大幸甚。我重回傅園，在「傅校長斯年之墓」前，畢恭畢敬行了三鞠躬禮，第一次。

◎原載二〇二〇年八月五日至六日《聯合報．副刊》

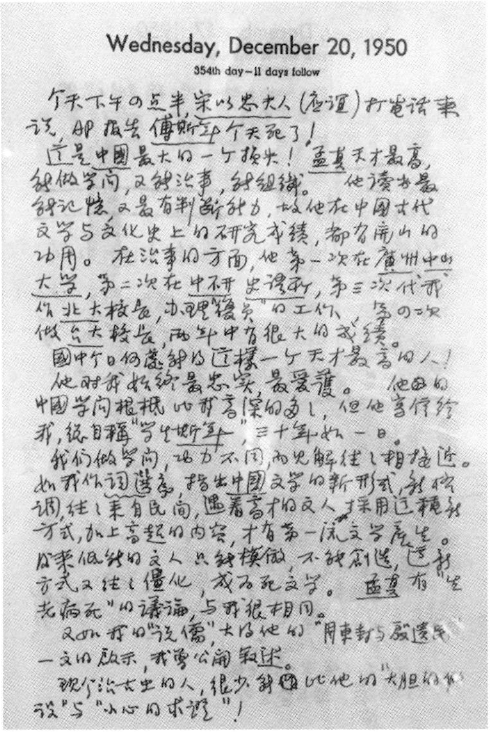

Wednesday, December 20, 1950

354th day—11 days follow

今天下午四点半，宋以忠夫人（應謹）打電話来說，外报告傅斯年今天死了！

這是中國最大的一个損失！孟真天才最高，能做学问，又能治事，能組織。他讀书最能記憶，又最有判断能力，故他在中國古代文学与文化史上的研究成績，都有開山的功用。在治事的方面，他第一次在廣州中山大学，第二次在中研史語所，第三次代我作北大校長，办理"復員"的工作，第四次做台大校長，两年中有很大的成績。

國中今日何處能得這樣一个天才最高的人！

他对我始终最忠实，最爱護。他自己的中國学问根柢比我高深的多多，但他寫信給我，總自稱"学生斯年"，三十年如一日。

我們做学问，功力不同，而見解往往相接近。如我作詞選序，指出中國文学的新形式，新格调，往往来自民间，遇着高才的文人採用這種新方式，加上高超的内容，才有第一流文学產生。後来低能的文人只能模倣，不能創造，這种方式又往往僵化，成为死文学。孟真有"生老病死"的議論，与我很相同。

又如我的"說儒"，大得他的"周東封与殷遺民"一文的啟示，我曾公開敘述。

現今治古史的人，很少能比他的"大胆的假設"与"小心的求證"！

胡適在傅斯年去世當天日記，記下他的死訊，懷念他的功業及他對自己的愛護與忠實。

（中央研究院近代史研究所胡適紀念館提供）

我見
我聞

誰說臺大不重視人格

（中央研究院歷史語言研究所藏品）

臺大校史館標示立校精神，參考曾士榮的文章，以「日式臺北帝大」和「中式臺灣大學」為對比：「日本式的臺北帝大明白揭示大學的國家性與工具性，但仍兼顧人格涵養的目的性；而中國式的臺灣大學則以學術性為依歸。」言下之意，似乎脫離日本後的臺大只重學術，不重視人格涵養了。

當初，標舉臺大應成為「臺灣學術中心」的人是傅斯年，他不重視人格涵養嗎？

「敦品、力學、愛國、愛人」，這是臺大校訓，第一句就是「敦品」。這八個字是傅斯年就任臺大校長後在第一次校慶上勉勵學生的講話，似乎卑之無甚高論，但是，一如他所說，教育必須重

「常道」，不是短期玩花招。傅斯年病故後，在胡適推薦下，錢思亮繼任校長，錢校長在為畢業生題字時，將此八字稱為「校訓」，其中「力學」兩字改為「勵學」。就算把「力學」只看成學術性，把「愛國」只當工具性，「敦品」、「愛人」難道不是人格養成？

傅斯年在那次的校慶談話上強調：「臺灣大學應該以尋求真理為目的，以人類尊嚴為人格，以擴充知識，利用天然，增厚民生，為工作的目標。」這些話無一句是華麗辭藻，卻令人胸襟一闊。其中「以人類尊嚴為人格」，這不是「人格」？而「增厚民生」是「富國利民」，當初臺灣人民窮得三餐只能吃地瓜籤，幾乎沒有工業，衣衫襤褸，孩子多打赤腳，他希望臺大學生未來能增厚民生，其實就是解救人民於疾苦之中。傅斯年在兒子小學畢業時，替他題紀念冊：「做事要為人，不是為自己。自己為眾人而生存，不是眾人為自己而生存。」這就是「愛人」，這難道不是「人格」？

我們再重新讀讀傅斯年那次校慶講話，聽聽他當時如何細細闡析這八字精神，看看他有多麼重視人格。傅斯年提醒臺大學生：「應該要做的第一件事，是敦品。」他說，品性對時代影響很大，社會裡品性好的人多，則社會健全，反之則危險。而「敦品」自我要求的第一件事是「守信」，就是「不說瞎話」。他嘆息：「這一個時代，真是邪說橫流的時代，各種宣傳每每騙人為目的」，但「若果一個人養成說瞎話的習慣，可就不得了」，不僅人與人之間不能放心，社會上不了軌道，而且學問都不能做，「不能立信，絕不能求真理」，他還舉例，譬如，實驗有毛病，卻硬說是好。

敦品，是傅斯年對臺大學生的期許和預警，他絕想不到，在他說此話的近七十年之後，臺大教授、學生爆發論文集體造假事件，此事在二〇一六年先是由國外網站「學界同行審論平臺」（Pub Peer）揭露，後來教育部調查認定造假論文共有八篇，科技部認定有十一篇，而當時的臺大校長因掛名共同作者也被捲入風暴。

不要造假，這可反求諸己，但別人造假呢？我們有能力分辨嗎？二〇一七年，哈佛大學校長福斯特開學致詞時，引述一位前院長的話：「教育最重要的目標就是：確保畢業生能分辨有人在胡說八道」，這真是一個很悲哀的目標了。試問自己，看看友朋，有幾人沒被假消息騙過？有幾人不曾上當轉傳過假消息？「製造假消息」在現在這個網路時代已是一種商業模式，民主政治藉此民粹動員，總統級人物因此當選，以此為業，而我們不知不覺做了幫凶，還自認為「正義」，這已是世界危機，二〇一六年《牛津大辭典》甚至給了這現象一個新名詞，謂之「後真實」。後真實，真是點滴在心頭。

本身就是「力學」的典範

說到「力學」，沒有幾人比傅斯年更有資格和青年學生談。傅斯年出身極寒、極用功，除了十一歲看完十三經之外，年輕時，二十四史也讀完兩遍，他告訴臺大學生，在這個「苦難的時代」能有書念，「萬萬不可辜負」。他經史子集可以成段成段地背，信手拈來即能作論為文，很小即有自家觀點。赴倫敦、柏林進修時，對數理科目尤為興味盎然，他少時即自稱「科學迷」，他認為，若不至少在一、兩科自然科學或社會科學上有小根基，就去學哲學，必無著落。蔣夢麟讚傅斯年是天才，更是少有的「通才」。

屈萬里說，抗戰期間，一位中央醫院醫師驚嘆傅斯年的醫學知識比他還豐富；臺大工學院院長彭九生在一次開會後，像發現奇蹟一樣驚訝地對人說：「沒想到傅校長數學有這麼深的造詣。」傅斯年的博學，甚至讓屈萬里時感「神志沮喪」，一度讓他幾乎想放棄學術這條路。幸好屈萬里不屈不撓，後來成了中研院院士。

中研院「傅斯年圖書館」有展示他用德文寫的數學筆記；從《傅斯年全集》（聯經）上的目錄分類，也可看出他的學問、興趣之廣：古代文學史、詩經解析、史學方法、史記研究、戰國諸子、性命古訓辨證、文學革新，還有各種書評及國內外時局、人物的評論，甚至還有一篇極受重視的〈我對蕭伯納的看法〉，毛子水說，那篇文章是傅斯年三十多年讀書心得，程滄波說，他那一刀劈下去，把蕭伯納一生魔術化神奇為腐朽，而「孟真的不朽，那一篇文章就夠了」。

他在學生時代即是學運健將，但他有豐厚的學問作基礎。胡適當年以二十七歲之齡獲聘為北大教授，教中國哲學史，很多學生不看好，慫恿傅斯年去聽課，想藉傅大炮把胡適轟下臺。比胡適僅僅小五歲的傅斯年去聽了幾堂課後，認為這個教授「雖然書讀得不多，但沒什麼錯誤」，要同學別再鬧了。胡適得到他的「背書」，這才坐穩了教授位子，而傅斯年此後都尊胡適為「師」，三十年如一日。

傅斯年本身就是「力學」的典範，致力「學術」的目的仍在養成「人格」，他提醒學生：「諸位由學術的培養達到人格的培養，尤其是不可忽略的。」、「人格不是一個空的名詞，乃是一個積累的東西。積累人格，要學問和思想的成分很多。」

最強烈的政治色彩是「反共」

他的第三項標舉是「愛國」。雖然現在臺灣人對「國」的定義分裂，但「愛臺灣」則一也，傅斯年這尊大炮目標對準權貴、既得利益者，他又是不易妥協的人，反彈的後座力自是驚人，當時連號稱「國師」的人，都以筆名在報上接二連三攻訐他和臺大，《中央日報》記者張力耕曾憶述傅斯年的說法：「儘管有人罵我、反對我，我絕對不灰心。中國僅有這麼一塊淨土，也僅有這麼一個大學，我一定好好把它辦好。」

他來臺灣前，就已抱著「余必不返」的決心。誰不愛國、不愛臺灣？在嘴巴說說很容易，但是，正確而有效的愛，才是愛，反之或可能是害。徒愛不足以自行，傅斯年每天工作到晚上十點，這是篤行，苦幹實幹；十到十二點是他看書時間，他不斷補足學問、知識，博學是他篤行的基礎。程滄波有一次在離臺前問傅斯年對局勢看法，他說：「沒有看法，只有做法，只有我們自己如何努力。」想方設法，殫精竭慮，為臺灣盡心盡力做實事。

最後，他說「愛人」，「愛國有時失於空洞，……至於愛人，卻是步步著實，天天可行的。」他舉例，在大街上看到受苦的人、在學校裡看到有困難的人，我們要幫他。這是何等平淡平實的可行之事，我們不需要等到自己是比爾・蓋茲，才能愛人、行善。若每人每天做一件對他人的好事，這個世界將可減少多少人的苦痛。傅斯年說：「克服自私心，克服自己的利害心，便可走到愛人的大路。」人都有惻隱之心，從這樣的心理基礎，從幫人這件事，「便可以把愛人的觀念擴大到極度」。

讀到此，我忽然想起他終生反共的原因，他對共產黨的階級鬥爭論把「恨」擴大到極大，極不以為然，他認為歷史上進步的動力是緣自「愛」，絕不是共產黨所說的「恨」。他尤其不齒毛澤東研究中國低級小說裡的人性黑暗面，以遂自己政治目的。傅斯年最強烈的政治色彩是「反共」，他最根本的做法是「愛人」，踏踏實實的愛人。

「敦品、力學、愛國、愛人」，無一字驚人，他說：「老生常談，有何不好？只看你能做到幾分。」這四項細細思之，環環相扣，歸根結柢是「敦品」，品格敦厚的人，不會是禍國殃民的敗類，學問不會拿來做壞事，當然會愛人。讀書所學何事，不就是這些？

最後一塊淨土，「歸骨於田橫之島」明志

傅斯年的兒子名「仁軌」，生於民國二十四年，日本侵華，中國生死存亡之際，傅斯年憂國憂民之餘，以中國第一個打敗日本人的唐朝將軍劉仁軌之名，為自己兒子命名。民國三十六年中他赴美治病，三十七年在國家最危急時返國，他其實是打算殉國的，俞大綵

堅持讓當時才十三歲的仁軌繼續留在美國讀書。仁軌成績極優，在美得到極好的獎學金，但由學校管理，每週僅獲幾毛錢戔戔之數，他另外幫學校工作，再賺一點錢。他知道父母清苦，把打工的錢買美國郵票寄回來，讓媽媽拿去兌換成新臺幣，以減輕父母負擔。

有一次，仁軌想以「臺灣」為主題，寫一篇學校報告，傅斯年用英文寫了一封長信給他，從臺灣是一個美麗之島說到開羅會議，從歷史、人口、物產、政治、經濟，甚至連臺灣是靠水力發電都提到了，他並說，「中國自古以來忽略臺灣，真是奇怪。」他最後一段說，臺灣不僅此也，臺灣的戰略重要性及全民意志都不可小覷。娓娓道來，飽含對這塊土地的深情。

寫完此信後兩個月，傅斯年去世。臺灣，中國最後一塊淨土，他埋骨的地方。

傅斯年去世時，十五歲的仁軌打電報回來，希望母親「勇敢起來」，問她薪水是否足敷所需，而且強調他不相信人死就是「過去」。傅斯年留給他的遺產是一堆書，仁軌告訴母親，若有人要借爸爸那些書，請媽媽毋須吝惜，因為書就是要有人看、有人用的。多麼早熟、慷慨、敦品的孩子。仁軌還不滿十歲時，傅斯年送他一件橫幅，以毛筆抄錄文天祥的正氣歌、衣帶贊及詩給兒子，後面附跋寫著：「念茲在茲，做人之道，發軌於是，立基於是。若不能看破生死，則必為生死所困，所以異於禽獸者幾希矣。」這就是他給兒子的家教。

傅斯年初接臺大時，學生約千人，他去世時有三千多人，宿舍可容納學生二千多人；

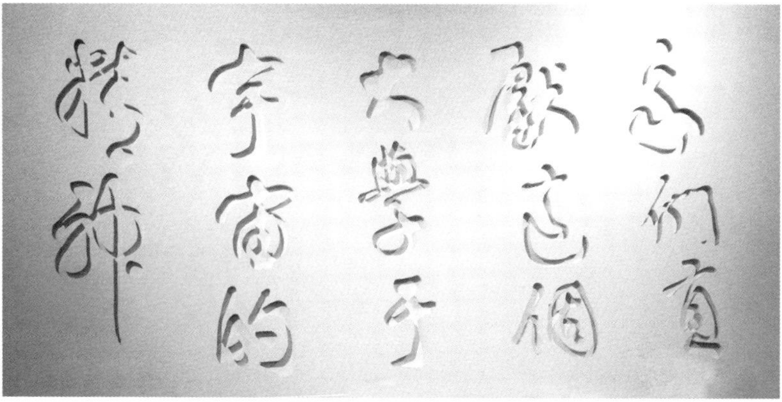

「我們貢獻這個大學予宇宙的精神」，傅斯年以哲學家斯賓諾莎這句話期勉臺灣大學，這句話懸掛在臺大校史館。

（沈珮君攝影）

原本沒有大實驗室，八十人以上大教室僅四間，他去世時共有十二間。「敦品、力學、愛國、愛人」是他留給臺大的精神遺產。

大學之所以叫做「大學」，應是期許「大學」如《大學》所說的，「大學之道，在明明德，在親民，在止於至善」，很八股嗎？在這個邪說橫流的時代，雖不能至，心不能不嚮往之。

「我們貢獻這個大學予宇宙的精神」，這話仍高掛在臺大校史館入門處。傅斯年，吳稚暉說他是「真大學校長也」。

◎原載二〇二二年十月十九日《聯合報·數位版》

臺灣藝文界導師

俞大綱

俞大綱夫婦全家福。　（俞啓木提供）

（郭小莊提供）

俞大綱

一九〇八—一九七七

浙江紹興人，中國戲曲專家。入讀北京燕京大學研究院，為陳寅恪的學生，專精於中國古代文學藝術與戲曲文學的研究。與哥哥俞大維、姊姊俞大綵、姊夫傅斯年先後到臺灣，曾在臺大中文系、淡江文理學院（現淡江大學）教詩學。

張其昀辦中國文化學院，請他創設戲劇學系，為戲劇學系首位主任。先生為人謙和，提攜人文藝術人才不遺餘力，林懷民、郭小莊、黃永松、邱坤良、奚淞、蔣勳、施叔青等藝文界人士都是先生拉拔的學生。

文化種子綻放最美風景

大江東去。俞大綱，一九七七年五月二日去世，六十九歲。絕大多數的人應該忘記他了，但只要有人記得郭小莊的「雅音小集」、喜歡林懷民的「雲門舞集」、看過《漢聲雜誌》並繼續買他們的書給孩子，在聽到邱坤良、奚淞、黃永松、施叔青的名字會啊一聲，在看國光京戲忍不住驚嘆王安祈的編劇多好時，俞大綱先生就仍活著。

他們都是他的弟子。而他的弟子還有更多。

俞大綱，生命不長，他也知道自己有先天性心臟病，但他沒有費心「保養」，而是極力在活著的每一天與年輕孩子「聊天」，不僅白天長談，也在每一個深夜十點以後給他們打電話，討論一齣戲、一篇文章、各種文化問題。他是多麼擔心時不我與。

在戰後臺灣一片荒蕪中，大綱先生撒下典雅的、風和日麗的、既學術又生活的種子，而他聰慧的弟子當時未必瞭然，後來卻一個個以一生心力、用各種姿態，以舞蹈、戲曲、繪畫、攝影、文學、音樂、民俗、田野調查、學術研究……長成臺灣文化圈的巨樹、繁花。

林懷民曾說：「俞先生走了，但是，留下一個人：郭小莊。」郭小莊是臺灣極美麗的一景，曾被譽為「最年輕的國寶」，她離開戲臺之後，成為熱情洋溢的傳道人，而京劇早已與她全人結合，她每天以京劇的「跑臺步」向主敬拜，而她當年獨自在驚濤駭浪中堅定

郭小莊（右）15歲開始，每週到俞大綱家中一對一學習。（郭小莊提供）

撐起京劇改革大旗的身影，仍屹立在目前的臺灣舞臺。

郭小莊總說她有三個爸爸，除了上帝阿爸、生父，另一個阿爸就是「俞老師」。

「我好幸運，十五歲就認識他。」郭小莊曾得到俞老師一對一教導。郭小莊在大鵬劇校最初連演個宮女都被學姊恥笑「醜」，她遵父囑在別人休息時勤練「私功」，以彌補不足。劇校畢業後，郭小莊主動去淡江文理學院（今淡江大學）上俞大綱的詞曲課，俞老師立刻發現了怯怯坐在後面的大鵬孩子，要她每週兩次去他家上課，不只為她講詩詞，更多的是講戲，教她思考每個角色的靈魂，所有動作、唱詞的意義。

俞大綱固定在周日給郭小莊戶外教學，他常帶她去新公園（今二二八和平公園）。有一回在楊柳樹下教她詩詞，俞老師告訴她：「藝術最重意境，當妳口中唱著楊柳，舉手投足乃至眼神中，都要呈現出楊柳的風韻神態。」郭小莊一邊回憶俞老師教她如何從肢體延伸，一邊掐起蓮花指，一個回眸，果然立刻讓人在眼前勾起幾株楊柳、一片遠山，無限相思。

奚淞有一次親睹俞老師跟小莊講戲，大綱先生說到動情處，竟至老淚縱橫，奚淞動容：「我好震撼。」

俞老師還替郭小莊找了許多名師指導，顧正秋、趙仲安、呂寶棻、李湘芬、馬述賢、白玉薇、梁秀娟，但俞大綱叮嚀她「千萬不要拜師」。郭小莊後來體會到：「俞老師應是希望我集各派精華，不受限任何師門，未來可以自創符合時代的新流派。」

俞大綱也帶她去看故宮，充實歷史、文化涵養。他並一再提醒郭小莊「臺上十分鐘，臺下十年功。內在要豐富，生活要單純，外務要少。」一切努力都是為了上臺時的充分綻放。郭小莊一度接演電影，一部電影的酬勞，超過她一年的京劇演出，但後來在俞老師與郭爸爸的殷殷期許下放棄，專攻京劇。

郭小莊極其感恩：「俞老師對我，像打造一個藝術品一樣，精雕細琢。」

她在俞門受教整整十二年，但直到俞老師驟逝，青天霹靂，才真正打醒了她。她在俞大綱逝世紀念演出時，第一次走上當時最現代化的國父紀念館舞臺，面對兩千多位觀眾，而且多數是年輕人，謝幕時她聽到自己心底強烈吶喊：「我要留住他們。」兩年後，一九七九年她創辦了「雅音小集」。

「雅音小集就是俞老師的果實，」郭小莊用《聖經》的話形容俞老師對她的影響：「就像一粒麥子落在土裡，俞老師的去世讓這粒麥子爆發。」她創辦雅音時二十八歲，拚命到令人不忍，而她不墨守京劇的「虛擬寫意」，引入新式的舞臺設計、導演，並把文武樂團從臺上移到臺下舞池，這些現在已被視為理所當然，當年對保守的京劇界卻是驚世駭俗，而《感天動地竇娥冤》更是被政治解讀，在首演前幾天被禁演，瘦骨嶙峋的她耐心地迂迴解決，撐住，突破。「俞老師早就預見了這一切」，他教給郭小莊的，包括智慧、勇氣與承擔。

郭小莊長平公主劇照。她的回眸充滿靈動，是由俞大綱啓蒙的。　　　　（郭小莊提供）

一九八四年她獲「亞洲最傑出藝術獎」，一九八六年獲國家文藝獎「特別貢獻獎」，其他獎項無數。

一九八八年兩岸開放探親，但仍未真

正交流，京劇團體卻意外有了「兩岸香江會」。香港亞洲藝術節邀請雅音連演四天，結束翌日緊接著是大陸梅派「紀念梅蘭芳九五週年」，名角梅葆玖、葉少蘭等人特別提早幾天抵達，一下火車便直奔「香港大會堂」看雅音演出，她漂亮展開了臺灣京劇新美學的成績單。

戲曲、性靈、情感的啓發者

王安祈是看著郭小莊長大的，而她比郭小莊還小。王安祈，臺大名譽教授，曾獲國家文藝獎等二十多項大獎，學術、教學、創作都是翹楚，新編京劇、崑曲作品極多，除了雅音之外，陸光、當代傳奇劇場都曾請她編劇，她並擔任國光劇團總監二十多年至今。臺灣若沒有王安祈，戲曲界必然留下世紀天坑，無人能補。

她五歲就開始看戲，十二歲時就在臺下看十六歲的郭小莊演出她第一齣爆紅的戲《棋盤山》。兩人真正連結是一九八五年六月一日，郭小莊從一場演出結束出來，深夜九時，筋疲力盡，去敲王安祈的門，那天晚上也正是王安祈通過臺大博士論文口試筋疲力盡時，郭小莊因為新戲編劇突然病倒，懇請王安祈臨時接手。兩個疲憊的拚命三娘一拍即合，除了她們對京劇都有狂熱的使命感之外，郭小莊是俞大綱用心最深的弟子，王安祈則是俞大綱的超級粉絲，這應也是兩人默契於心的主因。

俞大綱完全不知道有王安祈這樣一個小女孩是他的私淑弟子。

「我從十四歲開始就緊緊『追』了他八年，他是我的男神。」王安祈自一九六九年俞大綱推出第一齣新戲《繡襦記》，她就在那個沒有網路的時代，瘋狂搜尋他的新作、演出場次，包括勞軍表演，她充滿感情地說：「我愛死了他。俞老師是我的戲曲、性靈、情感的啟發者。」

那個時代，連娛樂都肩負「偉大」使命，譬如，《孟姜女》劇名前要加上「崇孔批秦」，王安祈說：「我總覺得少幾分剔透的人情。」她期待當代劇作家能真正觸動人的內心。她第一次看俞大綱新編的《繡襦記》，波濤洶湧，在觀眾席中淚流滿面。她回憶五十多年前那一刻，眼睛仍如少女般閃著光：「那時我十四歲，我第一次了解什麼是愛情。」

念初二的她，為了「追」大綱先生，放學背著大書包，「我克服了自己的膽怯，只要碰到好戲，就到處鑽。」《繡襦記》她一個月內看了九次，每次散戲回家，一上公車，立刻把背下來的唱詞飛快抄下，第一次只能記兩成，然後一次次修正補齊，硬是把唱詞完全默記下來。當年這樣的背誦、抄寫曲文，對她影響很大，「通過腦子再到血液裡，這樣記下的東西怎能忘記？」刻骨銘心。

她曾經看到大綱先生帶著小莊看戲，俞老師一邊看一邊講戲，小莊在他身旁做著筆記。王安祈遠遠望著他們，好羨慕，他們那時都不認識後來也成為戲曲巨擘的小小王安祈。

一九七〇年《王魁負桂英》上演，這是俞大綱為郭小莊客製化的第一齣新戲，她才十九歲，演活了一個碰到負心漢的痴情煙花女，王安祈認為小莊飾演的桂英，用靈氣與莊嚴撐起一個悲劇女子無上的尊嚴。那一段，丈夫王魁高中狀元，送來一封信，老母和妓戶姊妹都以為將迎桂英做狀元夫人，豈料不是情書是休書，不知情的姊妹問她何時動身，郭小莊飾演的桂英有一秒鐘的停頓恍惚，說「即日啟程」，簡單四字，死意已決。王安祈形容郭小莊那一刻的眼神：「一個出神的凝視，飄零無依的女子，莊嚴如一座純白石雕」，而不是像傳統戲曲「一聲哎呀，水袖一掀，兩眼一翻，倒坐在椅子上，昏厥」，俞大綱讓郭小莊以最少的姿態、言語呈現了最絕望的深情。當姊妹歡天喜地替她化妝，王安祈說：「她吞冰嚥雪，『和淚試嚴妝』，只有她知道自己要死了，但觀眾在臺下看到的就只是她的背影，」這是絕美之姿，「那個背影，讓人看到一個煙花女子的品格，拉高到別人達不到的高度。」王安祈認為「這就是劇作者的體貼，他的心疼。」她說：「我很小，但那時候我已經懂得這種境界。」

王安祈在《光照雅音》一書中，深刻闡釋了《繡襦記》、《王魁負桂英》兩齣戲，而在那個教忠教孝的時代，俞先生為何偏寫青樓煙花的款款情深？王安祈認為，這正是俞大綱貼近文學本質，跳脫當時的時代潮流，「展示了文學在『為人生而文學』之外的另外一條創作道路：為文學而文學。」

當時正面臨高中聯考的王安祈，對自己立誓：「我一定要考上臺大中文系，我要用這樣的文辭境界塑造有品格、有品質的戲。」

雲門在世界舞臺上成為傳奇

俞先生來不及看到郭小莊、王安祈的成就，他也沒來得及看到林懷民帶著雲門在世界舞臺上成為傳奇。

雲門舞集誕生在俞大綱去世前四年，是臺灣第一個職業舞團，俞大綱看出它的能量，並滿懷期待它的茁壯。俞大綱、林懷民第一次相見，是俞老師主動去聽他演講，聽眾太多，俞老師站在門口。演講後幾天，俞老師邀他一起看京劇：「我剛好多一張票。」從此他常常「剛好多一張票」。

2005年追念俞大綱老師，林懷民說：「若不是俞老師教導，我充其量只是個跳舞的人。」（聯合報系資料照片）

他還介紹林懷民認識當時中視平劇社的長輩，其中最讓林懷民深受啟發的是曹駿麟老師，曹師為他拆解、示範「起霸」的動作組合，林懷民認為「那是一堂重要的編舞啟蒙課」。後來曹先生成為雲門第一位京劇基本動作老師。

林懷民出自現代舞大師瑪莎．葛蘭姆門下，俞老師曾以葛蘭姆說的「傾聽祖先的腳步聲」勉勵舞蹈界，「尤其是雲門舞集」，他提到中國拳術、靜坐呼吸，「肢體活動、血脈流通，講心境，在在是舞者修鍊的重要法門。」他也提到中國書法：「毛筆字的一橫一豎，一點一句，有呼之欲出的線條與韻律之美……中國文字的形象，圖畫的布局、顏色，應該都能培養一個舞蹈家的氣質與修養。」這些都是「祖先的腳步聲」。林懷民後來將傳統文化與現代舞結合，成為雲門在世界舞臺的亮點。

過程艱苦。雲門草創那幾年，林懷民好幾次覺得撐不下去，俞老師總是和顏悅色跟他說：「你累了，來，我說《莊子》給你解悶。」有一天，林懷民沮喪至極，又想放棄了，和藹可親的俞老師突然拍桌喝斥：「你年輕，一定可以看到努力的成果。我年紀一大把，絕對看不到你們將來的成就，但我還是願意陪著你們往前走。你不許關門！」

俞大綱就是這麼惜才。雲門表演，他常撰文在報紙評介，以現在的網路術語來說，他是以自己的盛名幫雲門「搏眼球」。雲門的創新讓保守派、前衛派都看不順眼，指責他們四不像：「不中不西，不古不今」，俞大綱鼓勵林懷民：「新的表演形式一定要誕生，傳統才能延續。創新即使失敗也比墨守成規、束手待斃來得好，因為創新才有希望。」

有一次，他看完表演，回家立刻速寫一張林懷民的舞姿，這對一個正在起步的年輕人，是多大的鼓舞。

雲門沒有辜負俞老師。俞大綱逝世的紀念演出《王魁負桂英》，是由雲門主辦，除了郭小莊演桂英，林懷民演小鬼，雲門知名舞者吳素君、林秀偉、王雲幼等八人飾演桂英的姊妹，深深向俞老師致敬。林懷民在一九八〇年獲得國家文藝獎，並曾獲德國、美國舞蹈節終身成就獎，二〇一三年獲總統府頒授一等景星勛章。

大霧茫茫中，那雙堅定支撐的手

俞大綱曾在臺靜農邀請下，在臺大開講李義山的詩，後來也在淡江開課，文化戲劇系及藝術研究所是他創辦的。他還有另外一個「課堂」——怡太旅行社。旅行社是朋友辦的，他掛名董事長，有一間小辦公室，很多年輕人出入其間，隨時來去，隨興開講，林懷民悼念俞老師的文章〈館前路四十號〉，便是怡太旅行社的地址。

俞大綱曾戲稱那是一座「破廟」，他是那裡日日撞鐘的「老和尚」。

臺灣六、七〇年代，經濟尚未起飛，卻在幾年內被逼退出聯合國，與美、日雙雙斷交，正像一座屋漏偏逢連夜雨的「破廟」，人心惶惶，纖細敏銳的文青則像在土壤裡待要勃發卻又不安的生命，躁動徬徨，而俞大綱這個老和尚的鐘聲，引導、鼓勵、安定他們，狂亂青春遂在後面幾十年一個個漂亮迸發。

漂亮，其實是經過長期不懈的掙扎與堅持，過程中當然不乏自暴自棄的那一刻。林懷民有過，奚淞也有過，大霧茫茫，俞大綱在背後撐住他們，那是一雙堅定的手。

自法國巴黎美院歸來的奚淞，一九七八年與黃永松、吳美雲、姚孟嘉共同創辦《漢聲》中文版，並稱「漢聲四君子」。奚淞多才多藝，《漢聲》對他十分寵溺，他卻長期陷在存在主義的虛無感之中，無法超脫，一度酗酒，朋友憂慮地問俞大綱：「奚淞怎麼辦？」俞老師一笑：「不要擔心，奚淞有自己的世界。」奚淞輾轉得知，「就這樣一句話，給了我很大的信心。」

奚淞孤僻、自閉，始終覺得自己與周遭格格不入，俞老師如洞悉一般：「奚淞有自己的世界」，讓他豁然開朗：「我沒有問題」。他認為那句話像是一把鑰匙，「俞老師給了我自由。」被釋放的奚淞回憶那個關鍵，仍難掩激動，他開始自在、自信，縱浪人生，不再害怕，「這輕輕一句評語，日後帶我衝破多少次精神低潮，」他在七十多歲的現在回想：「如果沒有俞老師的那句話，我做不到。」

奚淞自稱「手藝人」，一手寫文章、寫書法，還有一手畫佛畫、油畫，還做版畫，除了潛心佛教美術，他還搭建中國神話結構，修佛、修道，從各個路徑尋找人類在物質文明中一路丟失的「心」。

他對哪吒、夸父、女媧、紅樓夢的獨創解讀，讓許多掙扎、自苦的年輕生命，得到啟發或被理解——正如同俞老師對奚淞的理解，因為被理解，而不再孤單，靈魂便可安定，便可勇敢正視自己的生命問題。

目睹世界紛亂、環境窒悶，奚淞曾問俞老師：「革命好？或點點滴滴地建設好？」老師回答：「從來沒有革命是成功的，那是打架。」奚淞現在回想此話，再看看我們此世：

「現在的政治像不像潑婦罵街？國際戰爭像不像黑幫械鬥？」奚淞很感念：「俞老師給我的路徑是『美』。」奚淞說：「在陽春白雪和下里巴人之間，俞老師找到『美』。美是『物質』和『形而上』的分界點，再上去就是道法自然的『自然』、儒家的『天』。」奚淞生活、創作虔心敬天、法自然。

戰亂方歇、百廢待興之際，奚淞在俞大綱那裡學到「美」，得到「愛」。他從俞老師身上看到一種無汙染的愛：「想要控制、占有的愛是『貪』，是被汙染的愛；未受汙染的愛是人原有的『自性』。」奚淞更進一步體會到：「為什麼被釘在十字架上是有福的？因為大難來時，更能激發人超越。」俞大綱便是在那個一言難盡的時代，以美和愛超越自身的苦悶，用龐大的能量帶領一群青年，後來他們也以各種形式展示從俞老師以生命灌溉給他們的美與愛。

鼓勵學生走出課堂，參與鄉土文化

俞大綱給他們的美學教育不限京劇、崑曲、詩詞，還包括鼓勵他們研究民俗，甚至親力親為投入「子弟戲」。

邱坤良便是率領大學生研究、參與子弟戲的第一人。他的碩士論文指導教授是俞大綱。他在念博士班時，俞老師即要他在文化開一門課教「民間藝術」。邱坤良因緣際會認識了臺北市迪化街霞海城隍廟的「靈安社」老子弟。

「學子弟，迎城隍」，邱坤良（左二）帶領大學生參加靈安社子弟戲。（邱坤良提供，翻攝自1977年5月號《美哉中華》畫報）

子弟戲是民間組成的非專業、非營利的北管表演團體，成員都是鄉親子弟，平常各人從事各種職業，空閒時接受訓練，迎神賽會就出來表演，是信仰，也是娛樂。子弟戲本是華人社會很普遍的組織，充滿濃濃的鄉土情，但因為工業化、電視興起後，開始沒落。靈安社是當時兩個最具規模的子弟戲團體之一。

「我當初只是有興趣。」邱坤良投入之後不可自拔，並鼓勵文化學生進入靈安社，跟他們一起學習，最後還上臺表演了三十多場。融入的過程很不容易，子弟戲團體以鄉親為核心，他們懷疑這些「高高在上」的大學生有何目的，也不相信他們吃得了苦，而學生家長也有疑慮，因為靈安社在當年風化區附近，十公尺開外，就是知名的「日日春」，有些女生去了一次就打退堂鼓。邱坤良與老子弟、學生多次溝通，終於解決了大家的心理障礙。靈安社非常照顧這些小子弟，傾囊相授，大學生也勤奮地跟著老子弟學戲，甚至跟他們一起與媽祖巡迴，一路表演，切身體會這塊土地與人情，這是課堂不易學到的。

俞大綱極為鼓勵學生走出課堂，參與鄉土文化，他認為子弟戲不僅有原創的生命力，而且是「傳統戲曲散落在民間的根」，他並生動地形容子弟戲的北管：「北管就是京劇的表弟」。俞大綱曾親自去慈聖宮看靈安社表演，那天下雨，學生弄來一把雨傘，他不肯打，擔心擋住後面觀眾，他與他們一起全場坐硬板凳在雨中觀賞，還興致勃勃拿相機拍照。看完日場，意猶未盡，他說還要來看夜場，學生預先替他備好有靠背的椅子，卻始終未見他來坐，原來他坐到旁邊的茶棚，與人一邊看戲一邊喝茶交談，仍然坐板凳，事後他說：「還是這樣瀟灑。」

俞大綱還請牛津大學教授龍彼得、中研院院士李亦園指導他們鄉土研究方法。但他支持子弟戲卻引起某些「知識分子」撰文批評，諷刺提倡民俗藝術的人「是一些貴族和有閒階級的發思古之幽情」。那天，他深夜十一點打電話給楚戈一吐胸臆：「民俗藝術是我們文化的根，根的上面也許開了一些不一定喜歡的花，像被他們批評為有閒階級的文人畫一般，但我們並沒有提倡那些脫離大眾的東西。」俞大綱解釋他為什麼鼓勵大家去研究子弟戲：「一個文化若想在外來文化的衝激下，保持自己原有的活力，以求得新的適應，是不能忘本的。」他強調：「民族文化來自民間，民間的東西受到千百年的冷落，也許也僵化了，但根總是還在的，只要有根，就有活命的機會。連根拔掉才是死路一條。」

他對那些批評很感慨：「現在實在不是說風涼話的時代……要用建設代替批評。沒有建設的批評就是空談，那種東西有毒，那種東西要不得，你也拿出代替品來，上演你認為正確的合乎理想的戲，推出你認為正確的合乎理想的小說……說別人做得不好容易，要拿出代替品難。」在結束談話前，他勉勵特立獨行的楚戈：「你的研究工作，說不定也有人要罵你，但千萬別管那一套。你做出了成績，別人不得不承認你，那種影響才是久遠的。」那天電話談了很長，俞大綱在打完電話第三天就過世了。

俞大綱去世的時候，靈安社的老師兄們很難過，社長想為他出最大陣頭送葬，後來雖因治喪委員會另有安排而未實現，但了解靈安社文化的邱坤良知道這質樸的心意多麼厚重：「靈安社向來是不輕易為靈安社以外的人送葬的」。後來在善導寺公祭時，哀悼場所鋪的藍色地毯是從靈安社借來的，而靈安社也是向來不讓團體的文物出現在外人喪葬場合，邱坤良深深感動：「由此可看到靈安社老師兄對俞老師的最大誠意。」

奚淞是臺灣做田野調查的先驅，他深知草根潛伏的能量：「當戲曲進入極精緻之後，高得不可辨識，漸漸失去生命力，必須再向人民學習。」尤其是若遇戰亂，陽春白雪的東西突然消失在檯面，但反而保存在人民日常生活裡。奚淞說：「就是這樣的中華文化，讓中華成為不死鳥，浴火重生，永遠有種子擇時擇地而出。」

始終喜歡和年輕人談話，知新而溫故

俞大綱對傳統文化的關心，其實緊扣時代脈動。媒體人陳怡真在俞大綱逝世後，寫了悼文〈立雪再生來〉，她說：「他最怕的就是別人把他當『孔廟裡的冷豬肉般供起來』。」俞老師對新事物好奇，尤其始終喜歡和年輕人談話，對他來說這些都是學習，另一位媒體人邱秀文也曾記下俞大綱另一句名言：「別人是溫故而知新，我可是知新而溫故。」

俞大綱拳拳於心的，是如何連結傳統與現代。他不斷寫新戲，帶跳現代舞的林懷民看京劇，也以此鼓勵《漢聲》。黃永松和奚淞都記得，《漢聲》還是新生兒時，「俞老師勉勵我們要做『肚腹事業』。」年輕並且原本鍾情「前衛」藝術的黃永松乍聽以為是要他們做「杜甫」，後來才知俞老師是以人的身體為喻：「頭是智慧，是現代，是往未來；腳是傳統文化，是根。」現在的人「有頭沒腳」或「有腳沒頭」或頭腳分離，俞老師期許：「永松啊，《漢聲》要做肚腹，就是古今連結啊。」

知名作家施叔青也聽俞大綱說過：「我的雙腳踩在傳統裡，我的頭是現代，中間是我自己，把上下連接起來。」施叔青在悼念俞老師的文章中回憶這話對她的影響：「經由老師口中，那一個將死冷硬、或者只是塞滿了空洞的能力、抽象的玄學的古老中國，慢慢地回暖復甦了，我們彷彿來到一片平實、堅定的大地，站在上面，心中第一次充滿了篤

黃永松和《漢聲》始終銘記俞大綱的期勉，連結現代和傳統，1997年《漢聲雜誌》100期，推出充滿民俗風味的「剪花娘子」。（聯合報系資料照片）

定自信的感情。」她後來完成《香港三部曲》、《臺灣三部曲》，以大河小說為她生活、生長的土地立史傳，二〇〇八年成為國家文藝獎第一位女作家。

在七〇、八〇年代，漢聲四君子帶編採團隊下鄉，是臺灣最早一批做田野調查的人。一九八八年兩岸開放探親以後，田野調查跨距變大，以臺灣三大移民群體泉州、漳州、客家人為主軸，多次尋根田調，出版許多器物、建築、民俗等書籍，視覺藝術強烈，讓古早文化令人眼睛大亮，他們並以建立「中國傳統民間文化基因庫」自我期許。二〇一七年黃永松獲得總統文化獎「文化耕耘獎」，這距俞老師過世剛好四十年了。（後記：黃永松先生受訪不久，於二〇二四年三月四日凌晨病逝。大師遠行，令人依依。）

「文化的事業是要慢慢來的，要一代、兩代地做下去。」俞大綱曾如此告訴年輕的蔣勳，勸他不要急切。而俞大綱凡事從容，即使愛徒邱坤良後來因為蹺課事件被文化博士班勒令退學，俞老師知道後也不過是哈哈一笑，而日後這個被退學的小子成了「文化建設委員會」主委，後來在擔任國立藝術學院（後改名國立臺北藝術大學）校長時，創辦藝術行政與管理研究所，並兼任首任所長。

「大化無形」，奚淞解釋《孟子・盡心篇》「大而化之之謂道」這句話：「『大』是人格者。就像俞老師，他真的像是沒做什麼，影響你一生。」

奚淞家中貼著一幅他的書法「大而化之」，他認為俞大綱就是這個「大」字代表的「大人」。　（沈珮君攝影）

俞大綱這樣一個「大人」，曾抄錄自己的詩送給奚淞。那天，俞大綱訪奚淞未遇，坐在他的書桌前寫了一幅字留給他：「瓔珞光搖劫後塵，墻隈對汝一愴神，懸知天意憐幽仄，故遣優曇幻此身。……」他以瓔珞喻櫻花，燦爛而短暫，而優曇是佛典花名，三千年才開一次花，這是強烈對比，俞老師去世多

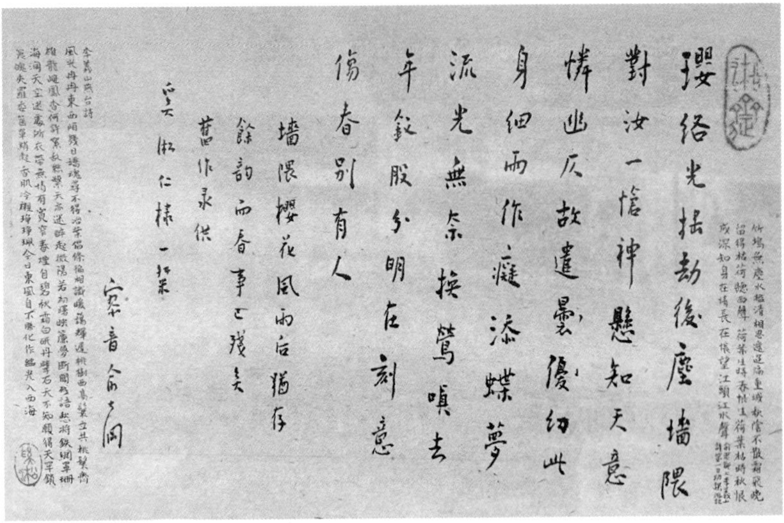

奚淞在俞大綱送他的「瓔絡」詩左右，補上俞老師最愛的李義山詩。（沈珮君攝影）

年後，奚淞悟出「墻隈對汝一愴神」的「愴」字，「包含有對生命最大的同情和感謝，甚至於一份從痛楚中萌生的歡悅」，奚淞如醍醐灌頂，俞老師以櫻花的短暫、優曇的恆久在度化他？難道他那時就看出、預示了奚淞未來會在無常世界的苦痛中超脫、歡喜向佛？

俞大綱遠矣，但是，他遍撒的種子，一路蓮花，迤邐近五十年，他的弟子將他不長的生命無盡地延長。就像李義山的詩，「留得枯荷聽雨聲」，奚淞回憶俞大綱在解釋這句詩時忍不住嘆息：「中國人哪……就算人生到怎樣枯寂時，還是有遠景的。」何況不只是聽雨呢，爛泥堆中有許多躍躍的蓮子。

◎原載二〇二四年三月二十五日至三月二十六日《聯合報・副刊》

文化園藝家，缺憾還諸天地

作者在漢聲巷訪問黃永松（中）、郭小莊（右）。
（沈珮君提供）

俞大綱去世前幾天，跟擅長栽花的姊姊俞大綵說，他要開始學習培養盆花了。俞大綵是前臺大校長傅斯年的太太，也是臺大外文系教授，比俞大綱大一歲，姊弟倆很親。她挑了幾盆素淡的盆子和花秧，還來不及送去，俞先生就在計程車上心臟病發驟逝。

俞大綵哭弟弟死得太匆匆，其實，大綱先生從到臺灣之後，一直在做盆栽。福爾摩沙，美麗之島，山海壯闊，但因長年貧窮、屈居殖民地，後來又戒嚴，很長一段時間是「文化沙漠」，俞大綱以一己之力辛勤培土、播種、灌溉、施肥，他播撒的種子後來一個個綻放異采，成為臺灣大片大片風景。

那個年代，大陸正在搞文革，而俞大綱在臺灣卻在做「文化園藝家」。

俞大綱，浙江紹興的名門後代。曾有人說，二十世紀中國最「顯赫」的家族，不是蔣家、宋家，而是紹興俞家。俞大綱之父俞明頤曾任清軍協統，是清末維新運動的積極人物；母親曾廣珊是曾國藩孫女，她在家經常讀書，親授兒女文史。俞大綱的兄姊分居兩岸，多為知名人物，除了俞大綵之外，哥哥俞大維曾任中華民國交通部、國防部長，頭上留有八二三炮戰時的炮彈碎片、採購軍品時直接將個人佣金轉購更多給國家抵禦外敵的炮彈，他讀書之多之廣，罕有能出其右者；另一個哥哥俞大紱曾任北京農業大學校長，其他手足也多是教授。他們的伯叔、堂兄弟在大陸學、官界也多為一方人物，最為臺灣所熟知的是前中共中央政治局常委、前政協主席俞正聲；而被各方推崇的傳奇、悲劇性歷史學家陳寅恪是俞大綱表哥，也是俞大維妻舅。

俞大綱（左起）與姊姊俞大綵、哥哥俞大維合影於臺北市溫州街臺大宿舍，牆上掛的是傅斯年畫像。（俞啓木提供）

八個兄弟姊妹，俞大綱最小，叫小八。俞大綵說他「天才橫溢，博覽群書，本身便是一部活書」，而且是「一部有生命，有靈性，有感情的書，因為他過得是充滿感情，給人溫暖的生活」。

他待臺灣年輕人像自己的孩子，但親生的三個兒女卻都遠在海外。他的么女俞啟木說：「我很羨慕郭小莊、林懷民、江青（知名演員、舞蹈家，也受教於俞大綱），爸爸真的把他們當自己的小孩，」俞啟木回憶從前與父親的家居生活，不無傷感：「我們真的不親。」

俞大綱夫婦與三個兒女攝於俞大維南京住宅。　（俞啓木提供）

俞家非常重視教育，孩子在十二、三歲時即送到學校宿讀，俞大綱和兄姊幾乎都是這樣長大的。兩岸戰亂，充滿不確定性，俞大綱帶妻兒先到香港，過了幾年決定渡海到臺灣，但把長子啟運、長女啟玲都留在香港繼續讀書，只帶著最小的女兒啟木到臺灣，但也許考量要讓孩子有現代化的教育及國際視野，俞先生把啟木送入美軍子弟學校讀書，也就是美國學校。

俞啟玲在香港高中畢業後，赴美讀書。俞啟運高中畢業後到臺灣，考入臺大電機系，住在宿舍，大學畢業後也赴美讀書。子女出國，俞大綱只能給他們二百美元，以後的學費、生活費要自己去賺。俞啟木較幸運，高中畢業因緣際會認識了一對慷慨、善良的美國夫婦，他們住在加州，開了一家食品工廠，主動表示願意收養她，俞大綱夫婦同意把啟木「過」給他們。

俞啟木稱呼那對美國夫婦為乾爸乾媽，他們另有兩個兒子，其中一個也是收養的，他們都比她年幼，小男生非常高興多了一個姊姊。俞啟木與他們生活，才知道「原來一家人坐在一起吃晚餐是這樣的」，她說，那是她第一次了解什麼是家庭生活。

俞啟木初到美國時，用生澀的中文寫家書：「親愛的爸爸，我很好，你好嗎？你還常常打麻將嗎？」她不會寫「麻將」兩字，畫了一個六筒的牌，俞大綱用紅字改正她的中文再寄還給她，她笑：「滿紙紅字。」

在俞啟木的印象中，父親沒有教過她詩詞戲曲，更沒有提過他們家世，「我從來不知道我是曾國藩後代」，她直到四十年前才知道曾國藩是誰。她曾回大陸，去了俞家、鄧家（媽媽鄧敬行的娘家），也去了外曾祖父曾國藩老家，是尋根嗎？「只是因為好奇」，結果呢？「大家都不認識，不親。」

俞啟木很遺憾對父親不夠了解，「我對爸爸的認識來自林懷民、江青（知名演員、舞蹈家），我透過他們告訴我的事，才能了解我爸爸。」爸爸為什麼不把她當他學生一樣教呢？已經八十一歲、對父親仍充滿孺慕之情的俞啟木很內疚：「爸爸一定是對我很失望，覺得我教不會。」當然不是，也許國家烽火頻仍，又窮又亂，爸爸知道孩子終將去國，身上背負的記憶愈少愈容易適應，他們必須開創自己的天空。

真正的答案只有大綱先生知道，但錯過了就永遠錯過了，戰亂輾壓過的時代，誰都不知道它留在自己心靈、家人的創傷是什麼。早逝的俞大綱沒有機會知道女兒心上始終有一個無法彌補的洞。

俞大綵、傅斯年的兒子傅仁軌（左一）與俞啓木（左三）和俞大紱之子俞啓平（右二）及其子和友人合影。（俞啓木提供）

俞啟木與傅斯年、俞大綵的獨子傅仁軌很親，他們是表兄妹，俞大綵過世時，傅仁軌請俞啟木陪他一起回臺奔喪。傅斯年當年身體不好，一度赴美治病，帶兒子同行，返臺時把正念初中的傅仁軌留在美國繼續讀書，後來也獲得一對夫婦收容，哈佛畢業。俞啟木說，像他們這種早早離開原生家庭、與父母聚少離多的孩子，幾乎心上都有傷。

在飲食中都自然流露傳統文化之美

俞大綱子女都不在身邊，他全心全力培育眾多的臺灣孩子，不僅給他們心靈的營養，也經常給他們的身體加菜。民國五、六十年，大家都貧困，這些年輕人幾乎個個都瘦得露出骨頭。俞大綱每到吃飯時間，就很自然招呼仍留在他辦公室的學生一起用餐。

邱坤良記得俞老師有時是從外面叫排骨麵進來，也很常帶他們去武昌街吃臺式日本料理，他還記得那家店叫「添財」，在明星咖啡館對面，偶爾也會去吃「功德林」的素食，邱坤良說：「很油，很好吃。」現在大家怕油，當年大家都缺油。

林懷民記得的除了排骨麵，還有國軍文藝活動中心附近的「九如」點心。黃永松則念念不忘俞老師常買的「四海一家」蔥油餅。施叔青特別記得「土雞麵」：有一段時間，她研究歌仔戲，她想了解「扮仙」的起源，那天，俞老師為她講解道教對中國歷代民間的影響，這些影響如何反映在戲劇，如何反射了老百姓祈福驅邪的願望，他並以臺灣子弟戲的「扮仙」為例。就這樣僅僅是一頓飯的功夫，讓她收穫豐富，施叔青形容：「肚子為興奮和知識所撐飽，竟然不覺得餓。對著那一碗冷了的土雞麵，我無以下嚥。」

吃飯不僅是吃飯，連吃飯都是美學教育，弟子回憶他時，不只一人提到他拿筷子的樣子「怎麼可以這麼漂亮」。常和俞老師夫婦一起去餐廳吃飯的郭小莊受教最多，俞老師藉此教她生活禮儀，郭小莊體會很深：「中國讀書人、藝術家有獨特氣質，高雅脫俗、溫柔敦厚，連在飲食之中都自然流露傳統文化之美、藝術之美。」

俞老師中午出去吃飯，一大群學生跟著一起去，似乎很理所當然，邱坤良說：「我們從來沒想過要去付帳，後來才知道其實俞老師也很窮。」

俞大綱的光華同學、一生知交李平山長期資助他。俞啟木說，她剛去美國時，父親寄給她五百美元，俞啟木推測那應該就是在香港工作的李平山每月寄給她爸爸的費用，爸爸再挪寄給她，但是，美國父母要她告訴家裡不要再寄錢去，所以就只寄了那一個月。

俞大綱去世的那天，正是高高興興地搭車，要去見自香港回臺的李平山，未料兩位好友沒有見著最後一面即永別了。

郭小莊說俞大綱是她另一個爸爸。她自七歲半投身於京劇，始於她一生熱愛京劇的父親郭巨川，他從大陸顛沛流離來臺，一無所有，唯一保存的是他當年在大陸追劇拍的京劇照片。在徵得女兒同意後，把她送入大鵬學藝。俞大綱一對一替她開班授課後，還常在晚上打電話給郭爸爸，兩位爸爸一起討論對小莊的教育、規劃、期望，有時一談六、七小時。小莊晚上下課離開俞府，大綱先生也必打電話照會郭爸爸。

不僅是經師，更是人師

二〇〇七年俞大綱逝世三十週年的時候，林懷民撰文悼念：「沒有俞老師的誘導、啟發、呵護，雲門不會誕生，不會在頭幾年就找到方向，建立風格，不會在山窮水盡之際，仍然可以重讀老師的文字，找到重新出發的力量。」

蔣勳在悼念俞老師的文章中說：「我們都不如俞老師，也做不成俞老師，但是大家努力，加起來的力量，希望能多少彌補老師留下來的空缺。」林懷民則是在俞老師去世三十年之後感嘆：「三十年來，社會有天翻地覆的改變。大家都努力，但是力量不斷被抵銷，很難累積。俞老師留下了的那個空缺彷彿越來越大。」

為什麼不斷被抵銷？

為什麼那個空缺愈來愈大？

俞老師去世四十多年了，雲門五十歲前夕，已逾七十歲的林懷民也宣布退休了。回首來時路，林懷民很感恩：「隨著臺灣的進步，雲門走到當年任何人想像不到的境界，我想俞老師會感到安慰。」

俞老師對林懷民影響最深的一句話是「有容乃大，無欲則剛」，這句話成為他為人處事的準則。而俞老師對郭小莊做人處事的影響是：「不求人」。

俞大綱的第一部新作《繡襦記》，郭小莊只在裡面演一個配角荷花，俞老師怕她委屈，告訴她：「我平日告訴妳『不求人』，這『不求人』的最高努力目標，就是不斷地努力，不斷地充實自己，先使自己立於不倒之地，而後再去施予別人。中國的萬里長城、埃及的金字塔，都是一塊塊的磚石，日積月累地逐漸砌成。今天妳演配角，總有一天妳會成為主角。」郭小莊這個當年的配角，後來是臺灣京劇現代化的擔綱主角。

俞大綱給這些生長在臺灣孩子的教育，不僅是經師，更是人師。經師、人師似乎是中國文化裡的陳腐用詞，但是，俞大綱以畢生去實踐，而我們現在多麼缺乏、多麼需要這樣的經師、人師。

俞先生的長子、長女都已逝，么女啟木一直在美國銀行工作，她最後一個職務是美國銀行派駐香港的亞洲房地產head，十幾年前退休。俞啟木誕生在抗戰時期的重慶第十兵工廠，在美國生活超過五十年，在香港前後住過十一年，她住在臺灣的時間最短，但她最喜歡臺灣，尤其是濃濃的人情味。她現在住在紐約，正規劃回臺灣定居，回到父親俞大綱、伯伯俞大維以靈魂灌溉、性命守護的土地，「美國不是家」。

俞啓木住在紐約，正規劃搬回臺灣。（俞啓木提供）

蔣勳曾經送給俞大綱一幅碑拓，是清末巡撫沈葆楨題讚鄭成功收復、開發臺灣，上半段：「開萬古得未曾有之奇，洪荒留此山川，作遺民世界。」俞大綱很喜歡此碑，但認為「遺」民應改「移」民。下半段是：「極一生無可如何之遇，缺憾還諸天地，是創格完人。」俞大綱對蔣勳說：「『缺憾還諸天地』真是太好了。中國人的寬厚、親切就在這裡。人盡了力，若是還有什麼缺憾，就還給天地吧。缺憾能還諸天地，也就沒有什麼缺憾了。」

奚淞進一步擴大解釋：「人盡了力，把自己當一塊拼圖，以全部生命替天地補上缺憾的一角，天地就更完整了。」女媧補天，俞老師做的正是這樣的事。

◎原載二〇二四年三月二十六日《聯合報．數位版》

劉國瑞和牟宗三

文化擺渡人，半世紀情義

（劉國瑞提供）

劉國瑞

一九二四年生

安徽廬江人，是知名出版社學生書局、純文學出版社、聯經出版公司創辦人之一，二〇〇九年獲金鼎獎特別貢獻獎。曾任聯經出版公司總經理、發行人、《經濟日報》社長。

一九四九年隨軍來臺，為孫立人部下，也曾任軍中記者。退役後任職《聯合報》，擔任地方版編輯、二版編輯，在解嚴前跳升《聯合報》總編輯。劉國瑞受知《聯合報》創辦人王惕吾，在王惕吾慷慨捐輸下，劉國瑞照顧許多清苦學人，並以大手筆出版許多重量級學人全集，為華人學術界留下他們的歷史貢獻。

牟宗三

一九〇九—一九九五

字離中，出生於山東省棲霞縣。哲學家，是現代新儒家的重要代表人物之一。畢業於北京大學，歷任中央大學、臺灣師範大學、東海大學、文化大學、臺灣大學、香港中文大學、香港新亞研究所等校教授。一九八七年獲香港大學授予名譽文學博士。

主要著作有《佛性與般若》、《才性與玄理》、《康德的道德哲學》及《康德純粹理性之批判》、《康德判斷力之批判》、維特根斯坦《名理論》等譯作。英國《劍橋哲學詞典》譽之為「當代新儒家中最富原創性與影響力的哲學家」。

牟宗三來臺講學，劉國瑞牽線、王惕吾出資

人生是一條長路，蜿蜒曲折，坑坑疤疤，而且總有遇到必須過河之時，通常自求多福，「深則厲，淺則揭」，但是，當河寬到看不見彼岸、水深到足以沒頂時，加上不可測的暗流，正以為路至此絕矣，若能遇到一位擺渡人，便是柳暗花明。

牟宗三先生去世（一九九五年）快二十六年了。一九八三年春天，我的指導老師黃振華教授曾帶我去他宿舍，讓我跟他請益。我帶了一張紙條，寫著滿滿的問題，牟先生一口氣跟我談了好幾小時，我們告辭前，他有感於我的困惑太多與急切，特別提醒：「念中國哲學是要『薰染』的。」年少輕狂時，哪裡能懂此話深義？我直到跌撞至老，才漸悟「薰染」是一種多麼慢而深而刻骨銘心的工夫。

牟先生是我在哲學、人生的啟蒙者，是我的擺渡人之一，但是，他自己並不知道他曾渡過我，這正是擺渡人的化境，舉手投足，一言一行，發諸他的本心，非關和你的利害，但是，改變了你的人生。

而擺渡人也有自己的擺渡人。

牟師門牆太高，我從來不敢以弟子自居。我在《聯合報》快退休時，創報元老劉昌平先生才知我曾師從牟先生，買了一套《牟宗三先生全集》送我當退休禮物，令我驚喜大叫，長者厚意，令人銘感。那套三十三本精裝巨著是《聯合報》子公司「聯經」出版的，

後來，我才知道創辦「聯經出版公司」的劉國瑞（國老）先生與牟先生有一段罕為人知、近半世紀的情誼。而牟先生晚年在臺灣定居、講學終老，是《聯合報》創辦人王惕吾（惕老）先生透過國老協助的。

當年我受教於牟先生時，全然不知是惕老替臺大付了牟先生的講座費用，更不知我未來將在《聯合報》工作近三十年。命運如此奇妙。

劉國瑞和牟先生相識時，兩人都還是孑然一身的單身漢。劉國瑞今年九十六歲，牟宗三若在世，也一百一十一歲了。

劉國瑞青年時期留影。（劉國瑞提供）

民國三十八年，劉國瑞自大陸安徽老家來臺，在孫立人麾下，四年後因病自請離職，進入開辦才兩年的《聯合報》，先是任職地方版編輯，後來主編二版。在臺灣戒嚴時期，政治新聞連一欄題都大有文章，拿捏進退都是智慧，劉國瑞一編十幾年，並在解嚴前，出任總編輯，是《聯合報》唯一一位由編輯直接跳升為總編輯的傳奇。

劉國瑞和牟先生相識，關鍵人物是孫立人

牟宗三、孫立人、王惕吾、劉國瑞，這四個生命道路完全不同的人，卻因愛讀書、想讀書、敬讀書人，而有「己欲立立人，己欲達達人」的交集。其中，孫立人是劉國瑞和牟先生相識的關鍵人物，而劉國瑞則是串起牟先生和惕老因緣的人。

民國四十年，孫立人時任陸軍總司令，並兼臺灣防衛部總司令，兩岸緊張，韓戰正熾，他想讀一點文史哲方面的書，既可涵泳，也可調劑。孫立人請教在臺中東海任教的徐復觀該如何著手，徐先生認為牟宗三先生是不二人選。當時牟先生正在臺北師大開課，孫立人派了總司令辦公室主任孫克剛（孫立人堂姪）少將、編審組組長馮愛群上校去「上學」，馮愛群指派編審組的「同上尉」劉國瑞負責做筆記。

一般人只知孫立人是國軍極少數曾留美的高階軍官，其實孫家書香門第，家族曾有三位進士，父親是清末舉人。孫立人以安徽第一名考入清華庚子賠款留美預科，畢業後赴美取得普渡大學、維吉尼亞軍校學位。對日抗戰時，孫立人戰功彪炳，被英、美封為「東方隆美爾」，曾獲兩國授勛，日本人也尊他為「中國軍神」。但孫立人來臺八年，即被蔣介石以其屬下涉匪諜案、兵變案，軟禁三十三年，八十八歲重獲自由，一年多後去世。牟宗三畢業自北大哲學系，大陸淪陷後，在港、臺兩地任教，以「生命的學問」體證中國哲

學，並以西方哲學家康德「三大批判」融通、詮釋儒釋道，別開生面，並再由中國哲學看到康德之不足，強調「人雖有限可無限」，以自由的無限心重解朗現「物自身」，是「當代新儒家」大師。

孫立人派僚屬去叩開牟師大門，牟先生說：「既然孫先生要我講一些東西，我就不客氣了，以後我們幾人就在師友之間。」當時牟先生正在撰寫《歷史哲學》，便以此為上課主題。這個孫立人專班是設在牟先生宿舍的私塾班。牟先生因全心在學問，不擅打理日常生活，住處凌亂，連杯子都不甚乾淨，全屋只有一把藤椅，孫克剛等三人第一次去時，只能一個個挨坐在床沿。孫克剛獲牟先生同意授課後，先派人打掃房間，再去添購四把椅子、一套茶具、兩個熱水瓶，以後每週一、三、五下午三點上課，六點外出吃飯，七點半繼續上課到晚上九點。牟先生當時才四十歲出頭，正值壯年，了無倦態。

每次上課近六小時，一週上課總時數約十七小時，老師辛苦，做筆記的人也辛苦。每次上課後第二天，劉國瑞便需把前一日上課筆記先整理出來，隔天上課時帶給牟先生修改，再下一次上課時，牟先生把修改後的筆記還給他，劉國瑞第二天再請辦公室書記謄抄之後呈交孫立人。可惜當時沒有影印機，這些共計八百多小時的筆記都未留下底稿。

做牟先生筆記很不容易，他學問深邃，用字詭奇，譬如「意底牢結」（Ideology，一般譯為意識形態），就是牟先生知名的神譯，音、義兼備；他在講解中國哲學時，常用「坎陷」這個詞，區區兩字，意義複雜，學生如盲人摸象，各自會意，各有其解。二十多歲的劉國瑞當時從未看過牟先生著作，只好到總司令辦公室圖書室埋頭苦讀，一個月多後才算上手。

牟先生為孫立人開設的私塾班，從民國四十年秋天一直上到四十一年秋天，牟先生要去東海大學任教，這才停課，而牟先生《歷史哲學》也全書完稿了。

「車馬衣裘與朋友共」，患難之交

民國六十三年，牟先生由香港中文大學退休，應中國文化學院（文化大學前身）創辦人張其昀之請，去文化開課，但是，當時學校財務困難，既沒有學人宿舍，連薪水都發不出，牟先生和幾個學生擠住在師大附近的浦城街小屋裡，劉國瑞聽說後，立刻趕往探望。

二十多年未曾聯絡，兩人初見面都有些尷尬，但是，劉國瑞很快看出來，那個擁擠、髒亂的環境對牟先生的健康及做學問都很不好，極力邀請牟先生搬去劉家，與他們一起生活。牟先生一再謙辭，不想打擾他們，但劉國瑞夫婦再三邀請，並把孩子房間騰出來，精誠所至，牟先生這才搬去，全部行李就是一個提袋而已。

牟先生身體不好，極為瘦弱，行李有幾罐保衛爾牛肉汁，作為進補之用，但住進劉府之後，因劉夫人的菜很合他胃口，早餐也必備他最愛吃的山東饅頭，他不需再吃罐裝牛肉汁了。牟先生在劉府住了一學期，胖了好幾公斤，返港前，他本想把保衛爾留給劉家孩子，在劉夫人建議下，轉送給也營養不良的學生。牟先生回家後，寫信給劉國瑞道謝：

「在臺數月，蒙賢伉儷照顧，情誼深重，感何可言。」半年後又託人送禮物回報，「想來想去，帶兩枝原子筆給孩子寫字也好。」赤子之心，天真自然。

牟先生並和劉國瑞相約，未來再來臺時，仍住在劉府，他在給劉國瑞的信上，有一些感懷，「抗戰時期，弟時常傳食諸侯。熊（十力）先生當年亦復如此。無先師之德行，而以同姿態出現，亦覺可笑。又以前在壯年，現漸老大，適應狀況自不及前（需知老了便毛病多）。若非最親切者，焉能如此。吾兄自有真情，雖隔多年未見，稍感生疏，然去冬數月，知兄自有真性情也。」後來因其他學生有一空房可以讓牟先生來臺住一、兩個月，牟先生認為這可以讓想請益的學生隨時進出，論談較便，這才未再進住劉府。

牟先生不作應酬文字，這些書信真情流露，半世紀後重讀，當年這種患難之交的情義，「解衣衣人，推食食人」，「車馬衣裘與朋友共，敝之而無憾」，正是那個苦難時代令人不絕望的光和熱。而牟先生及他的好友唐君毅、徐復觀先生此後所有著作，也都委由劉國瑞和友人合辦的「學生書局」出版。

「學生書局」專門出版文史哲書籍，當年我們幾個好友呼朋引伴最愛去的就是「學生書局」，我們還為它擔憂：「這小書店專出這種冷僻的書，怎麼活啊？」牟先生也曾在學生書局創立二十年時，寫過一段紀念文，他說，「此等著作皆為專門學術性，乃普通書局所不欲承印者，而唯獨學生書局欣然接受，全部承辦。非有真切之理想與關心時代之識見，焉能至此。」

牟宗三（左）與劉國瑞的情誼建立在牟先生仍未廣為人知之前。（劉國瑞提供）

臺灣當時被視為文化沙漠，但是，有像牟先生這樣的人，連薪水都拿不到，還來臺灣教書；也有像「學生書局」這樣的書店，幾個小夥子以每人五千元、利用工作之暇，開辦了一個專門出版學術著作、整理古籍的小公司，以解學子求知之渴。臺灣當年就是因為有這些「正其誼不謀其利」的呆子，沙漠有了生命。

那場驚濤駭浪的講座，哲人風骨和文人風範

牟先生清瘦，印象中他總是穿著一襲灰白或灰黑色布衣，仙風道骨，如從文人畫中走來。唐君毅先生曾說，讀牟先生文章時，覺得是「肉身成道」；見到他本人時，覺得是「道成肉身」。這真是知己者言。

「肉身」與「道」有一而二、二而一的關係，縱然已「道成肉身」，但在現實世界中，許多不由自主，時有拉扯，為了成道，有時不免委曲。肉身委曲時，有時道也委曲，而委曲到某種程度，有時肉身與道俱歸寂滅；但肉身若不委曲，有時道也難成。「坎陷至極，道

德乃現」，這是牟先生的話，是他詮釋儒家道德論、知識論的精髓，落實在世俗生活進退之際，「或躍在淵」，一步之差，吉凶悔吝，一言難盡，連孔子都曾有「子見南子」的爭議，孔子急得對弟子發誓：「予所否者，天厭之，天厭之。」而牟先生則是凜於「道心惟微，人心惟危」，察察為明，「爾愛其羊，我愛其禮」，半點不容苟且，毫不妥協，周遭的人有時難為。

牟先生在民國六十九年以後，常受《聯合報》之邀公開演講，講詞刊載在聯副，聲譽益隆。民國七十一年，聯經邀請九十六位學者撰著的《中國文化新論》十三冊套裝新書出版，臺大校長虞兆中參加了發表會，並私下告訴聯經發行人劉國瑞，臺大想請牟先生開課，但苦於沒有經費，希望《聯合報》資助。惕老聽完劉國瑞說明後，立刻表示《聯合報》全額贊助，每月十萬元（這是當年國科會講座教授的薪資水準。當時研究生獎助金每月二千元，我在學時全月生活費不到三千元），劉國瑞代表執行。

這個講座雖然有了經費，但仍差點流產。牟先生年譜對此事有簡單記載：「（民國七十一年）年初，《聯合報》與臺大協議，合聘先生為特約講座，唯先生以臺大哲學系氛圍複雜，未即應承」，直到十一月下旬，「先生在各方企盼敦促之下自港返臺，應臺大之聘，主講『中國哲學之契入』、『中西哲學會通之分際與限度』。」

此事前後拖延約一年，在其中婉轉折衝的人是劉國瑞。劉國瑞在牟先生與臺大哲學系主任、臺大校長之間，不斷函電溝通，主要關鍵便是「臺大哲學系氛圍複雜」。牟先

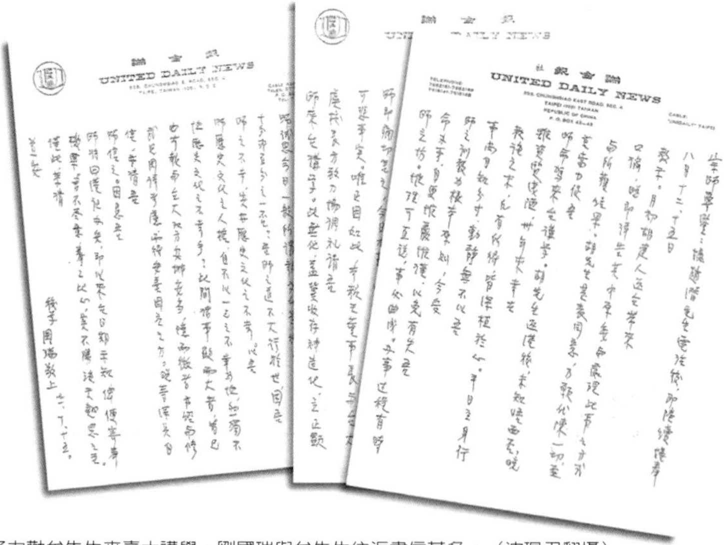

為了力勸牟先生來臺大講學，劉國瑞與牟先生往返書信甚多。（沈珮君翻攝）

生在給虞校長信中指名道姓直指「A反對弟到臺大」，牟先生認為民國五十五至六十五年這十年時間，「是臺灣講中國文化之真空時代」，而六十五年之後，新亞書院的牟宗三、唐君毅相繼來臺大講學，讓部分人士「甚為敏感」，A接掌系務後，「禁止學生看弟等之書，尤惠貞同學在弟指導下讀碩士學位已三年，他不准再找弟繼續指導完成學業，謂再找外人（指牟先生）指導即是瞧不起本系的教授，口試時無理刁難，惡劣不堪」，「他罵弟誣蔑中國文化，指控弟從不講三民主義，反共是假，反天主教是真，罵新亞等人是學閥」，「共產黨人雖惡而不蠢，如此蠢惡無品之人主持系務令人寒心齒冷。臺大何不幸而用此人！青年何辜而遭此不幸！他不講其西方哲學史，而特開論語、道德經以及三民主義哲學等課，夫臺大已有三民主義博士班，何需哲學研究所重開三民主義之課？捨正路而弗由，行蠢怪以邀寵。……弟已年過七十餘，雅不欲與蠢惡者爭閒氣，故遲遲未敢應聘。」

那位被牟先生點名指斥的A教授對劉國瑞極力否認他不歡迎牟先生，並以「前輩的前輩」尊稱牟先生，但當時不少研究生確有其痛切感受。以尤惠貞為例，她是A教授接掌系務後第一個提交碩士論文的研究生，不僅被迫臨時更換指導教授，而且在口試時飽受非關論文的羞辱，以最低分趴過。這位曾被牟先生讚為「有慧根」的學生，畢業後到東海哲學系擔任助教，在東海研發室主任高承恕教授的鼓勵下，拿那篇碩士論文申請國科會獎助金，是該年唯一一位獲獎的助教。後來她選擇在東海念哲學博士班，論文指導老師終於能掛上牟宗三先生的名字。

A以「新亞幫」稱牟先生，並說「現在有些老先生不懂做學問的方法，當然學生也不懂」，人在香港的牟先生不斷聽到這些譏刺，堅拒應聘，但各方勸進的聲音也不小，牟先生在給劉國瑞的信件往返中，在「作罷」和「成行」之間，反覆多次，最後勉強同意「可行」，但為了避免哲學系「管理」或「干涉」，他的講座堅拒設在哲學系之下，而是以「聯合報文化基金會」與「臺大」合設中國哲學講座之名開課。

「理可直說，事必曲成」，促成牟來臺講學

開課前幾天，牟先生還來信重申細節，一是任何餐會「最好不把A拉在內」，二是

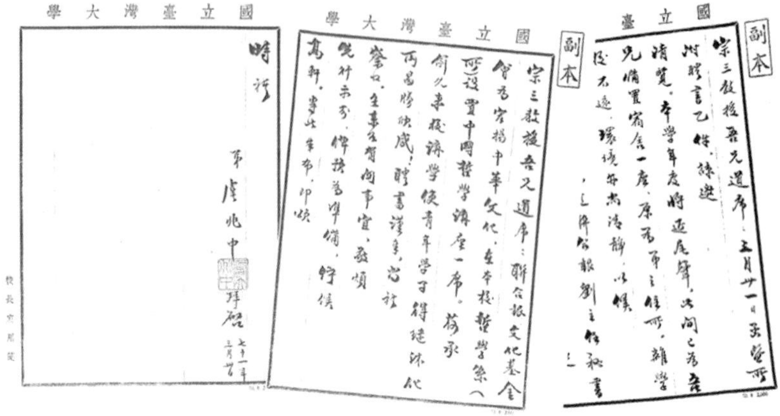

臺大聘請牟先生開設講座，校長虞兆中幾度寫信給他，並告知已將自己官邸修繕，待牟先生來臺大授課時居住。
（沈珮君翻攝）

第一天上課時，由校長陪同進教室，作簡單引介（後來是由臺大文學院院長侯健引介），說明這是「聯合報文化基金會」講座，「絕不能由A做主引介」，他並解釋，「若順適相契無一毫神經戰，自可隨緣合和。若弄得不愉快，則我的身體馬上吃不住」，他畢竟已七十多歲，雖然有感於臺大及《聯合報》盛情，但「我也不能去賣命也」。

劉國瑞因深獲牟先生信任，自七十一年初春溝通到初冬，多次以「吾師之道不大行於世，固吾師之不幸，實亦歷史文化之不幸」相勸，最後以「理可直說，事必曲成」八個字來說服牟先生，而虞校長為了歡迎牟師來臺，早已將自己青田街官邸騰出修繕，敬候牟先生來臺講學時寓居。

七十一年十一月二十九日，牟先生的臺大課程終於正式開課，《聯合報》在兩天前以二版一則兩欄題預告此事，全文不到一百字，最後一段：「這項講座，在臺大而言，是正式課程，在聯合報文化基金會而言，則是文化講座」，寥寥幾筆，光風霽月。

當年我在臺大聽牟先生的課時，青春混沌，他不斷提醒的文化慧命及其絕續，於我如敲開冰河，生命震動，一生不敢自棄，那時哪裡知道「大人」世界的曲折艱難。

我在《聯合報》退休後，聽劉國瑞提及設此講座的始末，才知其中驚濤駭浪，後來再看牟先生《五十自述》，更覺瞭然，他的生命脈絡自童年即清晰可循，「我適應環境的本事很差，乖巧對應的聰明一點也沒有，隨機應變、捨己從人，根本不行。這氣質到現在還是如此」，他年輕時困阨於昆明，曾受友人接濟，但自省是「照體獨立之傲骨」，若無此傲骨，「我直不能生存於天地間」，「我獨來獨往，我絕不為生存委曲自己之性情與好惡；我一無所有，一無所恃，但我亦意氣奮發。我正視一切睚眦，我衝破一切睚眦；我毫不委曲自己，我毫不饒恕醜惡；以眼還眼，以牙還牙，惡聲至，必反之，甚至嘻笑怒罵，鄙視一切。我需要驕傲，驕傲是人格之防線。我無饒恕醜惡之涵養與造詣」。

他年輕時即已感受「學風士習之墮落與鄙俗」，他對臺大哲學系某某的毫不退讓，和孟子的「予豈好辯哉，予不得已也」，是「生命途徑的必須暢達」，也是孔子的「不患無位，患所以立」。對他來說，「是則是，非則非，如何能委曲絲毫」。

「剛毅木訥近仁」，這是對德業之敬謹和鄭重，牟先生青年受困尚且不能委曲，何況已年逾七十，他的多方設限，也是為了既想在黯黑之境傳道授業，以破此黯黑，但也要維持慧命尊嚴及獨立，不容屈辱，故而在「行」與「不行」之間苦苦掙扎。幸好劉國瑞這個擺渡人，鍥而不捨，牟先生總算登船，而我們學子「浴乎沂，風乎舞雩，詠而歸」，只見「輕舟已過萬重山」，哪裡知道「兩岸猿聲啼不住」。

《牟宗三先生全集》出版，接續民族文化慧命

臺大課程結束後，牟先生以老弱之軀頻繁往來臺、港兩地演講授課，後來他想在臺北找一個固定處所講學，弟子陳癸淼希望《聯合報》能每月贊助三萬元。國老將此事告訴惕老，講學論道是牟先生一生悲願，建議惕老贊助牟先生一筆基金，讓他晚年生活無虞，也可購屋，從此在臺灣安身立命。惕老非常認同，個人全額贊助了二千萬元。當年那筆錢若要在忠孝東路或青田街置產都綽綽有餘，節儉的牟先生最後選在永和落腳。

牟先生年逾八十之後，日益體衰，民國八十一年底至八十四年春天，多次進出臺大醫院，住院最久時間為兩個月，每次都由牟門弟子輪值看護，《聯合報》負責特等病房全部醫藥費。

牟先生在住院期間，感觸萬端，根據他的學生王財貴記錄，牟先生臥病時，常常想到老師熊十力，熊先生一輩子在找一個人傳他的道，知道牟宗三就是那個人，牟先生回憶往事說：「其實，我並不聰明伶俐，也不會討巧，」就忍不住哽咽了，平靜後又說：「學

哲學大師牟宗三逝世，靈堂設於鵝湖月刊社，時任《經濟日報》社長劉國瑞(右起)、立委陳癸淼、聯合報系創辦人王惕吾前去致哀。（聯合報系資料照片）

問總需用功。既要了解中國，又要了解西洋。要靜下心來，一個一個問題去了解。不要討便宜，不要出花樣，不要慌忙。現在誰肯下功夫呢？」說至此，他又哭了。他的悲感應是有感於先師之所重託，自己雖下了苦功、吃足苦頭，著作等身，他也自認「古今無兩」，但最傷心的應便是「古今無兩」，他的生命已到盡頭，還有誰能接下去？

劉國瑞常去探望牟先生，也多次見到他老淚縱橫。

民國八十四年初，牟先生因肺部感染，引發多重器官衰竭，四月十二日下午，劉國瑞接到《聯合報》醫藥記者電話，說牟先生即將大去，劉國瑞趕到臺大，牟先生已遠行，陳癸淼聯絡殯儀館人員來接，大體被推到一個長廊等待時，燈光昏暗，陪伴牟先生的是劉國瑞和一位跪在地上的韓國女僑生。

一代大哲謝世，享年八十七歲，惕老是第一個到靈堂致祭的。牟先生去後，陳癸淼把基金帳目整理給惕老，惕老搖搖頭、揮揮手，「不必看了。」後來牟門學友決定出版《牟宗三先生全集》，劉國瑞在請示惕老之後，由《聯合報》負擔全部費用，在中研院中國文哲研究所協助下，學者、牟先生弟子共約五十人投入，費時三年、編校四次，全集終於在牟先生去世後四年出版，不僅了卻牟先生遺願，也是接續民族文化慧命，生生不息。

「不覓封侯但覓書」，劉國瑞愛書，這是他借用陳寅恪先生的名句「不覓封侯但覓詩」，易「詩」為「書」，自況一生，劉國瑞藏書總是敬謹鈐著此印。他因戰亂，無法完成全部學業，但是，愛讀書、敬重讀書人，他曾參與創辦三家出版社（學生書局、純文學、聯經），出版無數重量級好書。好書不一定有廣大市場，他幫讀書人出版他們寂寞的好作品，許多學者如中研院院士余英時、林毓生、張灝、杜正勝的第一本書都是聯經出版的。那些好書也幫愛讀書的人度過自己的寂寞長河。他是許多讀書人的擺渡人。

◎原載二〇二〇年十二月三十一日至二〇二一年一月一日《聯合報．副刊》

劉國瑞，不覓封侯但覓書

劉國瑞從來不過生日，100歲時，被同仁「騙」出來慶生。
（沈珮君攝影）

二〇二四年五月四日是「聯經出版公司」五十歲生日。劉國瑞是首任總經理，他在五十歲時創辦聯經，今年正好一百歲。他習慣用虛歲，他說自己一百零一歲。

劉國瑞有很多身分，他在戒嚴時代是《聯合報》二版編輯，解嚴前社會、政治到處是衝撞，高度嚴謹的他直接跳升總編輯，《聯合報》一九八六年最高發行數字一百四十五萬份，是他任內創下的。

他是資深媒體人，但他更為人所熟知的是出版人，他在任《聯合報》編輯時創辦「聯經出版公司」，並在二〇〇九年獲金鼎獎特別貢獻獎，這是出版界最高榮譽。

胡適曾說：「一個有文化的國家，應該有些很像樣的書籍。」但這不是一蹴可幾。

劉國瑞很年輕時即對出版有興趣，一生共創辦三家出版社：學生書局、純文學、聯經。

民國四十九年，臺灣像一葉孤舟，動盪不安，兩岸緊張，經濟困窘，每人平均國民所得一百四十四美元，連訂一份報紙都捨不得，識字率也不高，三個單身漢閒極無聊，異想天開，每人出了五千元，合辦一家出版社「學生書局」。

他們當時都在《聯合報》工作，馬全忠是編譯主任，馮愛群是編譯，劉國瑞是編輯。在日報工作是晝伏夜出，晚上上班，凌晨下班，大白天有很多自己時間，他們想「做一點有意義的事」，他們覺得當時的臺灣很需要「書」，決定針對學生出版一些幫助他們的書，於是取名「學生書局」。開張時，不僅資金未全數到位，連門市書架的書也是借來充場面的。

學生書局第一個產品是十本小冊的套裝書，是沈克勤（曾為孫立人隨從秘書，後為外交官、國際法專家）的朋友自英國帶來的原版《兒童百科全書》，劉國瑞認為這是臺灣沒有的好東西，由馮愛群很快翻譯出來。但他們實在太窮了，書店開張已把戔戔資本額用光了，付不起印刷廠訂金，碰了許多釘子，後來《國語日報》總編輯曾憲宦知道了，他因同時也是《聯合報》副總，知道他們三人平日為人，也認為此書是臺灣孩子需要的，一口承諾負責編輯、排版、印刷，所以，這套書很精美的上市了，很有《國語日報》風格，全文連圖說都有注音。

這是臺灣第一套有注音的兒童讀物，但是，如何推廣出去呢？劉國瑞帶著這套書去拜訪教育部國教司司長葉楚生，這位後來被稱為「中華民國女教育家」的女士，穿著旗袍，接見了素不相識的劉國瑞，要他第二天再來，第二天劉國瑞再度上門，她已看過書，認為非常好，要他去臺中找「省教育廳科長兼臺中師專校長」朱匯森，劉國瑞還擔心這會不會害她被質疑「圖利他人」，因為政府明令禁止不能在校園推廣商品，葉楚生說：「我們禁止推廣不良讀物，好的讀物當然要推廣。」

學生書局第一套書是英國的《兒童百科全書》，也是臺灣第一套全部注音的兒童讀物。（沈珮君攝影）

劉國瑞把書給朱匯森看，他快速翻閱，要他送幾十套給當時正在臺中召開的校長會議，劉國瑞也提醒他是否會讓人給他扣上「圖利他人」的帽子？朱匯森的回答和葉楚生一樣：「好的讀物，我們當然要趕快推廣。」這套書很快賣掉三百多套，進帳一萬多元（當時劉國瑞在《聯合報》薪水約八百元），學生書局可以活下去了。

劉國瑞回憶往事，仍覺不可思議，他和這些貴人都素昧平生，「我和葉楚生連一杯茶都沒喝過。朱匯森直到過世，我也只是送過他兩瓶酒而已」，兩位教育家只是行其所當行，認為這對臺灣孩子是好書，就做了，而學生書局因此得以生存下去，繼續出版好書。

叩開美國大學圖書館的大門

學生書局第二套書也大獲成功，關鍵人物是吳相湘，北大歷史系畢業，也曾在孫立人麾下任編審組長，退役後任臺大歷史系教授。他脾氣剛硬，後來被開除國民黨黨籍。他主動告訴劉國瑞，願意替學生書局主編一套中國史學叢書，當時美國急需了解中國，藉以了解中共，卻苦無研究書籍，《中央日報》董事長陶希聖、歷史學家姚從吾介紹劉國瑞認識了「亞洲學會」負責人何炳棣，何替美國圖書館一口氣就訂二十套史學叢書，美國大學圖書館的大門自此叩開了，劉國瑞也因此和哈佛圖書館主任吳文津有了連繫，有了「美國」這個大客戶，這些看似冷門的書就確定不賠錢了。

吳相湘這套史書一舉建立了學生書局的學術地位，姚從吾、毛子水都常到學生書局來逛逛。學生書局更驚人的是請到中研院院士屈萬里來為他們主編《書目季刊》，此雜誌是書評，劉國瑞想為臺灣建立像《紐約時報》一樣具有權威性的書評。

姚從吾、毛子水都認為這一定要請到中研院院士屈萬里來做才行，劉國瑞一直等到屈

劉國瑞受知於王惕吾（左），這是他受獎時刻。
（劉國瑞提供）

萬里從中央圖書館館長卸任退休，才敢提出邀請。他跟屈先生說，知名的商務印書館當年是三個印刷工創立的，並請到清朝翰林張元濟主持，「三個工人可以請到一位翰林」，所以他才斗膽上門來請屈萬里主持《書目季刊》編務。屈萬里做了兩年多，沒拿一文薪水，連午餐便當都不接受。中秋節，劉國瑞送酒並附紅包給他，屈萬里趁劉國瑞午睡時間回訪，退回紅包，附了紙條：「酒拜收，鈔票璧還，祈諒。未敢打擾清眠，並請曲宥為幸。」

劉國瑞除了在民國四十九年創辦學生書局，專門出版文史哲書籍之外，民國五十六年又與何凡、林海音夫婦等友人合辦《純文學雜誌》，當時林海音剛因為「老水手」的漫畫被人懷疑是譏諷蔣介石，辭去聯副編務，劉國瑞請林海音出任《純文學雜誌》發行人。剛開始是由學生書局出資，發行六期、花費十二萬元，林海音此時入股五萬元，並又成立「純文學出版社」，從此雜誌、出書兩頭並進，但雜誌一直賠錢，在林海音要求下，純文學出版社讓給林海音，學生書局獨立繼續經營《純文學雜誌》，但雜誌苦撐了一陣，最後仍然收掉了。學生書局其他股東認為劉國瑞「偏袒」林海音，把賺錢的出版社給她，卻留下賠錢的雜誌，頗有微詞，劉國瑞因此辭去學生書局經理的職務。

民國六十三年，在《聯合報》創辦人王惕吾先生再三邀請下，劉國瑞替《聯合報》創辦了「聯經出版公司」。惕老認為「報紙生命只有一天，但具有學術價值的書，影響力是永遠的。」他為了讓聯經放手去做，承諾絕不干涉編務，唯一的要求是：「要出版有價值的書」，若賠錢，由《聯合報》金援。

五月四號成立聯經出版公司

聯經在那年五月四號成立，七月第一本書《投資新機會》譯本就上架了。劉國瑞時任二版編輯，敏銳地察覺臺灣工業開始起飛，大家都在找投資機會，這本書應該會切合需要。據說當時也有一個大學者正要翻譯這本書，聯經在經濟學家侯家駒的帶領下，動員很多人搶譯，並在《聯合報》登了半版廣告，即使是現在，能用半版廣告為一本書做行銷，這種手筆都不多見，何況當時報紙只有三大張，版面極其珍貴，惕老笑著對他說：「你氣魄可不小。」

聯經另一件震動當年學術界、被譽為百年最大規模的出版計畫是一九八二年《中國

劉國瑞與林載爵發行人於1991年9月16日聯經基隆門市開幕時合影。
（林載爵提供）

文化新論》的出版，這個驚世創作由王惕吾發想。惕老多次出訪國外，常碰到人家詢問「中國文化究竟是什麼？」所謂五千年的博大精深，內涵從何說起？如何讓人深入淺出了解中國？大哉問，他要劉國瑞設法解決這個問題，聯經邀請了九十六位年輕學者、專家一起企劃、撰寫、相互辯難，歷時兩年，共十三冊，總字數四百萬字、近七千頁，由年輕編輯、東海大學歷史系教授林載爵負責執行、統籌，此書成為聯經知名的代表作。

《中國文化新論》後來免費授權大陸「北京三聯出版社」出版簡體版，劉國瑞唯一要求是不准更動一字，這套不斷出現「中華民國」四字的書奇蹟般的在大陸發行，但後來三聯總經理被檢討。

天道酬勤，林載爵也因此書一戰成名，在劉國瑞推薦下，惕老送林載爵去英國劍橋攻讀博士學程，並去哈佛東亞所任訪問學人，獎助金共三年。林載爵一九八七年回國後，劉國瑞力邀他出任首位總編輯，但他喜歡教書，在聯經只能兼任，十幾年之後，他對出版越來越有興趣，發現教書和出版各有其功能，而劉國瑞也快八十歲了，急需接班人，二〇〇一年林載爵毅然辭去已任職十九年的東海教職，放棄再六年即可拿到的四百多萬退休金，專職聯經出版總編輯，以酬知己。二〇〇四年劉國瑞退休，林載爵接下他的發行人職務。

在劉國瑞與林載爵兩位發行人合作下，聯經有許多「開先河之作」，除了《中國文化新論》之外，還出版許多足以傳世的學人全集，如《傅斯年全集》、《齊如山全集》、《屈萬里全集》、《蕭公權全集》，而《錢賓四全集》五十四冊，一千七百萬字、《牟宗三全集》三十三冊、一千二百四十萬字，還有接近全集規模的學術著作如《顧頡剛讀書筆記》（十四冊）、《顧頡剛日記》（十二冊）、《胡適日記全集》（十二冊）和胡頌平的《胡適之先生年譜長編初稿》（十冊），在在皆非一般出版社能有的手筆。

1984年5月5日，聯經出版的《胡適之先生年譜長編初稿》由聯合報董事長王惕吾（右）主持出版酒會；吳大猷、蔣復璁、毛子水、楊亮功、虞兆中等學者數百人出席，對胡適先生表示崇敬之意。
（劉國瑞提供）

劉國瑞在學術界清譽很高，中研院院士、第一屆唐獎得主余英時先生的第一本書《歷史與思想》就是由聯經出版，當時他仍是一個並無普遍知名度的年輕學者。

中研院院士先後共有七十多人的著作都選擇聯經出版，更可貴的是許多院士跟余英時一樣，第一本書即給聯經出版，這些包括林毓生院士的《思想與人物》、張灝院士的《幽暗意識與民主傳統》、杜正勝院士的《周代城邦》。張光直院士更是將他的所有中文著作以及回憶錄都交聯經出版。

余英時在聯經共出版了十五本著作，黃仁宇也出版了十六本。

眼光宏遠「要熬得住啊」

從一九七九年開始，聯經推出《臺灣研究叢刊》，第一本著作是中研院院士曹永和的《臺灣早期歷史研究》，在當時「臺灣學」仍未成為顯學時，出版界只有聯經以此方向作為努力重點，踏實、嚴謹的支持臺灣研究學者。

劉國瑞眼光宏遠，當年他投下巨資的那些大部頭學術著作，雖然不是「暢銷書」，後來都變成「長銷書」，至今仍是聯經重要的獲利來源，劉國瑞淡然地說：「要熬得住啊。」

除了學術著作以外，聯經出版高行健的書是另一段「熬得住」的佳話。大陸旅法作家高行健是華人第一位諾貝爾文學獎得主，但他未得獎前，其實未受矚目，他的《靈山》寫了七年，並被兩家出版社拒絕出版，他說：「我寫的時候就知道這本書不會暢銷，並且越益主張這樣一種冷的文學。」一時任《聯合文學》總編輯馬森把《靈山》引介給劉國瑞，劉國瑞與林載爵閱讀後決定出版。這本冷文學市場極冷，一九九〇年出版，十年賣不到三千本，但聯經一九九四年仍然繼續出版了高行健《一個人的聖經》。

二〇〇〇年諾貝爾文學獎宣布那天，劉國瑞正在吃晚餐，一聽到高行健得獎，跳起來立刻打電話通知同仁趕快把倉庫的《靈山》趕快拿出來鋪貨，造成搶購。

劉國瑞（右）與諾貝爾文學獎得主高行健（中）、西零夫婦合影。（劉國瑞提供）

《魔戒》也是另一個「熬得住」的奇蹟。聯經一九九八年即出版《魔戒》譯本，但銷售清冷，直到二〇〇一年《魔戒》電影上映，聯經的《魔戒》和《魔戒前傳：哈比人歷險記》趁機重譯這才打響名號，三年賣了一百多萬冊。

《靈山》加上《魔戒》，聯經至此才把從《聯合報》借的上億還清，帳面上才終於沒有赤字。

劉國瑞謙稱一切都是「偶然」。他沒有顯赫學歷，但一生愛看書，我四年前去拜訪時，他正在看《鑄幣三千年》，知道我喜歡胡適，他從香港訂了一本董橋的《讀胡適》送我。作為小輩的我總驚訝他往來人物多是大師，以為他是因為工作結緣，後來聽他說起和牟先生的相識相知，始知兩人是患難之交，他在幫助牟先生時，也只不過是一個報社編輯。

一切實非偶然。

劉國瑞是牟先生晚年能在臺灣安心立命的擺渡人，惕老是一諾千金的贊助者，他們幫助的不只是牟先生。

劉國瑞與前中研院院長吳大猷（右）為好友，圖為吳大猷將自己與前美國總統布希夫婦的合影簽名寄給他。（劉國瑞提供）

「我給惕老花了很多錢。」劉國瑞常替清苦的學人爭取「聯合報文化基金會」或惕老的贊助。黃仁宇在美國辭去教職後，劉國瑞從余英時那裡得知，請惕老贊助他每年三萬美元，連續兩年。吳大猷的中研院院長退休金被人詐走，在劉國瑞的安排下，惕老替吳大猷在清大設立一個獎座，比照國科會每月十萬元台幣，簽約時，清大校長沈君山問此獎座會支持到何時，劉國瑞簡單明確：「（吳院長）有生之年」，一諾千金。吳大猷生活非常清簡，床腿斷了一根，他用一塊塊磚疊起來撐住，劉國瑞從記者那裡得知此事，立刻囑咐聯經替他置辦了新床。

還有一位學者想赴美讀書，苦無學費，寫信透過劉國瑞轉達，惕老也支援了他三萬美元。這位學者後來擔任臺大教授，並曾任文學院院長。

我的心是自由的

劉國瑞安徽廬江人，世家子弟，是共產黨的清算鬥爭對象。國共內戰，共產黨進城的速度飛快，前一天知道他們還在六百哩外，第二天早上開門就見到新四軍，父母要他這個唯一的兒子快逃，匆忙中什麼都沒帶，半路碰到一個親戚，給他十石（一千斤）米條，這才算有了一點盤纏。劉國瑞後來從軍到臺灣，是孫立人部屬，六年後即退役投入《聯合報》工作，《聯合報》總編輯卸任之後先升任《聯合報》副社長，後來又升任《經濟日報》社長。

兩岸開放後，他回老家，最感欣慰的是家人沒有受到中共殘酷鬥爭。共產黨強調階級仇恨、階級鬥爭，挑起佃農和地主的對立，但他們不知道很多主人慷慨善良，佃農非但不想鬥他們，還保護他們。

劉國瑞的父親「四先生」待人仁厚，鄉親都想保護他，幹部在預定鬥爭他前，先通風報信，要他稱病臥床，並告知劉國瑞妹妹當天代「打」，要她別擔心，聲明到時他的拳頭會高高舉起，但會輕輕放下，還提醒她穿長褲在膝蓋上綁護墊，但劉國瑞妹妹仍然因為跪得太久，膝蓋長了老繭，直到老時，繭和疤都還在。而劉國瑞的父親因為一直臥床，長期沒有活動，不到六十歲即去世了。

劉國瑞第一次回老家，非常震撼，家鄉變化很大，門前廣場的老樹不見了，那棵樹要好幾個人合抱才能圍成一圈，樹傘很大，鄉親在樹下可放躺椅聊天，現在不僅全都沒有了，代之而起的是滿滿的亂七八糟的違建。附近本來有很多栗子樹，也都砍光了，據說是配合「大煉鋼廠」計畫，當柴火燒了。劉國瑞黯然：「五味雜陳，說不出話來。」

劉國瑞喜歡收藏書畫，年輕時喜去臺北牯嶺街尋寶，他因博學多聞，常能見人之所未見，所以，覓得不少名人書信。但回老家之後，才知道他曾擔任浙江某縣長的四叔活活餓死了，沒有棺材入殮，家人不得已，把遺體裝在家中大畫匣裡，就這樣發喪。劉國瑞傷痛之至，從此再也不去牯嶺街了，「家中財富再多，最後也只剩一個空畫匣。」

在母親、妹妹還在世時，劉國瑞每年都會回老家探親，十多年前妹妹也老病而去，劉國瑞才不再回老家，想念嗎？「前幾年還會夢到老家，這幾年不夢了。」

「臺灣，不是故鄉也是故鄉，我在這裡生根了。」

劉國瑞從來不過生日，「因為我母親不過生日，我怎麼能過生日？」即使一百歲了，他也婉拒別人為他慶生。他依舊溫文儒雅，只是行走不便，很少出門，「別人看我像坐牢，但我一點也沒有這樣的感覺，我的心是自由的。」

◎原載二〇二四年五月四日《聯合報．數位版》

高希均

始終望向青青草原的君子教育家

高希均1959年9月初抵南達科達州立大學，留影於校內。（天下文化提供）

（天下文化提供）

高希均

一九三六年生

「遠見．天下文化事業群」創辦人。祖籍江蘇江陰，生在南京，一九四九年來臺，於臺北商職（後改制為臺北商業大學）、中興大學畢業後，赴美獲美國南達科達州立大學碩士、美國密西根州立大學經濟發展博士，任教於美國威斯康辛大學經濟系三十四年。八〇年代參與創辦《天下》雜誌，後又創辦《遠見》雜誌與「天下文化」。現為「遠見．天下文化事業群」榮譽董事長。

曾任臺灣大學講座教授、海基會董事、行政院政務顧問。獲行政院新聞局金鼎獎特別貢獻獎，及亞洲大學、中興大學、臺北商業大學名譽管理學博士，並獲總統頒授二等景星勳章。中文著作在臺出版三十餘種，大陸出版九種。三次獲金鼎獎。

為臺灣經濟寫書，尹仲容親筆肯定

二〇二〇年春節，我得到一個生平最特別的紅包，四百美元，來自高希均教授。紅包附了一張小箋，他說此款是「贊助」我在加州的超速罰單。

這筆罰款跟尹仲容先生有關。

我從未在美國開車，第一次開就是從舊金山到爾灣尋訪尹仲容先生兒孫，單程約七百公里。尹仲容是「臺灣工業經濟之父」，我並不認識他，他一九六三年即去世，半世紀之後，我才知道臺灣經濟奇蹟不是奇蹟，而是他帶著一群精英和全民「拚命」的成果。拚命、爆肝，當年不是形容詞，愛臺灣也不是掛在嘴巴說，尹先生來不及過六十歲生日，就把命拚掉了。他去世前四天還在開會，因肝病住院三天即逝，臥床仍在批公文，蔣介石以「忠勤盡瘁」四字慟悼他。

我讀了愈多他的資料，愈想多認識他，自臺灣萬里迢迢奔去爾灣，便是想自他兒孫口中聽他們說說爸爸、爺爺，也想自他們音容笑貌懷想這位巨人，尤其想讓他們知道，我作為一個臺灣人，對尹先生多麼感恩。這是我多年夢想，歡天喜地上路衝太快，在加州一號高速公路開到八十七英里（一百四十公里），收到一張三百多美元的罰單。

我把這段小插曲寫在〈親愛的尹仲容先生〉一文中，高教授看到了小文，他給我的「贊助」和小箋，幽默地溫暖了我的寒冬。

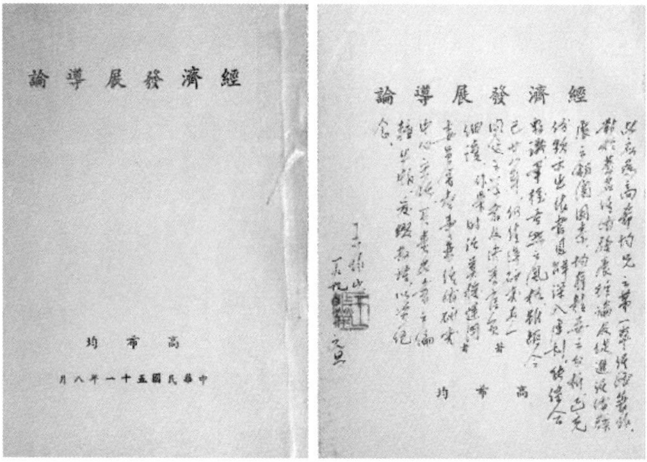

青年高希均在三個月內奮力寫了十萬字《經濟發展導論》，為正在發展經濟的臺灣盡一個海外學子之力。多年之後，時任主編王作榮將此書回贈高希均，並附上短文以誌緣由。（天下文化提供）

高教授也未見過尹仲容，但青年高希均也曾收到他的小箋。一九六一年高希均拿到經濟碩士，在等候博士班開課的那個暑假，他沒錢回臺灣，心繫家國，二十五歲的他三個月奮力寫了十萬字《經濟發展導論》，為正在發展經濟的臺灣盡一個海外學子之力。他將長文寄給當時身兼三職力主經濟改革、舌戰朝野竟至聲淚俱下的尹仲容，尹先生回信給他，表示肯定。一九六二年這篇論文變成經合會（經建會前身）叢書之一，由王作榮主編、美援會出版，稿費一萬元轉寄到他在眷村的父母家，足可讓他們家用八個月。這是高希均的第一本書。

一年後，尹先生即病逝。高希均這位憂國憂民的青年，在美繼續深耕「經濟發展」，拿到博士後，人在美國教學，奔波各國調研，一枝健筆仍勤快地把自己所思所學「知識內流」，替臺灣不斷引介經濟新觀念。高教授在威斯康辛州大河城校區任教三十四年（一九六四—一九九八），並自一九六九年起，在李國鼎的邀請下，出任經合會顧問，因為李先生當年曾讀過高教授為臺灣寫的第一本書，留下深刻印象。高教授把芝加哥大學舒爾茲教授的人力資本理論導入臺灣經濟計畫，倡導「教育經濟學」。一九七五、一九七七年也兩度在臺大商學院研究所擔任講座教授。

「候鳥，你又回來了」，這是朋友以前跟高教授常用的寒暄語。一九七〇年代以後，他幾乎年年暑假回臺灣，他研究臺灣，並提供建言給臺灣。一九八一年他與殷允芃、王力行、張作錦一起創辦《天下雜誌》，那是臺灣第一份經濟雜誌，正切合剛成為四小龍的臺灣需要，一出刊就轟動，第一期立刻再版。五年後他與王力行、張作錦又另外創辦《遠見雜誌》，並成立了「天下文化」出版公司，成為「遠見・天下文化事業群」。

經濟，是他一生對國家的關懷

高希均十三歲（一九四九年）自上海來臺，十年後赴美讀書，這是他最大的人生翻轉點，但差點因為買不起機票去不了。他大學畢業申請到美國南達科達州立大學助教獎學金，但一張去美國的機票要兩萬四千元新臺幣，那一年（一九五九年）臺灣平均國民所得才一百二十三美元，而一張臺美單程機票要六百美元，這是天文數字。在聯勤六一兵工廠任職的高爸爸無論如何湊不出這筆巨款，無奈之餘辦了退休，堂堂少校退休金一萬八千元，仍買不起一張赴美機票，家裡又再打了幾個會，總算讓他上路了。高希均自第二個月起，每月從獎學金撥寄三十美元回來，高媽媽拿到臺北市衡陽路銀樓可以換到一千二百元新臺幣，這比高爸爸原本月薪九百元足足多了三分之一，也比當時一般大學畢業生月薪八百元多一半，高家一下子成了眷村的高所得人家，也帶動了他們南港眷村出國讀書的風潮，這些眷村子弟有人進了哈佛、麻省理工學院，有人後來成為中研院院士、華航董事長和總經理。

六十多年後，回想自己剛踏上美國土地的衝擊，高希均仍感震撼。他住在一個慈祥老太太家中，她給他的房間有冰箱、電話、電視、地毯，還有席夢思床，那些東西在當時這個臺灣青年眼中，「簡直不可思議，全是奢侈品。」當時臺灣連第一家電視臺都還沒開設，一般人家有自行車、收音機就很不錯了。

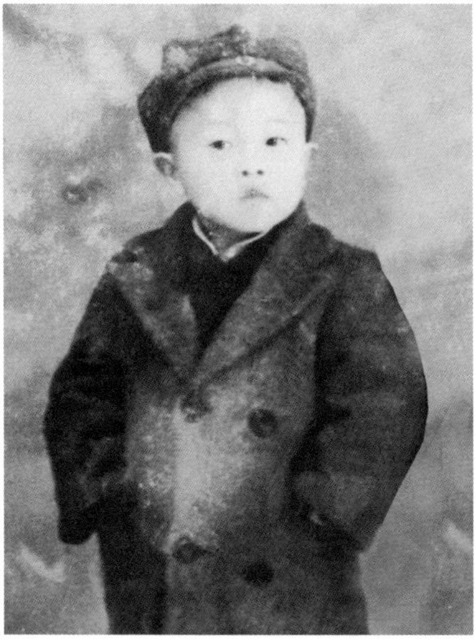

高希均僅有的一張兒時照片，六歲在上海。
（天下文化提供）

他在出國後八年（一九六七年）第一次回臺探親，帶著仍未見過爺爺奶奶的兒子回到父祖之地。

高爸爸與高采烈趕在他們回來前整修家裡，也把設備「升級」了，廁所換成新式馬桶，也買了電視，高家

出國八年後，高希均（左）在1967年首次返南港眷村與雙親團聚。　　（天下文化提供）

成為當時眷村摩登家庭。高爸爸盡了一切努力，但是孫子兆均在離開臺灣、返美途中，一肚子的疑問終於忍不住了：「爹地，爺爺是不是住在slum（貧民窟）裡？」

只有六歲的他，不懂slum這個字的嚴重性。這個孩子現在已是六十歲的高牧師，在美、加二地傳道，也常來臺。

臺灣太窮了。一九六〇年代初期，我三、四歲，在彰化出生地親見一家四口啃樹皮、嚼樹莖，這個創痛令我一生警惕。國家一定要強，要富。早慧的高希均年少即立志要念經濟，他小學、初中都在上海，全程目睹國家經濟崩潰，國民政府發行的金圓券造成惡性通膨，市場恐慌，「一個麵包今天一元，明天變三元、十元」，他在上海復旦中學念書時，學校要求最好用大米交學費。

他臺北商職畢業那年（一九五四年），是大學聯招第二年，臺灣只有一所大學（臺灣大學），三所學院（在臺中的農學院，現為中興大學；在臺南的工學院，現為成功大學；在臺北的師範學院，現為臺灣師範大學），他一心只要念經濟，臺大只填了經濟系，後來進了第二志願臺灣省立農學院的「農業經濟系」，在美國碩博士讀的是「經濟發展」。經濟，是他一生對國家的關懷。

教育，是扭轉「貧窮的惡性循環」關鍵

經濟、教育相生相倚，一九六三年，蔣介石指示先在金門試辦九年國教，一九六八年起在臺灣實施，這對後來臺灣經濟起飛的人力奠定了長遠的基礎。教育是扭轉「貧窮的惡性循環」關鍵。

高教授是終身的「教育工作者」，除了在威大任教三十四年，他自二十多歲起即不斷用自己的筆、結合臺灣問題，引介國際大師新觀念，中年之後更是走入出版界，開闢更廣大的社會教育平臺。

與他相知半世紀的創業夥伴張作錦，曾以商務印書館的靈魂人物「張元濟和他的書」勉勵遠見・天下文化事業群員工，「你們不是在做出版，你們是在做教育。」

「讀一流書，做一流人」，這是天下文化的使命。天下文化今年（二〇二二年）正

好是四十週年，他們出版過四千種書，總量超過四千萬冊，若一本一本堆起來，大約是一千六百座一〇一大樓，歷年得到的國內外新聞出版大獎超過九百個。

此外，與《遠見雜誌》合辦過近四千場知識性活動，頗多是千人以上或國際級的高峰會，高教授並透過自己人脈，常常邀請國際大師來臺，如哈佛校長桑默斯、中日歷史專家傅高義、競爭力大師波特、軟實力之父奈伊、趨勢大師奈思比等，《紐約時報》知名專欄作家佛里曼更是在幾度受邀來臺之後說：「除了美國之外，我最喜歡臺灣。」除了讓臺灣看見世界，高教授也讓世界看見臺灣。

2023年3月29日與停留一天訪台的普利茲新聞獎三屆獲獎者佛里曼（Thomas Friedman）合影。（天下文化提供）

他親筆撰寫、主編的書前後超過三十本，他說自己「一生只做一件事，就是傳播進步觀念」。在他還沒有自己的雜誌及出版社時，他的文章都是發表在報紙，尤以《聯合報》較多，而且是最重要的二、三版，在那個報紙只有三大張的年代，報紙很有影響力，他的文章每每引起熱烈討論，《經濟日報》甚至曾經開出很大版面邀人評析「高希均觀念」，可見當時的「高希均現象」之熱。

天下沒有白吃的午餐，威權時代提出挑戰

他在三、四十年前提倡的新觀念，有些至今仍常被人提起，譬如，「天下沒有白吃的午餐」，這在當時是挑戰蔣經國政府像保母一樣的德政——市場要保護、企業要國營、物價不能漲、補助不能減、稅收不能加，他認為這種白吃必然拖垮國家財政、扭曲資源配置、影響公共建設。在那個威權時代，《聯合報》總編輯張作錦刊出了這篇文章，引起極大回響。

此後，他不斷在各個場合、各篇文章，再三提醒國人：

一、使用者付費、有能者應多負擔。
二、羊毛出在羊身上，凡事都有成本，沒有不勞而獲的。
三、任何眼前的白吃，未來都要付出代價，這一代不還，下一代也要還。

他也嚴厲地提醒政府、政黨：

一、不能為了選票，一味「討好」，而不「求好」，這是民粹，不是民主。
二、不能空開支票，不能惡性加碼，任何政見的兌現都必須付出代價。
三、國家資源向特定族群或利益團體傾斜，將不會有理性的公共政策，國家競爭力將日漸不起。

「天下沒有白吃的午餐」是一九七六年諾貝爾經濟獎得主傅利曼最先提出，高教授是把它引介給臺灣的第一人，四十年後，中共國家主席習近平二〇一七年的新年賀詞把這話改成他們人民可以理解的「普通話」：「天上不會掉餡餅」，要十四億人民「擼起袖子加油幹」。

同一年，高希均眼看中國大陸快速崛起，而臺灣卻不斷內耗，政客為了掠取選票，一面製造更尖銳的族群對立、仇恨，一面推出更多的白吃午餐，他把多年來在《遠見雜誌》上大聲疾呼的相關文章集結成書《翻轉白吃的午餐》，明確指出臺灣已陷在「媒體失態、國會失責、政府失能、市場失靈、企業失常、貧富失衡」的困局，若真想要解套求生，「上天只有一個回答：一切須從『白吃午餐』的迷夢中驚醒」。

他希望能「感動有政治權力的人，以及握有選票的人」。這本書在一年之內再版五刷，但是，臺灣白吃的午餐變少了嗎？小民白吃的午餐多半只是「小吃」，高官、民代、巨商白吃的午餐卻是國家級「米其林」，這些愈來愈多的「新」食客，以畸形的政商關係啃噬國家名位與資源，眾人已不以為怪。

為百年樹人使命努力不懈

他愈憂慮愈奮起，高教授不相信臺灣只有悲劇性的結局，他相信臺灣「頭家」、選民的力量，他相信教育、閱讀，他從來沒有停止努力。

他始終是一個樂觀主義者，正如威大前校長喬治．費爾德（George Field）形容他的：「你只要想到高博士，你就會想到他的笑容。不論情況好或壞，他總是帶著笑容走過。」費爾德很感性地說：「高博士總能發現青青草原。」

八十六歲了，他不停筆，沒退休，笑容仍和年輕時的照片一樣，依然可以在搭機時寫文章。

二〇二〇年全球疫情爆發以前，他常在各國飛來飛去，若在臺灣，他每天早上八點到班，若要跟他「約會」，他有時會笑著告訴你，「我們一起學白宮，以十五分鐘為一個單位。」他的午、晚餐常常在「天下文化」附設的咖啡館「人文空間」解決，同時招待客人，許多重要的出版計畫是在便餐中敲定，他甚至連早餐都是一個會議。他的時間都是「機會成本」，他不能忍受遲到或拖延，同事都知道。

「他太有使命了，」與他一起共事奮鬥四十年的另一位「遠見‧天下文化」創辦人王力行說：「他總是同時做很多事。」她感嘆：「他覺得有太多事要做了。」他做的事是「百年樹人」，觀念的傳播與推廣，正是百年樹人，這有多漫長、困難，但是，拔心不死。

出生在一個落後國家，高教授知道一定要「勤」，而且不要怕眼前的問題、現在的挫敗。這個在南京出生、南港眷村長大的子弟，很早就學會一件事：「一切靠自己」。這對個人和國家都適用。

架設全球知識平臺的教育家

書，是高希均的名片，也是伴手禮。

他讀書、寫書、教書、選書、評書、送書、勸人讀書，他唯恐臺灣不再進步。也許因為「天下文化」廣為人知，有人封他是「出版家」，他會說：「我是一個傳播進步觀念的人」，與其說他是出版家，毋寧說他是教育家。

「讀書人不能隨波逐流、沒有自己的判斷。讀書人要有明辨是非、擇善固執的勇氣。」這是高爸爸給他的五百多封家書上的一段話，期勉自己的獨子以智慧、人格「己立立人，己達達人」，這是成人又成己的教育事業。

戒嚴時期，高教授發表的文章，如〈決策錯誤比貪汙更可怕〉，直接棒喝「政府當局」，得到廣大共鳴時，高爸爸提醒他「不要得意」；當他以嚴謹的數字論據指出政府德政可能造成流弊，主張「大學學費應當合理調整」，引起許多誤解時，高爸爸鼓勵他「不要氣餒」。

高教授曾擔任過郝柏村及連戰主政時不支薪的行政院政務顧問。他與政壇若即若離，「即」是因為報國有門，「離」是因他是讀書人，要自由、超然。

高爸爸在老家做過小學校長，希望兒子做一個「體面」的讀書人、教書人。體面就是「有學問，有原則」。父親用文字敘述起來非常素樸的願望，高教授竭盡心力始終奉守。

他在威大任教第七年，即獲得美國傑出教育家獎，後來又陸續獲得威大傑出教授獎、威州州長貢獻獎、傅爾布萊特訪問教授名人堂等。他自威大退休回到臺灣，二〇〇二年獲得臺灣金鼎獎特別貢獻獎，陸續又獲亞洲大學、臺北商業大學、中興大學名譽博士。二〇一六年馬總統頒贈二等景星勛章。

這應該是一個讀書人、教書人的極致了，但他的終極關懷是國家。「一個人的憂慮可以很深遠，但一個人的聲音太微弱。一個人的關心可以很持久，但一個人的說服力太有限。」他中年後創辦《遠見雜誌》及出版社，便是因為可以「架設全球知識的平臺」。他把具有全球視野、世界胸懷的好書，一本本帶入臺灣，甚至撰文導讀，希望提升臺灣的競爭力。

「沒有世界頂尖的人才，就不要想賺世界的錢」，高教授擔憂臺灣活在「小格局」，他在一九九七年即請全球競爭力理論大師、哈佛大學教授波特，來臺傳授提升競爭力的策略，關鍵字是「開放」，愈開放、愈多元，資金、資訊、人才愈會湧入。高教授始終認為「開放，才有出路。開放，才能走向文明」，開放才能讓國家愈強，啟動正向循環，反之，只是「保護」了低效率、低薪給的產業，優秀人才將流出。

樂意為教育投資，傳播進步觀念

他一生受惠於教育。教育，是成就人之所以為人，及國家是否能成為富強、文明的一流國家。高教授樂意為教育投資。他捐給高中母校臺北商業大學（前臺北商職）一間閱覽室；也捐給大學母校中興大學（前省立臺中農學院）一間「高希均知識經濟研究室」，那間研究室由姚仁祿設計，除了可辦座談會，也有他的兩千冊藏書。他也曾捐了一棟別墅的錢給高爸爸家鄉的南菁中學，並以父親之名設立「高明澄獎學金」。

1959年7月出國前返臺中母校，左二為高希均，左三為劉麗安，一年後東海畢業去美國讀書，兩人成了夫婦。　（天下文化提供）

他念臺中農學院時，伙食費一個月一百二十，每週只能吃一次葷菜，但最讓他飢渴的是求知欲不能滿足。當年各校圖書館都不是開架式，有些昂貴的原文書甚至鎖在玻璃櫃中只供「瞻仰」。他曾想買臺大施建生教授的《經濟學原理》，書價一百八十元，那是一個半月的伙食費，後來因為他一篇論文得到第一名，院長問他要什麼獎品，他鼓起勇氣求贈此書，終於如願以償。一年後，他將寫滿個人註記的此書借給另一個想讀卻也買不起的東海大學外文系女孩劉麗安（Anne），這女孩日後成了他的妻子。

Anne也是眷村子弟，赴美讀書結婚後，在３Ｍ公司擔任資深工程設計師，一九九〇年後退休，獲北京ＩＢＭ聘為外籍顧問，任職四年期間，她把薪水捐出設立各種獎學金，其中「詩歌獎」獲獎者每人一萬人民幣，超出當時大學老師

1991年傅高義教授（左）赴威大演講，與高希均教授於高府晤面。這棟房子已捐給威大。（天下文化提供）

一年薪水。

高教授從威大退休時，在Anne及孩子的支持下，把退休金分成三份，一份送給威大，一份捐給了他念碩士的南達科達州大，一份給他念博士的密西根州大。全部捐出。他認為是這三個大學讓一個年輕人「一無所有，滿載而歸」，是學校給了他無形的財富，讓他的人生「一無所懼，走向世界」。

他連自己那棟具東方色彩的住宅也捐給威大，作為國際交流，學校以他的姓氏命名為KAO International House。這棟占地二畝在小坡上的房子，前有庭院，後有溪流，小鹿、野兔和松鼠蹦跳其中。威大還辦了一個盛大的捐贈典禮，校長說：「這是還健在的退休教授中極具象徵意義的捐贈。」高教授妻兒都高興地上臺致詞。那房子現在是校長官邸。

他的學生也「投資」教育。高教授有一個在金融界知名的學生大衛・史文遜（David Swensen），他曾為華爾街資深副總裁，三十多歲回到博士班母校耶魯大學出任校務基金投資長，當時他開心地跟父母宣告「我要為教育賺錢」。他主持的投資平均報酬率超過百分之十六，常與哈佛大學共評為兩個投資率最高的大學。耶魯每年經費有三分之一是他帶入的。他最大的自豪是「被耶魯接受的學生，沒有一人會因繳不起學費而進不了耶魯」。而他自己年薪、紅利依華爾街行情應要超過三千萬美元，他卻堅持不超過十分之一。別人問他為什麼如此重視教育、輕視財富，他說是受了父母影響，「還有我的一位中國教授」，那位教授就是高希均。大衛·史文遜不幸於二〇二一年五月因癌症去世，得年六十七歲。《紐約時報》與《華爾街日報》都大幅報導。

大衛的父親理查·史文遜（Richard Swensen）是高教授的同事，也是他擔任威大經濟系主任時的院長，他要求四個子女都要修高教授的經濟學，因為學生給他的評鑑很高。高教授身為系主任，把自己的課多排在早上八點第一堂，威州的冬天冰天雪地，那是師生都不喜歡的時間，但毫不影響學生選課的熱情。喜歡數學的大衛，因為高教授，改念了經濟。

科技腦、人文心、中華情

「讀書人」是父親對高希均的期許，換成現代化的詞，也許就是「知識人」，中研院院士余英時生前即主張以「知識人」三字替代「知識分子」。高教授對「知識人」的定義又多了一點，他主張應是具有「科技腦、人文心、中華情」的人，他並認為李國鼎是其中佼佼者。他很敬佩李國鼎，這是一位對臺灣經濟影響深遠的巨擘。

高教授曾被大陸媒體選為「你必須知道的一〇一個臺灣人」。這個「臺灣人」祖籍江蘇江陰，出生在南京，一九三七年日軍在南京三週殺死三十餘萬人，史稱「南京大屠殺」，高家因高爸爸工作關係，在三個月前遷居蘇州，幸而逃過一劫。他赴美深造前一年，一九五八年服兵役，爆發八二三炮戰，這是第二次臺海危機。烽火流徙，每個人的人生都變得不可測，讓他一生重視和平問題。

1988年5月，高希均（右）應邀訪問北大、清華並演講，那是他離開大陸39年後第一次踏上故土。
（天下文化提供）

「凡我住過的地方都是故鄉，」高教授多次引用周作人的話，形容他對大陸、臺灣及美國的感情，「南京、蘇州、上海、臺北、威斯康辛，都是我的家。」

弔詭的是，這幾年這些「家」頗不和。美國、中國大陸對峙愈烈，讓本來和平已久的臺灣有意無意、半推半就地成為一顆棋子，變成國際媒體形容的「世界上最危險的地方」。

回想從前兩岸經濟的巨大落差，此消彼長之間，高教授感慨萬千。一九八八年五月，他應邀訪問北大、清華並演講，那是他離開大陸三十九年後第一次踏上故土，衝擊很大，「真是非常落後」，北大經濟學院開的課都圍繞著馬克思主義，沒有凱因斯體系的總體經濟、或亞當・史密斯的個體經濟。圖書館、教授辦公室、宿舍、餐廳都像一九五〇年代的臺灣。

他當時也拜訪了北京社科院，發現堂堂社科院居然沒有傳真機。他買了一部傳真機、兩箱傳真紙自美國寄送過去，還一度被大陸海關扣留，當他與社科院副院長李慎之成功互傳第一張訊息時，正是一九八九年最後一天，新年伊始，雙方終於可以直接溝通了，那種興奮，印象深刻。

二〇一〇年中國大陸已成全球第二大經濟體。傳真機的故事早已過去，他撫今思昔：「現在北大、清華的經費是臺大的六到七倍，世界大學排名也遙遙領先。正因為在全球化的大環境下，『後來者』有機會、很容易趕過『先進者』，這正是今天美國對大陸要全力阻擋的原因。」

二〇二〇年新冠疫情爆發，他寫了一篇文章，〈我們同在一口井裡〉，他認為強國領袖決策的最大盲點是：「花幾千億要摧毀遠方的敵人，忘記花一些錢來照顧身邊老百姓的性命。」他並指出美國二〇二〇年的國防支出高達七千五百億美元，世界第一，那些幾百億研究武器的預算，若部分可以改成研究病毒，可以拯救多少性命。

一九四九年以後的臺灣，雖然有八二三炮戰，但絕大數的心力和資源，都灌注在經濟、教育和建設上，這是「和平紅利」，如果發生戰爭呢？

今年，臺灣國防預算加上軍購特別預算，超過五千億臺幣，創下史上最高。高教授百感交集，「這可以增加多少建設、投注多少創新、幫助多少清貧人家？」但在共機繞臺架次不斷創新高之下，我們能不增加軍費嗎？但是，又是誰刺激中共這樣武嚇我們？

立足本土、放眼世界，務實而有理想

高教授的最大心事就是兩岸問題。他喜歡送人書，他有一陣子在送人的書上貼上一張卡片，卡片是他寫的字箋：「化敵為友，一生無憂。兩岸交流，天長地久」，寫於「一〇六年國慶日」。中華民國國家生日，能不能夠年年久久？

高教授常說：「我讀的是經濟，關心的是教育，嚮往的是和平。」他曾經在文章中引用美國艾森豪將軍當總統時的一段話來說明「和平紅利」多麼重要：

「每一枝製造好的槍、每一艘下水的戰艦、每一枚發射的火箭，最後說來，都相當於對那些飢餓無糧者和寒冷無衣者的偷竊。窮兵黷武的世界，不僅只是消耗了錢財，也消耗了勞動者的汗水、科學家的才智，以及下一代的希望……這絕不是我們應有的生活方式。」

高教授寫過很多文章，大聲疾呼，再三闡釋——

親美不反中；和中不反美。

開放：沒有開放，一切空轉。

經濟：沒有經濟，一切空談。
教育：沒有教育，一切空白。
文明：沒有文明，一切空洞。
和平：沒有和平，一切落空。

最重要的是，和平。「沒有和平，五大皆空」。仔細想想，難道不是？

他常說，自己有一個「中國夢」：「兩岸一家親，兩岸一起興」，他認為唯有拋棄意識形態，全民共同努力二十年，「文明臺灣」的願景即可以極大化，個人的夢想也可以極大化。多好，多美，多麼「政治不正確」。

他是一個樂觀的讀書人。陳長文說：「幸虧我們還有一個高希均。」他同時也說「只有一個高希均是不夠的。」我們都不是局外人，高教授二十多年前就寄望一九四九年以後出生的「新臺灣人」，這些不曾親歷戰爭創痛、站在相對富裕的經濟殿堂中的臺灣新血，「事業成就超越了歷史悲情，自我作主超越了委曲求全，族群融合超越了省籍情結」，他認為這些新臺灣人講求的是一個民族得以綿延的「信」與「義」，擁有包容、寬大、開放的海洋性格，立足本土、放眼世界，務實而有理想，不再恐懼，深懷大愛。

新臺灣人有多少？在哪裡？「他們就在你我的前後左右，他們就是無數的你與無數的我。」他乾坤朗朗。一如威大前校長說的，高教授總是可以看到青青草原。不要悲觀。

◎原載二〇二二年三月三日至三月四日《聯合報・副刊》

斯人斯文，incredible君子教育家

作者與高希均在「人文空間」合影。（沈珮君提供）

二〇二四年四月天，高希均教授米壽。回首平生，他最欣慰的是：「我對得起爸爸」，充滿孺慕之情。高爸爸在大陸老家擔任過小學校長，對唯一的兒子只有一個簡單的願望：「做一個教育工作者」。高教授說：「我始終堅持在教育崗位。」他的好友張作錦先生說：「一個公共知識分子從來不會退休。」說的就是高教授。

六十多年來，高教授從未真正退休。他在威斯康辛大學任教三十四年，在美期間，即不斷為臺灣導入進步的觀念，自一九七〇年中開始，他每年都會返臺，有時是任政府顧問，有

蔡易霖（左）受教於高希均教授甚多，2023年他參加了天下文化出版公司創立四十週年感謝會。
（沈珮君攝影）

時是講學，後來參與創辦臺灣第一份經濟專業雜誌，並成立出版社。進入二十一世紀，落葉歸根，他的人生第二春局面更大。離開校園的高教授，「傳道、授業、解惑」，不再只是面向學生、面向臺灣，還面向全球華人，除了出版以外，他每年舉辦「遠見全球華人高峰論壇」，不僅在臺灣舉辦，也在大陸辦。他鍾愛的「人文空間」咖啡書坊，不僅在臺灣設立，在大陸更大。

眾所周知，他用心用力在廣義上的教育，但一般人不知道的是，他時時注意周邊是否有需要拉一把的優秀青年。

把愛傳給需要的人

二〇二三年天下文化出版公司創立四十週年，感謝會上來了一個青年，他不是作家，不是譯者，也不是員工，高教授跟大家簡單介紹了他：「蔡易霖，史丹福土木環境工程博士。」一年後，我才知道他的故事。

蔡易霖在臺灣念的是成大水利及海洋工程學系，二〇一六年獲得「蔣震博士海外研究生獎學金」，赴美攻讀。蔣震是山東人，大陸淪陷後，他流亡到香港，從兩個人開始做起，胼手胝足，建立起知名的「震雄集團」，並把自己股份全數捐贈「蔣震工業慈善基金」。他目睹清末民初國家落後之痛、受辱之深，深知教育才能改變人生、改變國運，是進步之本，他獎勵兩岸三地學生出國深造。臺灣部分，每年臺灣綜合大學系統成大、中興、中山、中正四家大學先自行選出兩名學生，推薦給蔣震基金會決選，基金會再自八人中選出兩名傑出學生，獎勵每人五萬美元，赴美攻讀該領域前十名或牛津、劍橋等歐洲頂尖大學碩博士班。雖然獎學金只有一年，但金額很高，標準很高，獲獎很難，有書面初選、中英文筆試與雙語面試，蔣震基金會董事高教授是決選評審。那一年臺灣只錄取一人，就是蔡易霖。

蔡易霖獲獎後很驚喜，因為競爭對手不乏「神」級學長，他認為高教授對他有知遇之恩。高教授卻認為他獲獎是理所當然，「蔡易霖早把自己準備好了」。

蔡易霖不僅是成大水利及海洋工程學系第一名畢業生，而且大學期間積極參加國際活動、競賽，憑自己能力多次出國，來申請獎學金的時候，也已經拿到史丹福大學的入學許可，面試時，中、英文切換流暢。高教授在面試時第一次看到他，對他印象深刻：「不緊張，不傲慢，散發出一種perfectly comfortable氣質。」

史丹福功課很重，蔡易霖在第一學期結束前的感恩節那天，正覺得可以鬆口氣，突然接到家中噩耗，他五十多歲的爸爸在幹道上騎機車，被從小巷疾駛出來毫無煞車的轎車撞上，送醫時已無生命跡象。蔡易霖哭著訂機票，匆匆回臺辦喪事，悲憤地發誓要追究肇事者責任，但是，他發現「如果每去一次法庭，就再受傷一次，我無法平靜，媽媽、妹妹也就無法平靜」，因此最終只去了一次調解委員會，就讓事情落幕。高教授勸他「向前看，往前走，化悲憤為力量，完成碩博士學位，以學術成就報答雙親的期許與養育之恩」，他竭力把自己穩定下來，趕快回到正常生活，他知道那是第一要務。

在高教授的鼓勵下，蔡易霖奮力掙扎，走出幽谷。父喪期間，他在臺灣仍以視訊按時上課，後來返美參加期末考，成績仍然全A。他度過二十歲出頭第一次重大人生危機。

蔡易霖每隔一段時間，就會跟高教授報告近況。他順利拿到碩士學位，在申請博士班時，因為美國新任總統川普移民政策很不友善，並刪減許多研究預算，指導教授若對未來經費沒有十足把握，就無法收博士生。原因是：系上規定教授收博士生有兩個必要條件：第一，必須願意指導該生至畢業，善盡指導的職責。第二，必須保證該生的學費與薪水充裕直到畢業。蔡易霖雖已申請到兩年獎學金，但仍不足以支應至少四、五年的博士班費用，教授對收這個學生很有經費上的壓力。蔡易霖寫email給高教授，如實說了當時困境。

高教授不到三十分鐘立刻回信，說他可以馬上簽名開據一個endorsement（保證書）

給學校，保證每年資助蔡易霖八萬美元，兩年共十六萬。蔡易霖既震撼又感動，高教授這紙保證，像臨門一腳，讓原先雖樂意指導、但苦無經費的兩位指導教授終於正式收下蔡易霖為博士生。

但是，其實，後來蔡易霖一毛錢都沒有向高教授請款。他靠自己。

蔡易霖說，他父親是國小主任，母親是國小老師，從來沒有讓他匱乏，但他很小就以「窮養」自我訓練，出國讀書前，他更給自己一大挑戰：「我要經濟獨立，證明可以靠自己賺錢讀完碩士班與博士班。」而高教授對他的慷慨與信任，讓他在感激之餘，更決心加速自立自強。他在念博士班時，積極爭取各種研究計畫，不僅拿到不同的專案經費，還因為這些專案跨系所、跨領域，讓他大量學習到不同的專業能力，也強化了自己溝通協調的長才，忙碌的他還在十六學期中擔任十一門不同課程的助教，並且獲得史丹福大學「百年助教獎」。

「incredible（不可思議）」，沒有比這個高教授驚喜時喜歡用的英文字更適合形容蔡易霖的優秀成就了。

蔡易霖二〇二二年拿到博士學位，拒絕了年薪二十多萬美元的美國公司邀聘，現在是臺灣第一家ＡＩ獨角獸公司Appier資深技術產品經理，這家公司已在日本上市。

他在美就學期間，每次回臺拜望高教授，高教授都會送他一個紅包，他每次婉謝，高教授堅持要他收下。高教授看他隨身攜帶、使用的筆電太舊，要送他一臺iPad，他力辭不受。他在史丹福圖書館看到高教授十幾本中文書，他拍照回來比對高教授全部著作，把不足的其他二十本著作自購補齊，送給史丹福圖書館典藏。學成返臺之前，蔡易霖把「百年助教獎」的獎金，加上高教授歷年紅包，以高教授名義捐了二十萬元臺幣給佛光山臺北道場。因為前一年回來，他有緣在臺北道場見過星雲大師，深受感動。佛光山打電話謝謝高教授，高教授才知道此事。蔡易霖說：「我只是學習高教授的精神，把愛傳給需要的人。」

有為者亦若是

高教授出生在戰亂，最小的妹妹被一對已有成就的工程師家庭領養。這個在南港眷村長大的子弟，自小就知道不要怕匱乏，不要怕眼前的問題。他也因為小時清寒，特別對人有同情心、同理心，尤其知道何時應該伸出關鍵的手。他常以一己之力支持年輕人，也常以一己為例勉勵身在困境的年輕人：「我來自眷村，我的動力就是來自清寒，來自奮鬥，來自志氣。」他自小咬牙跑過那些障礙賽馬拉松，如果他可以，那些孩子只要有決心，未來更可以超越他。

眷村讓他很早就學會一件事：「一切靠自己。」而他最愛幫助那些一心一意一切靠自己、愛學習的人。他在三十多年前曾幫助一個熱愛閱讀、學習的「工友」，逐步訓練他，最後這個工友當上天下文化社長。

天下文化以「讀書．學習．知識人」與天下人共勉，去年底才退休的社長林天來是出版界的傳奇，他的學歷是「花蓮高工畢業」。他有九個手足，父母不會寫字，林天來回憶成長時期，「我一直半工半讀，在國中畢業前連『課外書』三個字都沒聽過。」林天來在高工的專長本來是修火車，卻因色盲不能進臺鐵，在花蓮女中當工友，求知若渴的他自願兼學校圖書館管理員，修燈、修廁所之餘，閱讀打開了他的世界，他也開始在花蓮地方報投稿。

一九八六年他參加天下文化「樂在工作」徵文比賽，獲得首獎，拿到一千五百元，這個月薪八千六百元、連早餐都捨不得吃的青年，把獎金以「高希均」之名捐給家扶，高教授知道後又給家扶捐了更多。高教授和林天來開始通信，語多期勉，甚至寄給他車費，請他來臺北參加活動。通信兩年半後，高教授聘請他到天下文化工作，從倉庫管理、發行做起，歷任行銷、企劃……，後來升任高教授特助，高教授親自「帶」他。為了訓練他的英文能力、提升他的國際視野，高教授還把他送到加州讀書，親自替他寫推薦信、拜訪老師、安排宿舍，在學期間付他全薪，還給了他一張信用卡。

我在二〇二〇年與林天來聊天時，他提起這段往事，仍忍不住哽咽。胡適當年鼓勵陳之藩赴美留學，並寄一張支票給他，陳之藩拿到博士學位、大學教職後立刻還錢，胡適回信說「我借出的錢從不盼望收回」，因為他知道「永遠有利息在人間」，林天來說，高教授就是這樣一個人。

耶魯大學校務基金投資長大衛．史文遜（左），生前為耶魯賺了三百多億美元，他是高希均的威大學生，2008年6月來臺接受《遠見》訪問。（天下文化提供）

高教授成人以德。他做更多的是，以觀念啟發人，或讓更多人看到「好人」，讓人興起「有為者亦若是」的奮發蹈厲之心。

高教授曾經推薦一個昔日學生為威斯康辛大學榮譽博士，他是前耶魯大學校務基金投資長大衛・史文遜。他是高教授的四年導生，選過高教授四門課，全得A。史文遜曾為華爾街某公司資深副總裁，但他受高教授「重視教育，輕視財富」的影響，毅然離開華爾街，大幅降薪去主持他博士母校耶魯大學校務基金，二十年內讓校務基金自十億美元成長到三百一十二億美元，年報酬率百分之十六以上。母校有更多錢了，就可以投資更多在師資和設備，也可投資更多在學生上，也能惠及更多來自第三世界的窮國青年。而史文遜自己年薪不超過二百萬美元，這已是校長年薪的四倍。耶魯校長曾風趣地說：「對學校最有貢獻的三個人，第一是投資長，第二是足球教練，最後才是校長。」史文遜當然得過母校耶魯大學的榮譽博士，更得過最高榮譽的「耶魯動章」。

高教授一直主張教育預算不能太省、大學學費不應太低，否則沒辦法聘請最好的學者，沒辦法購買最好的儀器，沒辦法提升教育品質，不易培養出世界級的國家人才。他大聲疾呼了幾十年，直到現在還在不斷提醒：「我們臺大一年預算只是大陸北大、清華六分之一，甚至八分之一，教授薪水甚至低到新加坡五分之一。」高教授十多年前有一次在臺灣某國立大學演講，收到二千元臺幣酬勞，一週後應新加坡政府之邀，去對高級公務員演講，演講費二千五百美元（約八萬多元臺幣），兩者相距將近四十倍，「Can you believe that?」他每次用這句英文時，都是很動感情時，可見急切，有時還加上「It's true.」更見焦慮。

學校必須有競爭力，造就更多人才

我年輕時曾對他「提高大學學費」的主張不以為然，那時我還不認識他，我只是膝蓋式反應覺得像我們這種清寒子弟不就可能失去了讀大學的機會？二十年後有機會和他請益，我率直地提出疑慮，他微微一笑，告訴我史文遜的故事，「清寒獎學金就是幫助這些念不起大學的孩子」，但首先學校必須有競爭力，有大量教育經費，造就更多人才，人才回饋更多給母校，才能產生這種正循環。面對臺灣骨牌式的大學倒閉，大量大學生良莠

家人合照於威州河城前院（1997年），右二、三為女兒、女婿，右四為妻子劉麗安，右五為兒子及他的妻子。（天下文化提供）

不齊，低薪、失業，想想他三十多年前的遠見，能不低迴？

而他是怎麼教育子女的？他兒子兆均大學念生物、碩士念免疫、博士研究領導學；女兒兆安大學念經濟、碩博士都念宗教。兆均、兆安都是虔誠基督徒，都是牧師與志工。兒女的宗教信仰來自他們自己的領悟。高教授傾向佛教，他受星雲大師影響至深，高夫人麗安幾年前才受洗為基督徒。

兆均是初二時偶然讀到《聖經》，深受感動、啟發，後來以宣教為志業，六十三歲的他目前仍奔波東京、哥本哈根、臺中協助成立新教會，訓練教會領導人。兆安則是與律師（同時也是牧師）丈夫在二十多年前收養了兩個仍在襁褓的大陸孩子，一個是孤兒，另一個是被丟在江邊的棄兒。現在，一個孩子正在念大學法學院，另一個明

2016年高希均（左）頒獎給第一屆遠見君子企業家鄭崇華（右，台達集團創辦人）。
（天下文化提供）

年也將去念。他們想做律師的目的和律師爸爸一樣，是「增進雙方和解，不是爭一方勝負」。

那個正在念法學院的孩子Annie，跳級提早自高中畢業，在進大學前一年，給了自己一年Gap year，她本想回到自己的「根」廣州某孤兒院擔任志工，後來去了天津一家專門收容殘疾孩子的機構服務，足足九個月。

很多父母常常想替孩子決定未來，但高教授夫婦完全由孩子自己決定。他們唯一對孩子的影響是「身教」，父母身教好了，孩子就會做出好的決定。好的孩子，做什麼都好。何況孩子看到的父母是「裡外一致，始終如一」。兆均曾對爸爸有一些非常簡單的描述：「我父親不抽菸、不喝酒、不熬夜。我們全家四人去國外旅行，可以不去觀光景點，但一定要參觀當地著名大學的圖書館及校園。」高教授心心念念在教育，這個彬彬君子，深懷家國之憂。

利人、利他、利天下

高教授在藍營主政時期，就很「政治不正確」，提出很多改革的新觀念；綠營主政時期，他依舊「政治不正確」。對整個社會來說，他也是常率真地言人所未言，直戳社會痛點。

我最有感的是他建立「君子獎」。這年頭還有人講「君子」，是不是太冬烘了？「禮義廉恥，這是封建時代的產物」，去年某一政治人物還公開對「道德」嗤之以鼻，令我更佩服高教授的「雖千萬人，吾往矣」。他自二〇一六年起在「華人領袖遠見高峰會」設立「君子獎」，每年選出一個某領域的佼佼者，前提是必須符合「君子」這個高標準。全世界沒有這樣一個以道德為前提的成功獎，前無古人。但是，難道不需要嗎？

九年來，君子獎獲獎者來自海內外華人各種領域，有君子企業家獎（鄭崇華、周俊吉、童子賢、陳啟宗、吳安妮）、君子科學家獎（錢煦）、君子經濟學家獎（孫震）、君子外交家獎（錢復）。

第一位獲得君子獎的是台達電創辦人鄭崇華，高教授說明他獲獎原因時，同時楬櫫「君子」的定義：

做事有原則；
做人有誠信；
態度上不爭、不貪、不獻媚；
品德上有格、有節、有分寸。

他並闡明「君子企業家」是「君子」與「企業」的結合，特質是：

利人、利他、利天下；
求人和、世和、心和；
與人為善、沒有嫉妒，自我突破；
成人之美、沒有貶損，樂見其成；
不走極端、不會硬拗、不愛炫耀。

台達電以綠能為產品核心，自《遠見》企業社會責任獎（CSR）二〇〇五年舉辦以來，台達電年年獲獎，已累積二十座獎牌。獎項設立的最初五年，連續三年首獎都是台達電，評審委員會只好把台達電直接晉升為「榮譽榜」，委婉說明：暫停三年申請。

台達電不只是臺灣企業的翹楚，二〇二二年它連續十二年入選「道瓊永續指數」（DJSI）之「世界指數」，且總體評分為全球電子設備產業之首。台達電以自己的最好讓世界看到臺灣的好。拿到史丹福博士學位的蔡易霖婉謝美國優厚聘約，回臺投入的第一個公司便是台達電。

鄭崇華獲得首屆君子獎，實至名歸。

高教授設立「君子獎」，懷抱的目的應該不只是鼓勵個人，而是希望啟發世界。我認為他是以「君子獎」向世界樹立起高高的標竿，希望大家看到中華文化幾千年累積的道德遺產，若表現在現代領域，可以多麼高大、光明，這是人類文明的善智慧、公財產，人類應該「共享」，以此對治弊端叢生的極端資本主義。

斯人之心，斯人之憂

他曾經多麼感激美國，他當年申請三個美國大學研究所，都拿到獎學金，他說：「那時的美國慷慨、自信，而且非常關心發展中國家。」他二十三歲在美國從金錢上的「一無所有」，到精神上的「一無所懼」，從青年變中年，他在美國中西部南達科達、密西根、威斯康辛念書、教書，這些地方是美國穀倉，他看到美國人民「扎扎實實地勤奮」，他對美國充滿好感。但是，當年那個願意幫助落後國家、也極力把中國大陸拉入世界經濟體系下的美國老大哥，特別在近二十年中年年不斷找各種理由捲入戰爭，幾乎無役不與，肥了軍火商，也嚴重耗損國家元氣；相對地，中國大陸這二十多年埋頭苦幹，利用「和平紅利」，快速成長。面對中國新實力，美國顯然已失去當年自信，不惜率先斬斷她領導的全球化主流，公然反全球化，高高豎起貿易壁壘，並以半個地球的力量壓制中國大陸發展。高教授嘆息：「我從未想過美國政府會用這麼不文明的方式對付正在努力發展的國家，Can you believe that?」

美國政府充滿霸氣自負，而中國是否能夠充滿自信，不受各方挑弄、耐心並智慧的折衝歐美之間？臺灣是不是也能自信地不受美國誘惑、不要挑釁中共，不要擁抱美國軍火商（妄以為這是臺美友好的極致），而能更自信的開放兩岸交流，敢於溶入大陸龐大的市場，而不是對要去那邊的臺商、要來臺灣的陸生施加充滿歧視的條條框框？

「臺灣每年國防預算超過六千億，Can you believe that? 如果這些部分的錢能夠投資在教育上，幫助清寒家庭，不是對國家人民都會更好嗎？」高教授在他的「人文空間」咖啡館接待友人，幾乎每次都忍不住回到這個經濟學主題：機會成本。我們要把巨款花在軍火、犧牲年輕人生命、破壞國家發展建設？還是花在教育、拉拔年輕人未來、提升國家競爭力？前者流血流淚、絕望，後者有耕耘必有收穫、每天都有希望。

他最喜歡引用美國艾森豪將軍的話：「每一枝製造好的槍、每一艘下水的戰艦、每一枚發射的火箭，最後說來，都相當於對那些飢餓無糧者和寒冷無衣者的偷竊。窮兵黷武的世界，不僅只是消耗了錢財，也消耗了勞動者的汗水、科學家的才智，以及下一代的希望……這絕不是我們應有的生活方式。」這是他每天進出「人文空間」的心心念念。人文，人文，斯人也而有斯文之心，斯文之憂，斯文之痛。

剛從美國訪問回來的一個國立大學校長跟高教授說，史丹福一年的學費近十萬美元，在臺灣的國立大學足足可以讀四十年，「Can you believe that?」高教授沉痛地說：「臺灣教育經費太少，軍費預算太高，這真是作為知識分子最難以接受而又完全無能為力的。」

開放、文明、進步、和平、學習

兩岸冰封八年了，他希望兩岸重新交流，他希望新政府能夠做到「兩個十萬」：

一、開放十萬個大陸學生來臺灣讀書，可以補臺灣的大學少子化、招生不足的危機，並且協助大陸年輕人生活在一個更開放的環境。

二、開放十萬個大陸勞工來臺灣工作，舒緩臺灣勞工的短缺。

這是兩岸互補，但我立刻想到膝蓋式反應的民粹民代，忍不住說：「怎麼可能？您會公開說嗎？」兩天後，我看到他在《打造軟實力之島》的新書發表會，向準總統賴清德提出了「兩個十萬」的建言。

他一直希望臺灣對大陸發揮軟實力的影響，也希望臺灣更加強自己的軟實力，他把自己歷年來的創作以五個主題「開放、文明、進步、和平、學習」重新編選做成一套書，希望增加臺灣軟實力，二〇二四年春節上市，兩個月賣出了八千多套，他的創業夥伴王力行說這是他「不是回憶錄的回憶錄」，其實更是他的願景。

他總是不斷搜索、尋找青青草原。

◎原載二〇二四年五月八日《聯合報・數位版》

第三部

依於仁，游於藝

出身鄉土，堅苦卓絕，
在師友鼓盪拉拔之間，出類拔萃，
讓臺灣華麗超俗。

孫超

烽火乞兒熔融成結晶釉畫大師

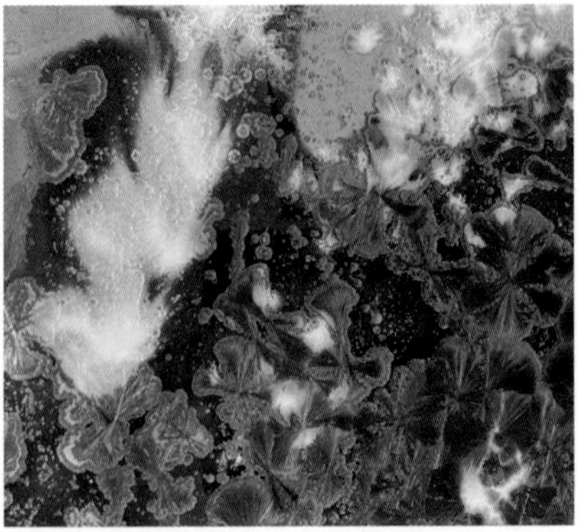

孫超作品有時像火焰，有時像星空，有時像春花。（魏彤珈提供）

（沈珮君攝影）

孫超

一九二九—二〇二四

工藝大師。生於江蘇徐州，少年時即展露美術天分。一九四九年隨青年軍部隊來臺，退伍考入國立臺灣藝術專科學校美術科，主修雕塑。畢業後任職於國立故宮博物院器物組，並為故宮打造銅獅。後從雕塑轉入陶瓷，成為當代結晶釉畫創作的先驅，是臺灣「結晶釉」第一人。

獲國家文藝獎、「國家工藝成就獎」。作品入藏英國大英博物館、維多利亞博物館及美國、法國、比利時等國重要博物館，以及中華民國故宮博物院、歷史博物館、臺灣美術館。

二〇二四年二月十九日病逝，享年九十五歲。

他抓住了一片天空，放在盤子裡

「我是要過飯的」，孫超總是記得自己的來時路。這位結晶釉瓷版畫大師，因為戰火流離，出身極貧，他從來不過除夕、不過生日，不喜大餐。四月底，他在好友李濤罵了一句「你莫名其妙」下，終於接受他的邀請，與幾位知交在飯店過了九十五歲生日，他唱了好幾首民國二、三十年代白光、周璇的歌。很久沒有這麼盡興了。五年前，他在九十歲前夕，因為體力不繼，封窯了，最後系列的作品名稱是〈依舊青春〉（又名〈晚暮〉），色彩奔放，構圖狂野，壯志未已。

孫超的結晶釉畫，獨步全球。　（魏彤珈提供）

「他抓住了一片天空，放在盤子裡。」法國國家研究院藝術院士Albert Feraud在一九九〇年第一次看到孫超作品時，便在《巴黎周報》如此驚嘆；美國伊佛森博物館以收藏當代藝術聞名，時任館長Kuchta博士也以「巨匠」形容來自臺灣的孫超。可惜他們未看到此後孫超在巴黎受到Frantisek Kupka

回顧展的啟發，回國後，作品大開大闔，熔融西方現代主義之美、中國潑墨時「禪」時「狂」的意境，否則當更驚豔。

孫超是臺灣結晶釉第一人。在其他陶藝工作者積極地以結晶釉做花瓶、盤子外銷賺錢時，孫超全無商業市場概念，甚至因為話不投機，直接把買家「請」走。他夜以繼日研究如何以釉為顏料，以巨型瓷版為畫紙，把宇宙穹蒼、山水花影，甚至人生夢境，以他的結晶釉絕技，在烈火中幻化成極美。

二〇〇八年國民黨黨主席吳伯雄訪問大陸，送給中共領導人胡錦濤的伴手禮「雨過天晴」，就是孫超的結晶釉作品。英國大英博物館、維多利亞博物館及美國、法國、比利時等國重要博物館，以及中華民國故宮博物院、歷史博物館、臺灣美術館也都典藏他的作品。他一九八七年獲「國家文藝獎」（第一位陶藝家榮膺此大獎），二〇一八年獲文化部「國家工藝成就獎」。

「焦土抗戰」下，流浪街頭乞討的童年

孫超是江蘇徐州人。日本侵華第二年，中日在徐州會戰，足足打了半年，淮河成了血河。小民奔逃他鄉，難民人潮洶湧，八歲的孫超和奶媽的手鬆開了，「我就成了要飯的」，他直到十五歲才憑驚人的記憶重回老家。

「漢聲雜誌社」共同創辦人黃永松整理、匯輯老照片，一九九五年出版《目擊抗戰

五十年》，送了一本給孫超，他看到第一六一頁，突然放聲大哭，「那就是我啊」，那是三個乞兒拄棍、拉琴、背著籐籃，赤腳經過人群的照片，照片攝於一九三八年，正是孫超開始乞討的那年。孫超看到照片，想到自己，想到那個時代，照片中的乞兒並不是孫超本人，但正是成千上萬的乞兒在戰火之中自力求生的慘況一景，多少孩子後來沒能活下來，就算活著，也身心俱創。

孫超早已是國際藝術殿堂的大師，但他永遠忘不了自己流浪街頭的童年。他乞討時，被人用腳踹踢，也曾被飯館跑堂用肩上大毛巾抽打。有一次，人家邊追打邊罵：「伢子不學好，什麼不學，學要飯！」孫超躲著打，叫嚷著：「大爺，我不是不學好，我是難民啊！」那人愣住了，停手了，孫超哀傷地說：「焦土抗戰啊，我沒有家了。」在仍未被中日戰火波及的地區，在多數國民是文盲的年代，很多人從來沒聽說過「難民」這個詞，更沒聽說過「焦土抗戰」（一種戰爭策略，國土淪陷前，先燒光、破壞一切資源，以免為敵方所用。汪精衛

《目擊抗戰五十年》收錄了一張當年的乞兒照片，孫超彷彿看到自己兒時，放聲大哭。（翻攝自漢聲雜誌《目擊抗戰五十年》）

一九三七年一段話可為「焦土抗戰」定義：「我們是弱國，抵抗就要犧牲，犧牲的程度，我們要使每一個人、每一塊土地都成為灰燼，不使敵人有一些得到手裡。」）。

戰爭，改變每一個人的命運。在日本侵華之前，孫超是「孫家大院」大少爺。父親因病弱智，媽媽、奶奶對孫超這個獨子、長孫，寄望甚殷，家教極嚴。他曾在外撿回一個布偶，媽媽一口咬定是偷的，他蒙不白之冤，即使被打到哭不出聲音，也堅不認罪，但這頓毒打讓他刻骨銘心，「人格成為我一生最在乎的」，即使在乞討時，他也不撿人家掉在地上的東西。奶奶則是另一種女強人，日軍進城，大家出逃，奶奶不走，一個人端坐在大宅大廳，闖入她家的日軍被她的氣勢震懾住，默默在桌上放了幾個罐頭離開，奶奶大袖一揮，把罐頭掃到地上。孫超小時曾因衣服還沒洗出來，發了脾氣，奶奶正色告訴他：「誰該替你洗衣服？媽媽不是應該要洗你衣服的人，即使將來你娶媳婦了，她也不是應該洗你衣服的人。」孫超直到九十歲都仍自己洗內衣褲。

不偷不騙，人格要做到沒有遺憾

大宅門出身的孫超做了小乞丐，極力保持整潔，天氣好時，他利用田裡的水洗澡、洗衣，「我用牙齒一口一口啃衣縫，咬死裡面的蝨子和蛋，咬出一嘴血。」他還嚴格自律：「不偷不騙，我的人格要做到沒有遺憾。」賭場最容易要到錢，但戒備森嚴，孫超仍能千方百計溜進去，賭場看他聰明伶俐，想吸收這個流浪兒，教他詐賭，他明白之後，很快逃走。

「我寧可要飯，絕不能做壞事」。肚子餓容易解決，但是，如飢似渴的求知欲望，不能解決，「我最心痛的是沒有書念」，這個朝不保夕的乞兒，「我強烈希望將來有成就」。他曾在一個看起來是知書達禮的人家留下來，替他們餵豬、做家事，希望能讀書，但是，三個月沒有人教他一個字，他失望極了，重回街頭。

離家四百公里之後，安徽合肥士紳「吳大爺」收養了他，叫他「來喜子」。吳家兩個姊姊對他很好，大姊在夏夜常常帶他一起在晒穀場乘涼，有時候他躺在她懷裡，不知不覺睡著了，「滿天的星星」是他那段時期最幸福的回憶。

孫超17歲時加入青年軍。（魏彤珈提供）

好日子只維持了兩個夏天，兩個姊姊病死了，他認為她們都是死於日本對中國的細菌戰。大姊去世那天，孫超也因染疫，病弱到無法起身，他滾下床，在地上一邊號啕一邊爬，終究未看到她最後一面。

吳家待他如子，送他去當學徒，學做捲菸。他的日子很安定，但是，仍忍不住哭，對著客廳那幅中堂哭，「我想讀書，想認字，想知道中堂寫的是什麼。」他也想回家。

十五歲了，離家七年了，家的地址、街道，他仍記得清清楚楚，養父鄰居要去河南，會路經徐州，孫超央請那人帶他回去。那個好心人照著他說的方式，帶他回到他們村子，他家門口站著日本兵，那人帶他轉去外婆家敲門：「我給你們送孫子回來了。」外婆已經不認得他了，也不敢相信，看了又看，大哭。

媽媽在戰火中已逝，他住在外婆家，開始讀書，只上一個月私塾，就能工工整整寫信給安徽的養父母。外婆家開油漆店、做匾額，門口有一塊青色古磚，旁邊放著油漆刷、大水盆，外婆要求他進出大門時，都要用刷子蘸水在磚上寫幾個字，他進步非常快。念了三個月私塾，就進了徐州女師附小四年級。

他雖然回家了，但流浪太久，一口外鄉人的口音，與家鄉人格格不入，他退縮在家裡，翻看外婆家的舊書，發現了《芥子園畫譜》，他當時並不知道那是中國繪畫聖經，只是看了就喜歡，照著畫譜描摹，很快就可以幫舅舅繪製扁托上的花花草草。《芥子園畫譜》成了他的美術啟蒙書。

他還找到一本英文課本，上面也有生動的插圖，他模仿著畫，連英文字母都意外「畫」會了，順利跳級插班考上「九一八初中」二年級。

只念了一學期。國共內戰開打，孫立人青年軍到徐州招收學生兵，他熱血沸騰，決定從軍，後來為了照顧一個生病的好友，轉到好友服役的裝甲部隊，一九四九年跟著裝甲部隊來臺。

姑念該生有志向學，三十六歲念大專一年級

一九五八年八二三炮戰時，他駐在金門。主要戰場在海上，他們在碉堡備戰，戰爭打了幾個月，他把身邊的書讀了好幾遍，報紙、雜誌、愛國獎券上的圖片，他都一張一張照樣描摹下來。

孫超在軍中用鉛筆自學素描，把玉米畫得栩栩如生。（魏彤珈提供）

有一天，他在月曆上看到玉米照片，自言自語：「這如果能畫下來，多好。」一個同袍笑：「如果你能畫出來，我就跟你姓孫。」從此，他天天畫那根玉米，到第二十四天，他已經能夠一筆就是一顆立體的玉米粒，不僅輪廓、質感逼真，連玉米鬚一絲絲、葉片紋路都跟真的一樣。

他在軍中是神槍手，但他最

喜歡的是畫畫、讀書，一九六二年退伍，他的目標是進國立藝術專科學校（臺灣藝術大學前身），那是他心目中「神聖的殿堂」，但他只有一年半的學歷，根本沒有報考資格，他用肥皂刻了一個校印，假造高中文憑，被教育部審核人員發現了，那人用紅筆批寫：「姑念該生有志向學，准予報考」，孫超終生感激。那個公務員對一個完全不認識、身在絕境的青年，默默開了一扇窗，改變了他一生，孫超說：「那人是真正的教育家」。

孫超第一年落榜，因為術科不行，自學的他只會畫輪廓，不會著色，第二年終於考上國立藝專美術科。高興過後，開始著急，「我連飯都吃不飽，怎麼付學費？」他在打工時認識的趙越老師知道了，帶他一起上班，做蠟染和壁畫，把學費湊足了。

三十六歲，他成為大專一年級新鮮人。

孫超比同學大了近二十歲，可以做他們爸爸了，他看起來老成持重、諱莫如深，在那個「反共抗俄」年代，「有人覺得我是職業學生。」黃永松比孫超小十五歲，但比他高一班，讓黃永松印象很深的是，「孫超的鞋子破了一個大口，我們一看就知道他的日子很苦。」黃永松是桃園龍潭人，住在石門水庫附近，當地有很多眷村，「我從小就跟外省同胞玩在一起，外省同胞很多人都很苦。」他記得孫超一身破破爛爛，校慶時躲在教室不敢出來。

黃永松是孫超近年極少數來往較多的好友，但在學校時，他們其實是兩個世界的人。相對於孫超的獨來獨往、沉默寡言，黃永松在學期間就已經是個風頭極健的文藝青年，作品前衛大膽，一肚子稀奇古怪。在他們當年這一群搞現代藝術的同學眼中，孫超比較傳統，沒想到這個「老」同學在六十歲以後，在傳統的土壤裡大突破，揮灑出燦爛的一片天。

2022年，孫超（中）夫婦在家接待久未相見的老友張作錦（前排右一）和黃永松夫婦（後排）。（沈珮君攝影）

孫超沒課時都留在雕塑教室裡面練習，暑假時為了賺下學年的費用，他替商人畫國畫，有一次，人家拿走幾百幅畫跑了，沒給他一毛錢。悲從中來時，他不免訴苦，趙越老師反問他，「你賣過血嗎？我賣過，你沒賣過，那就不夠苦，不要跟我說苦。」孫超辦第一次個展時，在人群中看到趙越也來了，立刻湧淚，「他是我最困難時的恩人。」

完成巨大銅獅，五十年來故宮門前知名地景

他畢業之後，一九六九年到故宮器物組工作，專門研究陶瓷藝術，並把中國歷代陶瓷以科學方法全部自製一輪，這是他日後成為陶藝家、結晶釉大師的深厚基本功。

故宮大門前有一對巨大銅獅，是孫超任職器物組時做的。「堂堂故宮怎麼可以門口沒有獅子？」他自動請纓，利用下班時間做了一年多，故意把蹲坐的後腿做成直角，彷彿是一格可以爬踏的階梯，前腳拐肘的捲毛也加大很多，讓小孩子可爬上去玩，這是孫超的赤子之心，他想讓還不懂故宮之美的小孩自童年起就對故宮留下可親可愛的記憶。

孫超正在狹小的空間製作故宮銅獅。（魏彤珈提供）

一九七四年那對巨大銅獅完成，五十年來已變成故

宮門前知名地景，但是，孫超極不滿意，「醜死了，我恨不得打掉重做。」他說，雕塑與擺放的空間有對話關係，但是，他當時沒有那個條件，擺放銅獅的故宮廣場非常遼闊，他創作銅獅的辦公室卻很窄小，「我工作時，幾乎要和獅子的大頭臉對著臉，作品完成，放在大空間時，比例完全不對。」這一對他認為「非常非常醜」的銅獅，居然分別在美國兩個中國城裡出現複製品，一模一樣，連獅子脖上掛的鈴鐺上面也有他暗暗以篆書署名「孫超」的字樣，怎麼流出的？如何翻製的？謎。

孫超替故宮製作的銅獅，在美國奧勒岡中國城出現一模一樣的複製品。（魏彤珈提供）

「忠於自己、永遠忠於自己」，孫超二〇一八年九十歲前夕獲得「國家工藝成就獎」，主辦單位為他拍攝了主題嵌入孫超名字的「超以象外」影片，他受訪時說：「名利太短暫了，哎呀，名利有什麼了不起？」

絕非矯情。對名利，

他近乎無求；對自己，他極端苛求。

絕對的完美主義，對瑕疵零容忍

孫超在國立藝專畢業展前做了第一件大型群像，自覺不好，全部打掉，只留了一個頭部，美術科主任李梅樹剛好經過，非常生氣：「你現在做得再不好，也是你現在這個時期的作品。你不滿意，我又什麼時候滿意過自己作品？如果都打掉了，你一輩子也不會有一件作品可以留下來。」聽起來是責備，其實是愛護。但是，孫超就是受不了有缺點，「不滿意，就用榔頭打掉。」這一直是他對待作品的準則。

做他助手二十二年的學生邱義為說：「孫老師的作品，你看到一件，背後打掉的有一百多件。」孫超在砸毀作品時，並不是氣餒，而是滿懷期待，他的名言是：「下一窯一定會更好。」

「他看起來就像個『做工的人』。」開車八分鐘就可到孫超三芝「田心窯」工作室的李濤，多次看過他燒窯，領教過他「絕對的完美主義，對瑕疵零容忍」，李濤曾搶救一堆小碟「逃」上車，孫超拿著榔頭追出來。

「人家忙著賺錢時，孫超忙著盡善盡美。」「芝山窯」主人范振金是孫超在國立藝專的學長，對孫超的擇善固執，既佩服又感慨，他說，當年結晶釉在臺灣曾經熱極一時，許多創作者抓住幾個配方就不斷複製、量產販售，孫超卻專心一志地研發各種釉方，磨製、

第一任妻子關鄭（中）是孫超（右）的紅粉知己、事業夥伴，與友人一起幫孫超磨釉。（魏彤珈提供）

試燒，記錄各種礦物質在不同溫度、厚度下的熔融、暈染效果，一頭鑽進去就是三、四十年，廢寢忘食，范振金說：「孫超真是非常龜毛，他做到神乎其技。」

孫超有一萬多種釉方試片，有一陣子朋友來訪，他與當時仍健在的第一任妻子關鄭「不是奉茶奉果，而是奉上一缽一杵，請他們幫忙磨釉」。釉方配置要極精確，他當年為了能精密計算，買了一臺最先進的計算機，花了在故宮任職時的兩個月薪水。

孫超屢有工傷，他兩度因為近身觀察爐火太久，一氧化碳中毒，也多次火燒頭髮、眉毛，眼睛更因長期觀火，紅通通的，被友人戲稱「火眼金睛」。八十多歲時，他搬陶板，太重了，引發疝氣，開刀。

他的人生似乎起步很晚，三十六歲才進大專，在故宮沉潛九年，近五十歲才開始研發結晶釉，但他六十歲前夕即獲得國家文藝獎，六十八歲做出最大的十聯幅作品「天啟」（一三六×六七〇公分），八十歲仍在創作巔峰，九十歲前夕獲頒國家工藝成就獎。

「努力，再努力，」人生起步不怕晚，孫超說：「我的三個月超過人家二十年。」他分秒必爭，連睡覺、上廁所，都在想問題，他的妻子魏彤珈大笑說：「孫大哥常夢到在噴釉，自己在飛。」他開始做結晶釉時，雖已年近半百，但一直創作到九十歲，創作生命至少四十年，更何況他自學甚早、極勤：少時描摹《芥子園畫譜》、青壯年在藝專雕塑、在故宮用手實做官窯陶藝，勤勤懇懇紮馬步。人家看他起步晚，其實忽略了他「潛龍勿用」時期甘於寂寞卻又「確乎其不可拔」自我惕厲的人生。

「如果你是一片瓦礫，即使用黃金把你鑲起來，也不能發光。如果你是一顆鑽石，即使把你埋在糞土裡，也不會腐蝕你。」二〇〇三年孫超在接受佛光大學藝術學研究所學生鄒純強訪談時，用這個比喻強調本質、實力才是最重要的，不論環境好壞、有無名利加持，對自己實力不會增減一分。

烈火之中迸出繁花的傳奇

其實，大環境曾經深深傷害他。鄒純強在做〈當代陶藝家孫超訪談錄〉時，七十多歲的孫超坦承自己二、三十歲時常想自殺。他從軍時，「是真正的滿腔熱血，因為你親身經歷到，你的國家不強，被人家那樣子破壞，所以只要有一點血氣的人，就是一定要當兵報

孫超臨摹〈曲阜孔林圖〉，充分顯示自己絕不屈服於困境的心理。（魏彤珈提供）

國。」但是，當時軍中教育粗暴，素質很差，他目睹同袍倒的倒、哭的哭、瘋的瘋，他忘不了那些令他極不忍詳述的畫面。

最讓他難過的是，剛到臺灣時，大家看不起軍人，小朋友在他們身後喊著「垃圾兵」。有一天，他外出，一群小孩對著他嚷嚷：「垃圾兵啊！阿兵哥，錢多多，給我一毛錢買汽車！」他盡量不讓自己目光轉向他們，忍辱含悲往前走，另外一個小孩端著碗坐在門口吃飯，叫他「叔叔」，那孩子問：「叔叔，你吃飯了沒有？」孫超當時眼淚就掉了下來，他也一直記得那張髒兮兮小臉稚嫩的聲音給他的溫暖。他退役之後，社會對「退伍軍人」的刻板印象，也讓他常感被歧視，甚至連他的寶貝腳踏車被偷了，正感痛心時，不知道他也是退伍軍人的人附耳跟他說：「一定是退伍軍人偷的。」

藝術救了他的命。他在軍中閒時就畫畫，至

孫超的結晶釉瓷板畫，是1250度高溫燒製的「火的藝術」。（魏彤珈提供）

今保留一幅當時的鉛筆畫，他臨摹梁鼎銘的「曲阜孔林圖」，自己加上了暴雨的線條，遠景是被風吹得倒向一邊的黑壓壓的樹，中景是一個幾乎撐不住傘、渺小的人，近景是被風雨壓低了頭仍奮力拉車前進的馬，他繪於一九六一年，那是他退役前一年。那幅圖反映了他的心境。

他的巨型結晶釉瓷板畫，是一千二百五十度高溫燒製的「火的藝術」，孫超的人生也是在烈火之中迸出繁花的傳奇。一頭閃亮銀髮是他的標誌，他認為「青春」與年齡無關，「害怕、不自信，才是衰老的原因，」他認為「年老，不是臉上的皺紋，只有放棄了自己理想，讓靈魂起皺紋，才是年老。」他愈老愈「漂亮」，在二〇一六年時還意外獲得大陸「非凡時尚人物獎」。

他把自己的智慧財變成公共財，孫超早早就把累積的創作經驗，公布在他《窯火中的創造》作品集之中，不論是釉方或火表，鉅細靡遺。他希望與同好、同業一起站上「科學理性的堤岸」、「歷史巨人的肩頭」，放眼那「一覽不盡的美術河流」。

但是，正如孫超自己所說，「每次站在科學理性的堤岸垂釣，你還真不知道會釣上什麼魚」，結晶釉變數太多了，這也正是此門藝術博大精深的地方。

范振金也是臺灣少數創作結晶釉瓷板畫的人，也曾公布自己的釉方，他忍不住笑：「就算依同樣的配方、火表照著做，也做不出一模一樣的作品」，其中要講究的細節太多了，范振金說：「孫超的窯是自製的，窯內棚板設計可以上下傾斜五度，你有這種窯嗎？」而且，窯的大小不同，結果也不同。

孫超的絕技背後，除了深厚美學品味之外，還有一絲不苟的科學精神，魏彤珈說，孫超以前在燒窯時總要先問：「今天大氣壓力多少？」因為這跟要用多少瓦斯量有關。直到改成電窯，這才不問了。

孫超工作時，充滿嚴謹的自律和霸氣。魏彤珈說：「他只要一站上噴釉臺，天王老子來也要止步。」因為一毫秒之差，結果完全不同。即使是大師如他，不到開窯，不知結果。

用結晶釉創作，有三大門檻，一是烈火控制：釉料到一千度以上會因為礦物熔化而產生變化，不同釉方有不同的熔融效果，升溫、降溫、持溫時間，都有不同效應，很難預測。二是作畫工具：他用的不是傳統筆墨，而是噴槍、油壺、油漆刷，以這些工具將釉料

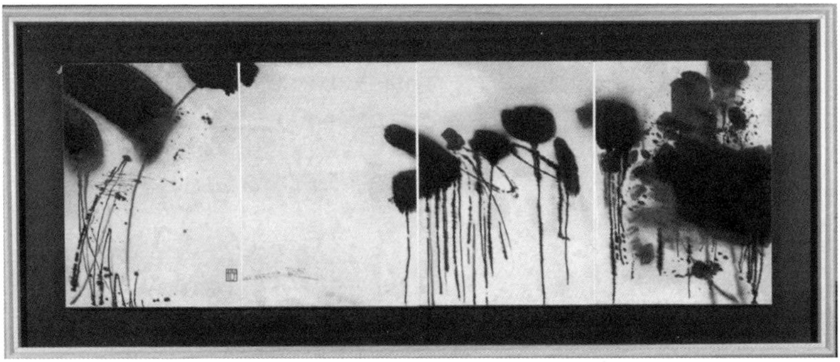
孫超的結晶釉畫很有中國國畫的意境。（魏彤珈提供）

用噴、潑、淋、灑的方式，在瓷板縱橫，點點滴滴、厚一分或薄一些，效果截然不同，很難控制。三是畫作載具：他的「畫紙」是瓷板，愈大愈難做，也幾乎無人可做到他需要的尺寸，他自行設計製板機，最大的瓷板可做到長三百公分，寬七十公分。

結晶釉變化活潑，孫超以「一絲不苟」的科學精神控制每個變數，但藝術又是一種「萬馬奔騰」，孫超既能放任，又可駕馭，以美學熔融科學，國際結晶釉年會曾經播映他的作品，眾人驚嘆之餘，有人質疑：「這不可能是人做的」，他們認為是電腦特效。

大悲變大美，成為永恆

孫超不是「十年磨一劍」而已，從那個描摹《芥子園畫譜》的稚童、在故宮器物組研發復刻歷代官窯陶瓷的小職員、在陽臺自製小瓦斯窯爐試驗釉方的初學者、在半山上建立「田心窯」不斷挑戰自己的創作者，他從深厚的傳統土壤中嚴格要求自我創新，除了一路相助的好友，還有一個關鍵人物——蔣夫人宋美齡。他是被蔣夫人「當頭棒喝」打醒的。

他仍在故宮任職時，因為可以仿古到唯妙唯肖，蔣孝勇央請他做一匹仿唐三彩的馬，送給奶奶蔣宋美齡做生日禮物。孫超依照日本圖錄，用石膏做了一匹唐三彩馬，不論神韻、顏色、姿態，全都一模一樣，蔣夫人收到禮物，大吃一驚，幾乎以為是真品。

蔣夫人曾親到故宮訪他，臨走說了一句意味深長的話：「我們要給後人有個交代。」這讓孫超深思：「我的仿古做得那麼好，但是，古代已經過去，什麼能代表當代？什麼能代表孫超？」

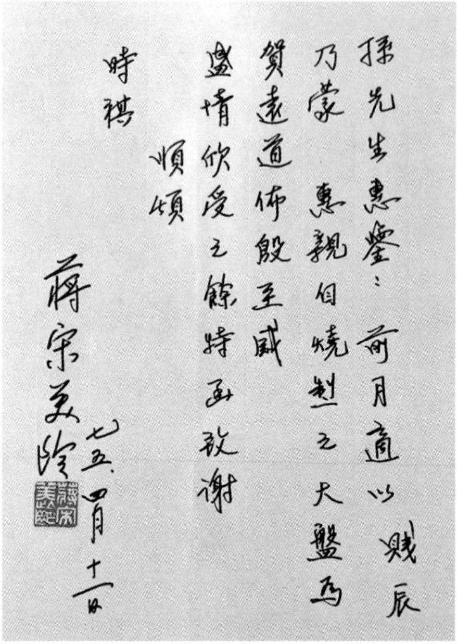

孫先生惠鑒：前月適以賤辰
乃蒙惠親自燒製之大盤為
賀遠道佈殷至感
盛情欣愛之餘特函致謝
順頌
時祺
蔣宋美齡 七五、四月十一日

蔣夫人收到孫超送的大盤，親函致謝。

（魏彤珈提供）

這成為他離開故宮的深層原因。後來他開發研究結晶釉有成之後，做了一個黃色大盤送給蔣夫人，她親函致謝，孫超也頗欣慰：「夫人很高興，我終於可以做出自己的東西。」

走新創路線，談何容易？漫漫長路，他要如何養活妻小？他有很長一段時間以製作菩薩像的收入維生。

他的第一座佛像是釋迦牟尼，是曉雲法師委製的，曉雲法師後來又請他做兩尊觀音像，改了三次，仍不理想，曉雲法師告訴他：「你不能用解剖學來做菩薩。」因為菩薩兩耳垂肩，觀音又是柳肩，等於沒有肩膀，如果用解剖學來做，一定不成樣子。孫超就開竅了，不能把菩薩當「人身」，而是抓住祂的「神」。有人「請」回他做的菩薩，認為很靈，其實是「心誠則靈」，他做菩薩像的時候，要先焚香、沐浴、靜坐、冥想，很久才動手。

孫超並沒有宗教信仰，但他的「田心窯」院子有一尊地藏王，這是孫超自己留存的菩薩像，有人曾經要「請」，都被婉謝。

魏彤珈說，孫超只要到院子，都會在祂前面靜坐一段時間，「這尊地藏王已經是我們夫婦很重要的精神支柱、很深的安定力量。」孫超在大疫期間莫名地身體發炎病危，住院一個多月，魏彤珈決定帶他回家靜養，到家時，她在院子默禱、祈求地藏王，及那幾棵老樹，請祂和它們守護他。孫超奇蹟般的復原了。

二〇〇八年關鄭病逝後，朋友鼓勵孫超出去走走，他回徐州老家看了一下，但已人物俱非。九十歲時，因為看到一張蒙古照片，「滿天星星」，孫超想到曾讓他在星空下安心酣睡的姊姊，想到也是蒙古人的媽媽，他去了外蒙古，但晚上星星滿天時，年邁的他已倦極入睡。

孫超近年易感睏倦，深居簡出，但只要精神尚可，依舊端坐看書，興致高昂時，可用

孫超（左）常說魏彤珈是他的天使。（魏彤珈提供）

孫超、魏彤珈夫婦漫步「田心窯」院中，地藏王菩薩在他們身後守護。（魏彤珈提供）

基督教聖歌〈奇異恩典〉的曲調唱《三國演義》卷頭詞全文，一字不錯：「滾滾長江東逝水，浪花淘盡英雄。是非成敗轉頭空，青山依舊在，幾度夕陽紅……」。

浪花淘不盡英雄，青山依舊在。孫超的一生以烈火燒製，他說：「藝術創造如同生命中的磨難和創痛之後的定慧，是最高的自由，是解放了的自然。」這個在戰火流離中乞討、受辱、曾想自殺的人，把苦痛熔融成繁花，大悲變大美，成為永恆。他是一個自由人。

◎原載二〇二三年六月十八日至六月十九日《聯合報．副刊》

孫超的兩段婚戀，兩段傳奇

作者與李濤（右一）、李艷秋（右三）夫婦一起拜訪孫超夫婦。（沈珮君提供）

「君生我未生，我生君已老。君恨我生遲，我恨君生早。」

——唐代銅官窯瓷器題詩

孫超，結晶釉瓷板抽象畫大師，有兩次婚姻，一次在四十八歲，一次在八十五歲。第一任妻子關鄭，臺大社會系畢業，比他年輕二十二歲；第二任妻子魏彤珈，是金工家、漆藝家，比孫超年輕三十四歲。兩個夫人都屬兔，都是才女。

孫超，在故宮器物組當一個小職員時，曾是無照的針灸「名醫」。他做義診，不收費。

善良的他因針灸結下善緣，得到一個紅粉知己。

孫超在故宮除了看了很多陶藝的書，自學成為陶藝家之外，還看了很多有關針灸的古書，並與友人一起拜師，結合理論與實務，成為針灸專家，他又善於觀察、分析，因此，下針精準，聲名遠播。當年醫療制度仍未完備，很多人有病沒錢就醫，孫超便在臺大對面義診。他自備醫材，遇上又老又窮的患者，孫超連身上的錢都掏給人家。

他本來就窮，當了「名醫」以後，更窮了，連書都買不起。「我為了要不要繼續針灸，跟自己鬥爭很久，」他很動情地說：「我要過飯啊，我知道什麼是窮。那時大家都窮啊，行醫就是要幫助人，我怎麼能跟病人收費？」病患愈多，他愈窮，窮到他透不過氣了，只好結束。

關鄭有先天「類風濕性關節炎」，聽同學說他醫術高超，到故宮找他求診，的確有效緩解她的疼痛。關鄭聰明活躍，念書時，就是臺大辯論社社長，畢業後留在臺大社會系擔任助教。只要有空，她就到故宮找孫超。

孫超念藝專時，喜歡一個學妹，但不敢表白，「我連飯都吃不飽，怎麼敢追人？」面對關鄭這個臺大女孩，更是不敢，他也知道關鄭曾有一個醫學院男友。孫超和關鄭一直以兄妹相稱，認識四年後，關鄭說：「哥，我們結婚吧。」年近半百的孫超期期以為不可：「我們不能結婚啊，我養不起妳。」關鄭說：「我哪要你養啊？我賺的錢比你多，我可以養你。」

孫超（左）與張作錦同為徐州人，都曾流浪，都因假造學歷參加聯考被抓包，他們是亂世中一對刻苦向學的難兄難弟。（沈珮君攝影）

他們結婚時，醫生說，關鄭最多只能再活七年，但她生命力強韌，直到五十八歲過世。女兒阿蓮三歲的時候，關鄭就坐輪椅了，後來更是必須穿上鐵架才能行動。資深媒體人、總統文化獎得主張作錦（作老），是孫超的徐州老鄉，他們倆像一對老兄弟，同樣是失學，都曾偽造假學歷參加聯考，也都因為教育部承辦人員的一念之仁：「姑念該生有志向學」，讓他們有受教育的機會，而惺惺相惜，作老對「田心窯」女主人關鄭印象深刻：「她談笑風生，那個鐵架對她似乎完全沒有拘束。」她是孫家客廳的陽光。

國家文藝獎，這是我太太得到的獎

李濤認識孫超夫婦二十多年，他第一次看到關鄭時，她的病就已經不輕了，「她搖搖欲墜，像一個玻璃娃娃，一碰就可能碎了。」她連脖子都有鐵架圍護，尤其不能生氣，她情緒激動時，脖子會不由自主地晃動，非常危險，孫超對她呵護備至。李濤說，孫超在關鄭面前，非常壓抑，若他們偶有意見不同，關鄭只要用她獨特的「潑辣式撒嬌」說：「我脖子不行了。」孫超一定言聽計從，像一隻小綿羊。

關鄭很強勢、活動力強，正好補孫超之不足。她英文好，幫孫超翻譯國外的陶瓷專業知識、同業資訊，讓他能放眼世界，並與現代接軌，孫超能在結晶釉領域大放異采，關鄭是關鍵推手。她也是孫超的最佳詮釋者、解語人，她以細膩、生動的文字，傳述孫超的理念、生平，幫助潛心創作、不耐與外界周旋的孫超，建立順暢的溝通管道。

一九八七年孫超獲頒國家文藝獎時說：「這是我太太得到的獎。」這句看似風趣的話，其實是他的百感交集，既表達了對妻子的衷心感激，也表達了他「睥睨群雄」的性格，他不喜歡參賽：「我不喜歡和別人比，評審只不過是在一堆爛蘋果中，挑一個比較不爛的。我只和自己比。」他是自己最嚴厲的評審，「我有什麼缺點，我最清楚，我饒不過自己，」他哪在乎贏了誰？「我的作品好在哪裡，我也最清楚，我不在乎別人看不看得懂。」得不得獎，對他的作品價值無任何增減。

送件參賽是關鄭的決定，她一手張羅。孫超完全不關心創作以外的事，關鄭身為藝術家妻子，打點一切，她豪邁地對外人說：「柴米油鹽，我負責。」李濤認為孫超、關鄭這對夫婦，彼此相互成就：「孫超因有關鄭，徹底開發了潛能，而關鄭雖然受限於自己殘弱的病體，但她的生命之火也在孫超的創作舞臺上充分發光發熱。」

「關鄭不只是孫超的太太、情人，更是他的知己，也是他的經紀人。他們是靈魂伴

關鄭的骨灰罈放在「田心窯」大廳玻璃桌，上面環繞的是孫超自製的花飾。
（沈珮君攝影）

侶，也是事業夥伴。」李濤與他們相交二十多年，彼此信任、熟悉到他們把李濤當作廚藝試菜的小白鼠，李濤吃過他們的「田心窯牛肉麵」，太甜了，不敢恭維到極點，而孫超用他燒出曠世絕作的窯爐烤番薯給李濤吃，則令他感念在心。在李濤的觀察中，「關鄭率真、開朗、直白，甚至有點兇。孫超在關鄭面前，謹言慎行，簡直不敢說不。」孫超多次告訴李濤，像關鄭這樣的臺大才女嫁給他這個老兵，簡直是天上掉下來的禮物，他非常珍惜。除了工作之外，孫超的生活重心就是照顧關鄭。

關鄭待人溫暖，孫超性格嚴肅，工作時尤其嚴厲，關鄭是家裡的潤滑劑。在「田心窯」工作二十二年的孫超學生邱義為說：「師母比老師更像老師。」關鄭因為一直跟孫超一起研製釉方，對釉藥的知識淵博，邱義為很感念：「師母手把手地教我，從磅秤怎麼用開始，什麼都教。」她甚至和邱義為一起讀書。邱義為白天在「田心窯」工作，晚上去東吳中文系上學，關鄭有時還陪他一起讀詩詞，「師母就像我媽媽。」

「田心窯」是關鄭和孫超一起創立，她去世時，孫超八十歲，距今已十五年，但她似乎不曾離開。「田心窯」正門大廳一進去，就是一張長方形的大玻璃桌，上面除了放置花器之外，關鄭靈骨罈靜置其上，彷彿依舊含笑迎賓送賓，朝夕面對她和孫超打造的夢幻家園。

藝術家之間的相知相惜

關鄭去世前一週，親自與孫超一起去李濤家，把他「託孤」給李濤。直到關鄭去世五年後，孫超「追」到魏彤珈再婚，李濤這才如釋重負，他對魏彤珈說：「我交棒了。」

魏彤珈嫁給比她大三十四歲的孫超，剛開始飽受孫超友人的質疑，認為她一定有什麼「企圖」。阿蓮當時已旅居美國，請李濤來看看這個「阿姨」對爸爸究竟是否真心，李濤是資深媒體人，多次「面訪」魏彤珈，並觀察他們互動，最後完全放心了。他多年後對魏彤珈開玩笑：「妳不被孫超騙了就好，妳哪可能騙孫超？」

孫超、魏彤珈跨三個世代的戀情，其實是孫超主動的。孫超喜歡看展，看別人的優點，尋找可以啟發自己的靈感。他在友人推薦下，去看了魏彤珈的金工展，發現這個女子頗有才華，而且思慮單純，「她是一眼就可以被看穿的人」，他一見鍾情，展開熱烈攻

85歲的孫超2014年在中華文化總會替他辦的「窯火中的交響詩」個展中，宣布與魏彤珈（右）的婚訊。（魏彤珈提供）

勢。當時孫超已八十五歲，他覺得自己在跟時間賽跑，他們才見面幾次，他就很直白地告訴魏彤珈：「我做什麼都很有把握，但戀愛是我最沒有把握的功課。我要跟妳結婚。」

魏彤珈那時一個人在陽明山半山上做金工，藝術之路寂寞，她踽踽獨行，全家人擔心之餘，不能免俗地認為她應該找個人嫁了，但藝術才是魏彤珈的衷心所愛，誰能包容？她在辦第二次個展時，突然碰到孫超這個一頭白髮的熱烈追求者，她感動之餘，也很惶惑，她知道自己絕不能只是某家的女主人，也不能專屬於廚房，她唯一關切的問題是：「你會支持我創作嗎？」孫超熱情地回答：「當然，我就是來支持妳創作的。」

唯有創作者才了解創作者的喜怒哀樂，知道飛翔的心靈需要自由、獨立、寧靜。婚後，魏彤珈有自己的工作室，她和孫超一樣，如果工作室的門關上，代表她正在焊接或髹漆，連一點呼吸輕重變化都會影響作品結果，此時，孫超會帶外傭輕輕走開：「我們不要吵媽咪。」若非有緊急工序，她盡量不關門，但孫超要進去前仍會輕聲問：「妹妹，我可以進來嗎？」

這是藝術家和藝術家之間的相知相惜。

在藝術面前，孫超是嚴厲的。他們新婚第二天，早上五點，孫超就把新娘子叫醒：「起來，去做妳的事，不要讓人家以為妳結婚後就不創作了。」

魏彤珈照顧孫超之餘，仍抽空創作。　　（沈珮君攝影）

他們畢竟年紀相差太多，加上孫超是一個極有潔癖和紀律的人，剛結婚那幾年，一度磨合痛苦。魏彤珈回憶時忍不住爆笑：「他不准我穿牛仔褲、短褲，他甚至幫我買衣服。他的場合，他的客人來時，我一定要穿他買的套裝。」孫超還規定每天洗澡之後，浴室水龍頭一定要刷得亮晶晶，地板也要刷洗並擦乾。

2023年李濤為孫超辦壽宴，邀請好友參加。這是孫超第一次也是最後一次過生日。前排左起張作錦、孫超。後排左起李艷秋、李濤、魏彤珈、魏素英、李南華、陳立恆、李男、黃永松、Mila。（魏彤珈提供）

孫超愛飆車，開車時是「猛男」（李濤用語），但他教魏彤珈開車時，比汽車教練還嚴謹，要求她右邊兩輪一定要壓在白線內側。當時氣得哇哇叫的魏彤珈，現在已經完全熟悉孫超的「遊戲規則」，客人來訪時，她會在院子指揮，車子應停在院子右邊的桂花樹下，車頭朝向大廳，離開時左後倒車再前行出大門，這個動線最順，最符合孫超的標準。我去他家第五次，才終於「路考」及格。

「喜相逢」，謝謝天使

孫超身體不好，長年做陶、噴釉、高溫，早期又缺乏防護設備及知識，他的肺已纖維化，必須長期服用類固醇，他的器官黏膜因此受損，極易內出血。大疫期間，孫超一度病危，住院月餘，查不出明確原因，他想回家，魏彤珈在與醫師不斷溝通配合、調整用藥之後，決定帶他回家。當時她心裡只有一個念頭：「讓他不要受苦。」到家後，她對院

魏彤珈把孫超砸碎的作品，鑲嵌到自己的銀飾作品中。（魏彤珈提供）

子裡的地藏王菩薩、老樹，一一稟報，並且祈禱。它們是這個家的至親至愛，它們與她共同守護他，孫超一天一天好起來。

李濤常對孫超說：「彤珈是你的天使，」孫超也會促狹地對她說：「謝謝天使。」他們已婚九年，孫超常對友人說：「我很幸運娶了她」，他從第一眼看到魏彤珈，就知道自己要娶她，「我相信我的第六感，我看人很準，她爽朗、大器、沒有小心眼，這個女孩不是一般女子。」

孫超還欣賞她對創作的執著，「她很努力。」魏彤珈除了照顧孫超，一直在創作。

她曾保留了一些他砸掉的作品

碎片，打磨、鑲嵌，做成銀飾，這是他們共同的結晶。除了金工之外，她這幾年參加大溪漆藝研修班，跟隨日本漆藝「沉金」大師鳥毛清學習。二〇二二年，魏彤珈和同學跟鳥毛清一起辦了師生成果展，其中一件作品〈喜相逢〉，有她向孫超致敬、致愛的心意。

漆藝也是一絲不苟的藝術，工序繁複，每層都必須乾了才能再做下一層，一件作品從開始到完成，常以年計，甚至需二、三年。急不得，急也沒用。更重要的是，「漆藝，可做到九十歲，可以一個人做」，魏彤珈已經在為未來打算。

藝術之路，寂寞，不能急，她一直甘於寂寞，但最近有點急了，她希望讓孫超再次看到她的個展，讓孫超再次對她說：「妳很有才華，我就是來支持妳創作的。」

◎原載二〇二三年六月十九日《聯合報．數位版》

黃春明

被退學四次的九彎十八拐

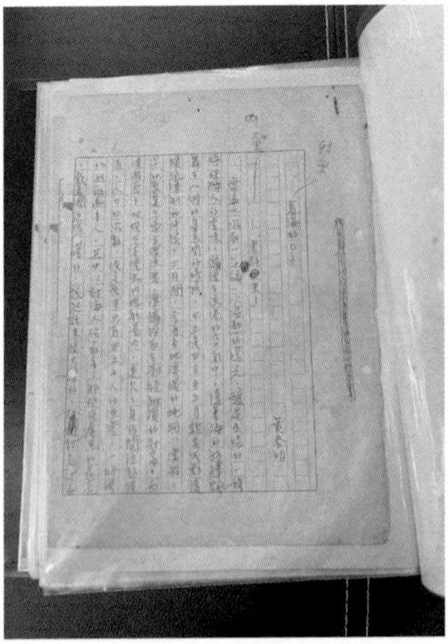

黃春明《看海的日子》手稿。
（沈珮君攝影）

（沈珮君攝影）

黃春明

一九三五年生

國際知名作家。生於宜蘭羅東，多才多學多藝。以小說寫作進入文壇，並跨足廣播、音樂、攝影、電影、紀錄片、撕畫、戲劇等多元藝術領域。

八〇年代，導演侯孝賢將其小說《兒子的大玩偶》，連同《看海的日子》、《小琪的那頂帽子》、《蘋果的滋味》改編為電影《兒子的大玩偶》；《莎喲娜啦·再見》、《兩個油漆匠》、《我愛瑪莉》等七部著作，則改編為同名電影。黃春明作品被翻譯為日、韓、英、法、德語等多種語言。文學作品題材多元，獲吳三連文藝獎、國家文藝獎等獎項，並獲頒四個大學榮譽博士學位。

黃春明（右）被退學四次，但最後為人師表，並成為備受敬重的大作家，還獲得四個大學榮譽博士學位。圖為二〇二二年獲頒臺大名譽博士，與夫人一同出席典禮。（聯合報系資料照片）

被退學四次的榮譽博士

「小駝背，像烏龜，東奔西跑無家歸。……」——《小駝背》

被學校勒令退學，小小年紀，人生可能就此瘀青一大塊；若被退學四次，百口莫辯，應是「作惡多端」了，而這小子最後居然完成「師範」教育，為人師表，並成為備受敬重的大作家，除了得到國家文藝獎，他還獲得四個大學榮譽博士學位，最新一個是臺灣大學在二〇二二年、他八十八歲時頒贈的。

他是黃春明。多數人就算沒看過他的小說，也看過改編的同名電影：《兒子的大玩偶》、《看海的日子》、《莎喲娜拉·再見》……。

最近重讀黃春明，像「少小離家老大回」，那些淡忘的風景、器物、語言、人，忽然出現眼前，無不熟悉，卻又陌生，彷彿在人生漸暮忽逢兒時老友，驚喜之餘，也有不知從何說起的滄桑。

有些事情也突然明白起來。譬如在他寫的〈小寡婦〉中，我終於了解了自己一段童年。民國五十七年左右，我們家從彰化縣和美鎮搬到臺北市北投鎮，對我來說，像是到了外國。上學路上看到的不再是稻田、牛車，而是溫泉飯店；晚上一閃一閃亮晶晶的不是星星，而是市區商家的霓虹燈；摩托車飛嘯奔馳，後座載著的多是身材姣好的長腿美女，同學告訴我，她們是「雞」。我們在鄉下養過雞，這些漂亮姊姊怎麼會是雞？

黃春明《小駝背》撕畫童書，寫痛了孤獨的靈魂。（聯合文學提供）

我家住在陽明山一個山谷聚落，附近有一些大門大院，養著大狗，很少看到人進出，鄰居小孩說裡面住的是美國人，我看過一個金髮青少年在河邊洗刷一匹高大的棕色馬，我也曾被美國小孩用沖天炮橫向發射擊中小腿，回家才敢哭。我從黃春明的〈小寡婦〉看一個酒吧如何發想、創設、壯大，才恍然大悟自己北投童年看到的溫泉飯店，原來是因應美國駐軍而開發的具有臺灣特色、日本風情的「產業經濟」。

我把「黃春明」撫心印著，不是因為他那些廣為人知的名著和電影，而是因為他的童書《小駝背》。我那時因工作關係，每天凌晨兩、三點才下班，女兒睡前看不到媽媽，我用聲音陪她們，錄音說故事。那天，我和女兒一起錄讀黃春明的《小駝背》，念著念著，想到我那天生殘障、天天硬著頭皮上學、忍受同學羞辱、十九歲去世的弟弟，大放悲聲。女兒嚇壞了，但也刻骨銘心，她們自小關懷弱殘、少數族群，包括人以外的動物，和《小駝背》有關。

小駝背，是任何一個獨特、孤單、脆弱、受挫、躲藏角落的靈魂，若我們打開眼睛，到處都是。

我們小時讀的童話開頭常是「很久很久以前」，那些故事也跟我們人生很遠很遠，主角是公主、王子。黃春明的童話是稻草人、麻雀，是自卑的短鼻象、不抓老鼠的貓，他委婉告訴孩子的是成長過程中的徬徨、霸凌、寂寞和愛，他用風趣的筆調，讓人看到的是我們環境裡活活潑潑的草木鳥獸，及當你「與眾不同」時，那實實在在被歧視的痛和對被認同的渴望。

腳踩在泥土裡，開出漂亮的花

世界一定不美好，但在那最糟的地方和時刻，常有生命種子匍匐。黃春明的作品，幾乎都埋藏這樣一顆種子，不起眼，甚至只是用一、兩筆帶過的微小身影，他們可能只是一個老兵（他娶了妓女，溫柔相待）、一罐龍眼核（媽媽死了，龍眼明年仍會再生再長再開花結子）、一個嬰孩（妓女依自己的祕密計畫，默默懷了孩子，回到家鄉），還有無數的老農和老樹。就算小駝背死了，黃春明為他留下了名字「金豆」（那是一個因絕望而自殺，卻因黃春明作品而活在此世的小兵），還有為了小駝背被打趴在地上的孩子「高看看」（一個瘦小而高大的靈魂）。只要故事會流傳，小駝背們就有機會活著，而我們希望自己能做「高看看」。

黃春明初中時期。（林美音提供）

死，其實沒死。媽媽阿猜得了霍亂去世時，黃春明才八歲，現在正往八十九歲奔去的他，述說當年那個失去母親的孩子眼睛所看到的世界，細節歷歷，但著墨在媽媽的不多，「我不記得媽媽死的那天是哪一天，但是，我記得龍眼樹上有很多龍眼」，他在媽媽臨終前最後跟她說的那句話就是「我撿了好多龍眼核」，天真爛漫，不關痛癢，卻是至痛。

「媽媽」這個角色以各種意象出入在

黃春明的作品。去年底，我去宜蘭看他編導的歌仔戲《杜子春》，那個浮沉欲海的富家子，幾次大起大落，痛下決心要修道，他在斷情崖等候仙人接引時，承受喜怒哀樂各種試煉，他嚴遵仙囑，不論發生任何事都不能出聲，咬牙忍過威脅、挑逗、恐懼、妻離子散，卻在最後一關天崩地裂，那個嚴酷挑戰是他媽媽將死，正被牛頭馬面拖向地府，她回頭一聲聲喚著即將永訣的兒子，不捨不甘又害怕，但也一再提醒他絕不要相尋而來，在矛盾拉扯之間，杜子春撕心裂肺，大慟大哭，大喊媽媽，成仙之路至此斷絕。我想到我罹癌的媽媽，又脆弱又堅強，需要保護、照顧，又怕成為拖累，我每天都想擁抱她，我們卻像兩隻刺蝟，彼此扎了一身血，相望而慟，漸行漸遠，她還在我身邊，我卻已開始想念，但卻連一句話都說不出來。自己沒成仙，媽媽也沒救成，世間人子，幾人不是這樣？散戲時，我帶淚逃去。

黃春明的油畫自畫像。　（沈珮君攝影）

人沒辦法成仙，因為有情。

黃春明有情，他絕不坐在半雲半

霧裡，他牢牢植根在土地上，他把讀者拉坐在廟前的老榕樹下，讓你看到土地公一根一根鬍鬚。

被稱「鄉土作家」，黃春明年輕時應很困惑，他在〈呷鬼的來了〉，藉由石虎伯的口吻表達了這樣的莫名其妙：「為什麼我是鄉土？是褒獎呢？還是什麼？照理應該褒獎才對。鄉土又是什麼意思的褒獎呢？」

他先是黃春明，才成為鄉土作家的。黃春明沒有刻意要做鄉土作家，「你在哪裡長大，就有那個腔調，帶著那裡很多東西，但是你可能自己當時並不知道。」

他對「鄉土」的價值定義是：「腳踩在泥土裡，在泥土裡開出漂亮的花。」他是宜蘭人，正如同北宜公路的「九彎十八拐」（也是他創辦的一份同名刊物），他在「鄉土」九彎十八拐開出各種漂亮的花，小說、散文、戲劇、舞臺劇、歌仔戲、撕畫、詩，甚至還有多數人不知道的油畫、攝影。

用素樸的文字，描寫素樸的人

在成為知名作家前，黃春明曾在中廣宜蘭臺當主持人，他的節目是《雞鳴早看天》、《街頭巷尾》，他不是安安分分坐在播音間裡做節目，他下鄉。有一次，他應一位身有殘疾不能出門的聽眾之邀：「為什麼你不來我的家鄉報導？」他去了宜蘭員山鄉雙連埤，那是一個連電都沒有、晚上點蠟燭的地方，窄小的土路，不能騎車，他帶著像擦鞋箱一樣大

民國五〇年代，黃春明在中廣宜蘭臺訪問省議會議長謝東閔（左）。（林美音提供）

的錄音機，徒步兩個多小時才到。雙連埤即使是現在都仍人煙稀少，民國五十幾年的中廣，有這樣的製作人、主持人用腳到真正的街頭巷尾做節目。他樂此不疲，即使只是尋常季節更替，他走進稻田裡，把麥克風放在稻浪裡、割稻機旁，用聲音告訴聽眾：「聽，這就是『秋收的季節』。」

像大地一樣，厚德載物，黃春明用素樸的文字，描寫素樸的人、素樸的人與人之間，他連炒米粉也素樸而豐富。

黃春明炒米粉在文化界頗為知名，有滋有味，沒有食譜，他說：「做料理是藝術，不是科學」，很難言傳，但是，他是有理論的：「米粉，你用顯微鏡看它的橫切面，是『空』的，都是『洞』，像海綿一樣，所以才會吸收。它本身沒什麼味道，它要吸收那些外於它的東西，把湯汁吸滿吸飽，這個米粉才會好吃。」他總要提醒，炒米粉前千萬別泡水，「你用水把它撐飽了，它怎麼吸收湯汁？」他的炒米粉是「大海納百川」，謙虛、包容、不排外。

異質元素相互涵容、激盪。黃春明說他的童年是「日本尾，中國頭」。臺灣光復時，他十歲。

在小學四年級前，他受的是日本教育，讀的是日文，小學四年級後，開始學中文。日據時代，日本人為了強化認同，加強語言教育，黃春明每天晚上帶阿嬤去學日文。他回憶那時，「食物是用配給的，日本人吃的是白豆腐，一般臺灣人吃的豆腐摻有花生米，沒有那麼白。日本人分到的肉，瘦肉比較多，臺灣人的肥肉比較多。臺灣人如果想要有日本人的待遇，就要把漢名改成日本名，或者講日語，在家就可以掛一個『國語家庭』的牌子。」

老人好不容易學會日語，沒想到光復後日文五十音就變成了國語注音符號。很多老人說「嘸彩呀」，可惜日文白學了。

日本占據臺灣五十一年，受影響的至少三代人，第一代出生在清朝，第二、三代出生時以日本天皇紀年。日本投降那一天是民國三十四年，一九四五年五月三十日，日本天皇「御音放送」，宣布無條件投降，黃春明回憶當時，「老年人高興地說『真是萬幸』。中年人則是一聽天皇說話就立正，聽完就哭了，老人在中年兒子肩膀拍了一掌，『我們打贏了，你哭什麼』。」

「這種矛盾，我當時還很小，是看熱鬧，覺得很好玩。」黃春明小時候那種中日矛盾，後來加上兩岸隔離後的國共矛盾，愈來愈複雜。他在〈戰士，乾杯！〉這篇小說中，以在夢裡痛哭表現了時代的沉痛。那種悲哀，他以原住民「熊」的家中掛的三張照片，非常視覺化的呈現：第一張是日本兵，「熊」說那是「我媽媽的丈夫」（前夫），在南洋戰爭中被派到菲律賓戰死。日本兵旁邊那張照片是「熊」的爸爸，是「共匪」，他在光復後被派往大陸參加內戰，被八路軍抓去變成共軍。第三張照片是一位穿迷彩裝的國軍，那是他大哥，蛙人，潛赴大陸突襲，為中華民國犧牲。這些照片都掛在「耶穌受難圖」旁邊，而沒有照片的，還有「熊」的祖父，他與日本人打過仗；曾祖父也打過仗，是和漢人打。

「洋流交會」，相異民族或文化的相遇與碰撞

相異民族或文化的相遇、碰撞，除了最初的刀兵相見（爭奪領土、資源、權力），其實後來還有自覺或不自覺地交流，而交流本來可以是豐富彼此的。黃春明喜歡用「洋流交會」形容這種現象，「黑潮（暖流）、親潮（寒流）交會的地方，魚特別多，也容易產生新的品種。」

他常提到「黑潮」，因為宜蘭沿海往花蓮走去，左方遠處就是黑潮。黑潮源自北太平洋上的北赤道環流，因為溫暖，又稱「暖流」。而「親潮」則是自北極海而來，謂之「寒流」。

「黑潮」穿過臺灣東部海域後，沿著日本往東北，在北海道附近和「親潮」相會碰撞，各自帶來魚種，也因冷暖交會造成的海水高低層擾動、混合，成為最佳漁場，日本的北海道漁場、臺灣的彭佳嶼漁場都是如此。

黃春明以「洋流交會」為例，「日本占據臺灣頭尾半世紀，臺灣就是漢族、大和民族文化DNA的孩子，這樣生出來的嬰兒有罪嗎？」他認為臺灣某個年齡層的人對日本人有感情，是完全可以理解的，「日本三一一地震，臺灣人捐了六十多億，若沒有文化上的血親，怎麼可能？」

他對「外省人」也很有同理心。民國三十四年臺灣光復之初來臺灣的幾乎多是軍人，這些人剛打完八年抗日戰爭，那是極不對稱的戰爭，兵疲馬困，戰後怎可能雄壯威武？民國三十八年在大陸內戰敗退來臺的軍人，更是不堪了，那些人很多是「打日本」之後接著「打八路軍」的老兵，黃春明還看到一些青年兵、娃娃兵，「很多軍人應該是農民被拉夫，也有不少根本是小孩，穿著大人的軍裝，挑著鍋蓋，這副『軍容』跟臺灣人以前看到的日本軍人非常結實的樣子，真的差別很大」，讓當時「簞食壺漿以迎王師」的臺灣人很失望。

黃春明回憶外省人、臺灣人當時的族群衝突或對立，「不同種的動物放在一起，就會打來打去。像來亨雞，如果放一隻外來的，就會鬥，所以雞農會先把牠們的尖喙剪掉。」而對新來者來說，「你作為一個生物，跑到一個陌生地方，被連根拔起來，一定會害怕、

〈日日是好日——黃春明創作展〉，黃春明站在自己的撕畫作品前沈思。（沈珮君攝影）

不安，能對人有笑臉嗎？」來自三十五省、各有自己母語的外省人剛開始到臺灣時，彼此連語言也不能溝通，「那種不安就會引起腎上腺素分泌」。他以自己為例，「我少年時，拳頭就不是我能控制的，我還沒有自覺，拳頭已經伸到人家臉前面了。這還只是我個人，如果變成群體，你就知道多困難了。」

「而且臺灣又曾被日本人控制過，認同很複雜，當時又很窮苦，非常窮苦的人就很容易殺來殺去。」黃春明很感慨：「這個認同真的很可悲。」「排斥外來種是動物本能，」他說：「但是，人類不只是動物啊。」

曾是在教育中被打趴在地上的孩子

那一個孩子一直仰望著
仰望到帽子往後頭掉
他還是仰望著
仰望密密麻麻的
星空

媽媽曾經告訴他
地上死了一個人
天上就多出一顆星

爸爸笑他是一個傻孩子
那麼愛看天上的星空

那孩子在心裡焦慮地叫
媽媽——！

您到底是哪一顆？
媽媽——！

——〈仰望著〉．黃春明

這是一個孤獨的孩子。黃春明最有資格談教育，他曾是在教育中被打趴在地上的孩子，他知道他們的傷和徬徨；他曾是學校氣得不想再教育的孩子，幸運的是，最後都有人又替他開了學校大門。他知道教育多麼重要，足以旋乾轉坤。這跟他後來致力童書、兒童舞臺劇、在家鄉開書店，不無關係。

他退學四次，屢仆屢起，其中有幾個意義：

一、他始終沒有放棄自己，一心回到學校。學校是他的救命草。

二、始終有人不放棄他，其中只要有一人拒絕了他，他的人生故事將重寫。尤其可貴的是，給這個「壞孩子」機會、替他「關說」的都是陌生人。

三、他在童年、青少年匍匐谷底，日夜嗅聞的都是土地和小人物的氣味，這些成就了未來獨特的他。而又因爲始終有人在關鍵時拉他一把，他的寂寞故事通常有光。

黃春明幼時喪母，孤獨、叛逆，青春期時又長成肌肉男，被勒令退學都是因為打架。他從羅東中學、頭城中學退學後，繼母對他失望透頂，不願與他同桌吃飯，只要他上桌，她就重重放下筷子離座。鄰居都知道他頑劣，把他的小名「阿達」改為「歹達」。家鄉待不下去了，他想去臺北，十四、五歲的他與運菜的卡車司機講好，凌晨幫忙搬菜，讓他搭便車到臺北。

那時是民國四十年，北宜公路還沒有鋪柏油，土路又彎又顛簸，他睡在堆得高高的菜簍上，凍得發抖，車斗上還有另一個搬運工，惡聲惡氣問他：「冷嗎？」隨手飛丟一個黃麻布袋給他。七十多年前的往事了，黃春明回想那一刻，「我到現在都記得，在濛濛的視覺裡，那個麻布袋丟過來時，灰塵顆粒撞擊我的鼻腔。」他後來住過很多五星級飯店，「沒有一家飯店的棉被比得上那一個聞起來就充滿灰塵的麻布袋來得溫暖、舒服」。

黃春明從此開始他「九彎十八拐」的人生。

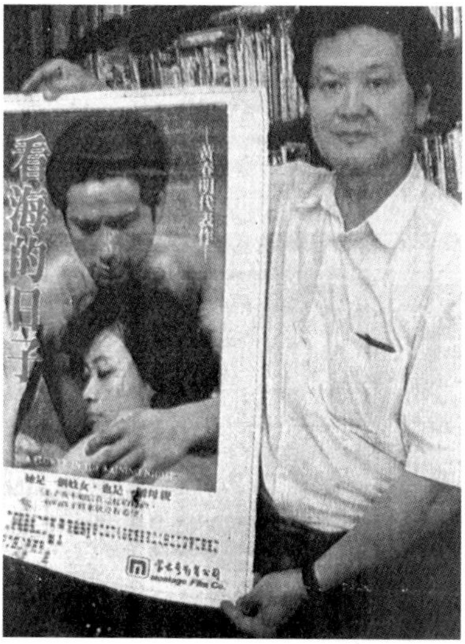

黃春明拿著他小說同名電影《看海的日子》劇照。（林美音提供）

成功就是快要失敗的開始

黃春明的小說，屢見以妓女為側影或主角，他在《聯副》發表的第一篇作品〈城仔落車〉，寫一對婆孫搭車，他們前路茫茫趕去相見的人，就是孩子曾做過妓女的媽媽，她嫁給一個開關橫貫公路的老兵。〈看海的日子〉主角白梅也是妓女，白梅在返鄉車上遇到的好友，也是嫁給退伍少校並已生子的妓女。因應美軍來臺而竄起的酒吧，〈小寡婦〉的故事更是一群性工作者在現代行銷、包裝下，從鄉土向都會化、國際化的轉型。

黃春明童年時，老家附近就有妓戶。他逃家到臺北後，挨家挨戶敲門，好不容易在民樂街找到一家電器行可「以工換宿」，無薪。附近延平北路也有好幾家私娼館，他常被派去那裡修電扇，曾看到她們辦完事就在天井沖洗，他臉都紅了，她們給這個青春男孩取了一個綽號「紅面仔」。

電器行老闆的副業是用紅綠紫化學顏料調製淋在清冰上的糖漿。黃春明除了修電器，還要用椅子站在大灶前熬煮糖漿，並洗刷回收的玻璃瓶，常因裡面的不明物質搞得兩手發癢，「我到今天都不太敢吃這種冰。」在這樣的環境下，他自修考上臺北師範，「以前『師範』學校被人叫『吃飯』學校，不僅免學雜費，有吃有住，每個月還有幾十塊零用錢，畢業後保證有工作。」他不必擔心生活了。

北師是軍事管理，上下課、吃飯、睡覺，都用小喇叭軍號，晚自習、晚點名要唱軍歌、反共歌曲。活潑好動的黃春明很快就受不了，「這種氣氛像被關一樣，實在很辛苦。」當時學校附近只有眷村，根本沒什麼好玩，但他仍常從學校逃出去，晚上九點再爬牆回來，同學很佩服他。他說，當年不知道「成功就是快要失敗的開始」，有一天，他剛從牆上跳下來，校警手電筒就照到他臉上，他哀求校警放他一馬，並把過去的退學史告訴他，以為可以博得同情，沒想到校警覺得這孩子惡性難改，更該交給學校，黃春明一急，

「我拳頭就出去了，打掉校警一顆門牙」，又被退學了。

黃春明非常擔心，擔心的是由他一手創辦的北師橄欖球隊怎麼辦？他這個隊長若走了，球隊就要散了，「我怎麼可以退學？」

他想到教育廳長陳雪屏。黃春明曾經聽過他的演講，印象深刻：「教育要有耐心、有愛心。教第一次，學生不會，還要教第二次，仍然不會，再教一次。如果還是不會，好的老師會再教，也要自我檢討，是不是我教得不夠好？」黃春明跑去教育廳「堵」陳雪屏，在門口攔住正要上班的他，說自己如何被他的演講感動，他現在要被退學了，他問陳雪屏：「學校是不是沒有教育的愛？他們沒有耐心。」

黃春明講得滿頭大汗，陳雪屏說：「看你流這麼多汗，我知道你很誠懇，但學校退學不是我要改就能改的。我可以給你寫一封信，你拿給臺南師範的校長朱匯森試試看。」

就因為陳雪屏一封信，朱校長接受了黃春明，他從北師轉到南師。黃春明後來才知道陳雪屏是跟胡適、傅斯年同輩的人，當年蔣介石用專機帶很多知識分子來臺灣，陳雪屏是其中之一。

禁入教室，意外打開一片天空

黃春明轉到臺南師範重讀一年級，在學校又組織了橄欖球隊，還是很搗蛋。有一天，上「測驗統計課」，老師在教桑戴克的理論，「凡是存在的，皆存在於『量』，凡是存在於『量』的，皆可測量之」，黃春明舉手問：「孟子說人性本善，善如何測量？」老師臉色變了，黃春明又問：「荀子曰人性本惡，惡如何可測量？」老師氣得說：「你、你、你給我出去，」還罵他：「你是北師垃圾，不是我學生。」黃春明被逐出教室，以後上測量統計課時，他就去學校圖書館。圖書館是開架式的，他發現書架最高的地方有好幾捆東西，用泛黃的報紙紮著，這引起黃春明好奇，把它拿下來，上面寫著「禁書」，他大樂。

當時只要身陷大陸的學者、文人，著作都會被禁，理應銷毀，但也許實在太多了，或有人不忍，很多禁書只是被封存。愈禁愈有誘惑力，其中很多書其實非關意識形態，「這些禁書很寶貴，什麼都有，譬如《少年科學家》，內容很好，我當時看很多，到現在都記得。也有很多俄國文學作品，中國大陸譯者直接從俄文翻譯過來，比當年日本翻譯得好多了，」黃春明大開眼界，「我印象很深的是看了四川作家沙汀的《困獸記》，淚流滿面。」

黃看明被老師禁入教室，意外打開一片天空。

二年級下學期的時候，黃春明又被學校退學了，因為曠課太多，加上打架，操行分數只有四十二點五，這是第四次被退學。

黃春明很惶恐，他不能這樣回去那個叫他「歹達」的家鄉。那天，黃春明在《中華日報》看到美國死囚蔡斯曼的傳記報導，一整個全版。蔡斯曼是殺人犯，被關很久，在牧師教導下，開始認字，用很簡單的英文寫下他如何在貧困家庭出生成長，兄弟姊妹膚色都不同，自己怎樣一步步變成罪犯。這本質樸的自傳，感動許多人，好萊塢明星出來聲援他，美國媒體大聲疾呼協助弱勢家庭的孩子教育，《紐約時報》書評專欄直言「美國生病了，要反省」。

黃春明想到自己也正在人生十字路口，他寫了一篇自傳給朱匯森求情。他用十行紙寫了二十四頁，從母親過世說起，他帶著四個弟妹踩在年邁阿嬤的肩膀上，如何動盪不安，請校長不要讓他失去受教育的機會。朱匯森第二天就派校工來找他，朱校長說從信中看得出來黃春明很有才氣，但退學已成定局，他可以寫一封信給屏東師範校長張效良，看看能不能收留他。張校長以前是南師的教務主任。

黃春明高中叛逆時期。（林美音提供）

從「臺灣頭」讀到「臺灣尾」

黃春明帶信去了屏東師範，張校長看信之後說：「噢，你是『流』學生喔。從羅東流到臺北、臺南，現在流到屏東來，屏東再下去是哪裡啊？」黃春明以為校長考他地理，「屏東再下去是巴士海峽。」張校長說：「巴士海峽就沒有師範學校囉。」屏師已是臺灣最南端的師範學校了。

黃春明從「臺灣頭」讀到「臺灣尾」，「那時屏東可能連一個宜蘭人都沒有」，他不能再「退」了。

張校長以「留校察看」的方式讓他入學。

黃春明才進屏師一個多星期，工友來找他：「黃春明你會死了，校長叫你去他家吃飯。」黃春明很忐忑，校長為什麼會請留校察看的學生吃飯？

校長家是一間日式宿舍，黃春明到的時候，人高馬大的張校長把太太、兩個小孩叫出來，在玄關跟他一一介紹。

黃春明回憶此事，很激動，「這是迎賓耶，可見他很鄭重地接待我。」黃春明至今還記得校長孩子的名字，「一個叫乃屏，一個叫乃東，就是『屏東』兩個字。」

黃春明高中換了兩個學校，師範換了三個，共念了七年，回想自己的退學史，他充滿感激，「臺灣人有很好的，也有很壞的。外省人也是，有好人有壞人。像陳雪屏、朱匯森、張効良這樣的外省人，他們對我沒有放棄，改變了我一生。」

他的文學生命也與一些外省人有關。他在得到國家文藝獎時，高舉獎杯：「王老師，我得獎了。」王賢春是他的文學啟蒙者，是他在羅東初中二年級的導師、國文老師，最早發現他有寫作才華。

黃春明逃家到臺北時，身上帶著兩本短篇小說，一本是沈從文的，一本是契訶夫的，

「沈從文是我的文學之父，契訶夫讓我看得眼淚直流，他們讓我一直寫短篇小說」，這兩本書就是王老師送他的。

王賢春才二十六歲，有一天，她在課堂上被穿著中山裝的人帶走，臨走她還叮囑學生：「各位同學，你們是中國好寶寶，你們好好用功，中國就有希望。」後來他們聽說王賢春被槍斃，她被指是「中國共產黨青年南方工作隊」的人。

黃春明(右)的文學伯樂林海音（中）、尉天驄（左）。
（林美音提供）

活一天賺到一天，日日是好日

黃春明在服役時開始在大報投稿，第一篇作品〈城仔落車〉寄給《聯副》時，他還附信說，若獲刊用，標題「『落車』不可改成『下車』」，他堅持要用原題的臺語發音，因為那才是「那個鄉村阿婆的生命吶喊，改成國語就不對了」。政府當時正在強力推行國語運動，黃春明的堅持讓主編林海音十分為難，但她太喜歡這個文壇新人的作品，雖然忐忑，原題照用。

林海音曾以「自暴自棄式的黃春明」形容他的人和作品：「是一種不為利益去迎合，合不來就放棄的自暴自棄」，「他是個不願遷就，討厭鄉愿的人」。黃春明敢於反抗權威，作品人物常是鄉土底層困苦的小人物，對當時吃盡共產黨文學思想戰苦頭、敗退來臺的國民黨政府來說，「相當敏感」，他們對「思想」抓得很緊，以免「重蹈覆轍」。

當年林海音為了發不發黃春明的稿子，時常連上床了都還輾轉反側。林海音在替黃春明小說集《小寡婦》作序時，提到她在刊發他那篇充滿政治隱喻、批判的〈把瓶子升上去〉時的掙扎：「使我喜歡又擔心的小說，我怎樣的讀了又讀，改了又改，發下去，抽回來，終於也以『自暴自棄』的心情發下去，然後晚上睡在床上又自己嘀咕了好一陣子。」

黃春明常說：「《聯副》是我的娘家，」因為林海音的肯定，「我的人生從此彷彿有了定位。」

黃春明另一個文學伯樂是尉天驄。尉天驄以姑姑給他的一點錢創辦了《文學季刊》，註定不賺錢，所以無稿費。作家都知道無酬，但仍然很拚命替它寫稿。尉天驄對黃春明催稿甚力，經常預先空出幾頁等他的稿，〈看海的日子〉就是這樣被逼出來的，黃春明邊寫邊為女主角白梅的命運流淚：「實在太可憐了」，這部沒有稿費的作品成為他的代表作。一直對黃春明期待甚殷的姚一葦看到這部作品時，興奮地跟他說：「這才是你的作品！這才是你的作品！」黃春明後來許多名作都是刊在《文學季刊》。

《文學季刊》民國五十五年十月一日創刊，黃春明夫婦幾天前才自宜蘭搬到臺北，黃春明的太太林美音不勝感慨：「就是那樣的一萬八千里，我們居然會從對彼此那麼遙遠的

這是黃春明撕畫作品，他始終用望遠鏡在看著他的故鄉。（沈珮君攝影）

地方，相遇在臺灣臺北這個小點上」。

《文學季刊》作家常聚在姚一葦家，尉天驄認為在姚先生家歷次聚會「最令人興奮的就是遇見黃春明」。黃春明也說：「如果沒有尉天驄，今天的黃春明不知道在哪裡。」

黃春明八年前被檢出的淋巴癌已經康復，一頭亂髮，仍像頑童一樣滿不在乎披在頭上，他在去年底「日日是好日——黃春明創作展」開幕時說：「你站在沒有時刻的月臺，不知你的列車何時來到，活一天賺到一天，日日是好日。」我想起他前陣子跟我說的：「我這一輩子碰到的都是貴人，連滾帶爬，平安畢業，還娶到漂亮太太。我這幾天看到月亮又圓又大，忍不住就給它合掌拜了下去：真是謝謝你呀。」

多美的一拜。

◎原載二〇二三年三月十九日至三月二十日《聯合報·副刊》

我問我聞

記憶像一條繩索——黃春明訪談錄

作者與黃春明合影於他的書房。（沈珮君提供）

前言：聽黃春明說話，就像看他的書，眼前都是畫面。也像看著時光膠囊出土，裡面那些古樸的人事物，都是我們的一路走來。我忍不住把他說的話一字一字記錄、整理成文字，以誌我們那個年代，並且致敬。

訪談時間：二〇二二年七月十三日

我的童年是「日本尾，中國頭」。我的日文讀到小學三年級。四年級都在躲空襲，美國轟炸臺灣，那段時期叫「非常時期」，我們常要逃警報，日文叫「疏開」。當時的宜蘭四結是造紙工業，二結是糖廠，都被炸得很嚴重。

美軍參戰後的「非常時期」，臺灣物資都

要集中給日本軍方。有一次，學校要我們交一些家裡的金屬器具，有人帶門把、錫作的燭臺，有人帶鐵皮桶，這些金屬物資，都要交給日本人。有時候也規定要交蚊子的屍體，因為蚊子太多了，怕有瘧疾傳染病。

蓖麻的種子可以做機油，那時候日本命令我們空地都要種蓖麻。

日本人當時在中國東北打日俄戰爭，俄羅斯有坦克車，日本人有「炸彈三勇士」，三個人抱著炸彈排成一排，三人一組衝過去炸坦克車，這一定是死，老師上課跟我們講這種故事，要我們效法這種勇士的犧牲精神。

我在羅東國小年二年級時，老師帶我們到偏鄉溪流去撿大石頭，每個小學生都要交兩個。老師帶我們上山，拿竹篾做成圓筐，綁上四根線，石頭就放在圓筐上，大個子的學生就可以用竹筐把石頭挑下山來，這些石頭是用來建海邊碉堡。那時候聽說美國要用跳島戰術打日本，想先占領臺灣，第一目標就是先占領宜蘭。日軍得到這種情報，所以在宜蘭縣沿海建碉堡，要防守。我那時得腮腺炎，大人把土蜂的巢拿下來拌茶油給我塗在臉上，我指著我塗著藥的腮幫子，意思是我不能去，老師巴我一耳光，還是得一起去。

兩隻火雞就可以換一棟房子

當時的房子很便宜，但是沒人敢買，有人用房子換兩隻火雞或者一隻火雞。食物是配給的，富有的人「窮到只有錢」，鄉下窮人卻有物資，有蔬菜、米，因為是自己種的，偷偷在闇市（黑市，日語是YAMI）賣。鄉下人背著一個闇市袋仔（黃春明太太林美音：那個袋仔很像現在紅綠條紋的購物袋，只是當時還沒有這麼漂亮，沒想到現在變成很紅的懷舊商品），食物就裝在闇市袋仔裡面交易。警察很忙，都不是忙著抓小偷，而是抓闇市。

宜蘭河流很多，養很多菜鴨（蛋鴨）、土番鴨（肉鴨）、紅面鴨（呷補的）。宜蘭鴨賞多，就是因為蛋鴨老了，很瘦，身上沒有什麼肉，丟掉又很浪費，所以就把它從腹部剖開，用竹片把它撐起來，醃漬之後用甘蔗燻，又甜又香，蒸起來吃，每次一點點就很下飯，配酒更好，腳和頭拿去熬湯，過年煮大芥菜特別好吃。現在的鴨賞都是拿肥鴨去做，就不對了，也不知道它的歷史了。

我們小學初年級只有上午上課，中年級之後，下午也要上課，要帶飯包。家境比較好的孩子飯包裡面有墨魚，一般人家的飯包就是菜脯蛋，有人的打開來只是四條小小、瘦瘦的番薯莖，我的是菜脯蛋，飯裡面加了地瓜籤。因為吃很多地瓜，所以放屁很多，我們有一個「點鑼點叮噹，誰人放屁沖闇公」抓「屁主」的童謠，很好玩。

窮苦的臺灣，認同很複雜

在那個「非常時期」，日本人要強化思想教育，從語言開始。我阿嬤五十多歲了，也被迫要上日語，我晚上帶她去上課。日文教材都是盡量採取直覺式的，有圖解，電燈用日語怎麼說，就畫個電燈在旁邊。老人好不容易學會日語五十音，光復後就要改學中文的注音符號。老人說「嘸彩呀」。

臺灣是日本人進軍東南亞的一塊跳板，所以他們真心在臺灣建設，希望臺灣建設得跟日本一樣好，這是他們侵略戰爭的一部分，所以水利建設、鐵路建設、要求臺灣人民換日本名字，都是為了強化日本的國力。

在日據時代，如果在學校講自己的方言，就要被處罰，因為講的人太多了，老師都懶得打了，要我們排成兩排，面對面互相打耳光，叫「掌嘴對抗」，打輕了，老師會重重打給你看。光復之後，注音符號課本還沒到，我們先上「漢學」。閩南語八個聲，有語音和讀音，非常有音樂性。我到現在都記得當時的漢語課本第一課是：「一手五指，兩手十指。」用閩南語讀音去讀，才好聽。第二課是：「草地上，有牛羊，牛羊同吃草。」用閩南話的讀音讀起來非常有起伏。《三字經》的人之初整本我們都用漢語去讀。古詩如果用漢語讀，韻味就很不一樣。「一年之計在於春，一日之計在於晨。」、「龍在淺灘被蝦戲，虎落平陽被犬欺。」用閩南語讀起來，像歌一樣，不必背，自然就記住了。

我的孫子幼稚園就會背整本《三字經》，他不會寫字，但是會背。

中國的詩詞、經典、格言，這些都是「預備教學」，童年背的時候可能不了解意思，等你長大的時候、老的時候就懂了。

中國歷史有幾年是平平安安的？當初來臺灣的外省人大部分是軍人，他們到了臺灣語言也不能溝通，那種不安就會引起腎上腺素分泌。我以前在少年時，拳頭就不是我能控制的，我還沒有自覺，拳頭已經伸到人家臉前面了，這還只是我個人，如果變成群體，你就知道多困難了。而且日本人又控制過臺灣，認同很複雜，當時又很窮苦，非常窮苦的人就很容易殺來殺去。這個認同真的很可悲。

（林美音：我大哥就是完全像日本人，他曾經受訓做日本兵，他現在九十多歲了。他年輕時都在聽「琉球放送」，半夜聽到電臺放日本國歌，他都會端正坐好。我爸爸看到日本老師到臺灣來，都高興得不得了，同學湊錢給日本老師買金子。）

「塞班島玉碎」的時候，我爸爸叫我一起跪下，告訴我這件事情，非常痛心難過。臺灣有二十二萬日本軍伕，我爸爸是其中之一，他當過日本兵。日本人這五十年對臺灣的影響不只一代人。

〈莎喲娜拉．再見〉那篇，有人說我批評日本、南京大屠殺，說我是偏向中國。我們現在反的是共產黨，是那個政黨、政權，不是中國。中國字的結構有多美，我們拜的關公、媽祖，不都是中國文化的一部分嗎？

林海音讓我的人生有定位

林海音先生是我的貴人，我在《聯副》第一篇文章〈城仔落車〉，我要求一定不能改我的標題，「落車」一定要用臺語念，是那個主人翁阿婆的生命吶喊，你把它改成國

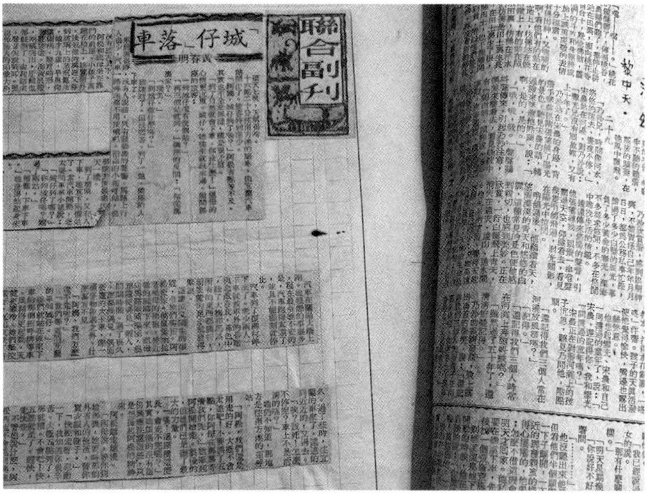

黃春明發表在《聯合報・副刊》的第一篇作品〈城仔落車〉，要求主編林海音標題一定要用臺語。（沈珮君攝影）

語就不對了。我還有一篇文章，〈把瓶子升上去〉，內容是苦悶的人喝掉一瓶酒，然後把空酒瓶升上旗杆，當時旗杆只能升國旗，怎麼可以把空酒瓶升到旗杆上？這個象徵性很強。林海音已經發稿拼完版了，跟她先生何凡想了又想，覺得不好，就把版換掉，但是想一想又覺得實在是好，又把它換上去，她後來自己在文章上有寫：「自暴自棄式的黃春明」。她和我第一次見面時說：「你這個黃春明，我當時把你的稿子一發排，回到家都睡不著覺。」

我從小就找不到自己在人群中位置，從第一篇作品獲得林海音的肯定之後，彷彿給了我的人生一個定位。

我當兵時，曾經在軍中「力行總隊」待過，力行總隊是頑固隊，軍中喜歡在節日鬧營的人、很難管教的人就會被放到這個總隊。鬧營常常都是因為節日想家，有時候會鬧得很厲害。力行總隊的人來自大江南北，什麼省的人都有。在那裡，軍方不會管頭髮、衣服是不是很整齊，而是要你不斷勞動，譬如石門水庫放水，要建立「小給水」系統，把水導到農田裡灌溉。小給水是利用虹吸原理，要向下挖深兩公尺，地下水冒出來，我們要用鋤頭、鏟子，十字鎬繼續挖下去，如果碰到大石頭，就很慘，也要繼續用這些簡單的工具挖，所以常常是頂著星光回營。

這些人幾乎都是從大陸來的，南腔北調。我在力行總隊一直做到退伍，聽他們說自己的故事，非常慘。他們都是農民，很單純。

我分析自己少年的叛逆性，可能跟我母親阿猜二十四歲就霍亂死了有關，我爸第二年就再娶，我們家共有五個小孩，我是老大，當時最小的妹妹才四個月，送給人家養。我不願意叫後母「媽媽」，我認為我的媽媽只有一個，她已經死了。我爸爸逼我叫，畫一個圈圈要我在裡面罰站，我不叫她媽媽就不能出來。我站一整天，晚上快要撐不住了，鄰居在後門偷看我，我覺得很多人同情我，所以我又可以撐下去了，我阿嬤出來打圓場說：「今天不叫，明天不叫，總有一天會叫，飯都冷了，讓他來吃飯。」我在吃飯時，眼淚都流出來了。

我家沒有溫暖，我整天在外面，用腳讀地理，對自己有莫名其妙的信心（林美音：不堅強就活不下去。）最近「時報」出版科姆拉賓寫的《文學家的父親》，這些文學家都不是乖乖牌，所以變文學家。

訪談時間：二〇二二年八月二十九日

老人的記憶像一條繩索，不斷往前拉、往前拉。我還記得家裡附近有一條小河，河裡常常漂來死雞死鴨，即使是死雞，大家都還是要搶，就算是一根鴨毛，也要把它包起來，因為鴨毛可以做羽絨，收集很多鴨毛晒乾了就可以拿去賣。死雞叫紅肉雞，因為不是人工宰殺，沒有放血。有一次，我搶到一隻死雞，聞一聞只有一點臭，就拿去送給姨婆，姨婆叫我不要走，說她今天殺豬公，叫我帶一點回去。哪裡是豬公，是一隻好大的老鼠。

我是闖闖難過闖闖過，我的貴人太多了，幫忙我的很多都是外省人、外省老師。我高中在羅東中學、頭城中學都被退學，我是真的很頑皮。我常常自己還沒發現，右手拳頭就已經出去了，那是青少年腎上腺素太發達的原因，這要用意志、教育才能把它壓下來，所以學校教育、家庭教育非常重要，才能管住腎上腺素。

學校不能去，家裡也容不下我

我在頭城中學退學，學校沒有通知家長，我拿二百六十元去註冊，學校說名冊沒有我的名字，但我後來還是自己繼續上課旁聽，我搬一個課桌椅，放在中間那排最後一個。教化學的老師口音很重，常常說「奶格」，意思就是「哪個」。我們就用「奶格」做他的綽號。我實在太頑皮了，上課也不好好上，有一天，我把紙折成一條再對折，用橡皮筋彈出去打掛在課桌旁的塑膠杯，杯子跳到地上還會滾、跳，一串的響聲，化學老師先問「奶格」，然後看著我說「就是你」，他對了座位表，叫那排最後一個人的名字「盧鴻春」，盧鴻春站起來，化學老師說「不是你，是後面那個人」，這才發現這一排多了一個人，我。

學校警告我，我若再到校，他們要報警。

學校不能去，家裡也容不下我。我民國四十年左右就離家出走到臺北。我對修理電器很有興趣，想找一家電器行做學徒，我到很多電器行求職，跟他們說：「我是鄉下來的，我只要住，不必給我薪水，我願意替你們做任何事。」但是當時工作機會很少，根本找不到工作，後來臺北市民樂街一家店收容了我。

那個店家有八片門扇板，一般人家只有六片，可見它很大。店面一半堆滿了各種壞掉的電器，另一半是賣木炭、煤球，還兼做紅、黃、紫的三色糖漿，我要踩在椅子上才能在大灶上熬煮糖漿，裝入回收的玻璃瓶，賣給人家做剉冰用。那些回收玻璃瓶也是我要洗，有一次有個瓶子不知道原本裝什麼東西，讓我雙手過敏，癢得很難過，我從此再也沒吃過剉冰。

當時延平北路三段附近很多妓女戶，大部分都是沒有執照的，比較便宜。當時的私娼館門都開一半，那個就是訊號，所以私娼館也叫「半掩門」。

我有時去私娼館修電器，看到有些妓女剛辦完事，就在天井沖洗，我臉都紅了，她們就笑我是「紅面仔」。那個時代提到「性」，都是很害羞的事。我在羅東中學的時候，有人到學校賣壽司，他帶很多裸女照片，只要買六顆壽司就可以看一眼裸照，生意好得不得了。我已經當小學老師的時候，有一次回到家聽到鄰居講了一個黃色笑話，那是我第一次聽，笑得半死，鄰居很吃驚：「你沒聽過？這是你爸爸告訴我的笑話。」

我離家的時候帶了兩本書，一本是沈從文的，一本是契訶夫的，是王賢春老師送我的。我一邊工作，一邊自修，後來考上臺北師範。

拳頭一出去，我又被迫退學了

北師是軍事管理，上下課、吃飯、睡覺，都用小喇叭軍號，晚自習、晚點名都要唱軍歌、反共歌曲。這種氣氛像被關一樣，實在很辛苦。我很叛逆，把制服長褲拿去改成鉛筆褲，因為太緊了，所以都要同學幫忙才能脫下褲子。我也會逃校，當時的延平北路三段只有眷村，也沒什麼好玩的，但是我就是要想辦法偷跑出來，透透氣。我常常從學校逃出去，晚上九點再爬牆回來，同學們都很欽佩我。成功就是快要失敗的開始，有一天，我從牆上跳下來，校警手電筒就立刻照到我臉上，我哀求他，把我過去的退學史告訴他，想要博得他的同情，他更生氣了，覺得我惡性難改，更該把我交給學校，我一急，拳頭就出去了，打掉他一顆門牙，所以又被退學了。

我的美術、體育、音樂成績都很好，老師也對我很好，學校的橄欖球隊是我這個普通科學生組織起來的，戰績也很好，我們隊員每天都練胸肌，很計較肌肉發達不發達。這麼好的球隊，我如果走了，北師橄欖球就要散了，我怎麼可以退學？

我想到去找教育廳長陳雪屏，我因為曾經聽過他的演講，對他一段話印象深刻：「教育的愛不是男女的愛，要有耐心、有愛心。教第一次，學生不會，還要教第二次，第二次不會怎麼辦，好的老師就會再教一次，還是不會，要不要再教？如果是好的老師就會，也要自我檢討，是不是我教得不夠好？教育就是這樣一個要有耐心的工作，這就是教育的愛，只有這種人才能做好教育工作。」我跑去教育廳堵陳雪屏，等他的車進來，看他下車，我就像告路狀一樣說我是如何被他的演講感動，我現在要被退學了，學校是不是沒有教育的愛，沒有耐心。

我本來就很會流汗，那天也講得滿頭大汗，陳雪屏說：「看你流這麼多汗，我知道你很誠懇，但是學校退學一定經過了校務會議，不是我要改就可以改的，我可以給你另外寫一封信，讓你拿給臺南師範的校長朱匯森試試看。」朱校長就因為這信接受我了。

我在北師一年就退學，轉到臺南師範重讀一年級，我也在學校組織了橄欖球隊，但我還是很頑皮。在一門測驗統計課中，老師教桑戴克理論，「凡是存在的，都存在於量，凡是存在於量的，皆可測量之」，我舉手問老師：「孟子說人性本善，善如何測量？」老師臉色變了，我又問：「荀子曰人性本惡，惡如何可測量？」老師氣得說：「你、你、你給我出去。」我說我不行出去啊，曠課會扣操行分數一分，他說他不會記我曠課，因為「你根本不是我學生，你是北師的垃圾。」

南師二樓圖書館是開架式的，我不能上他的課，我就去圖書館看書。那時是民國四十四年左右，有很多禁書，凡是身陷大陸的作家，他們的作品都是禁書，禁書實在太多了，燒不完，警總要大家自主管理。我在圖書館看到放得很高、有好幾捆用泛黃的報紙包紮的東西，我把它拿下來一看，上面寫著「禁書」，我大喜過望。這些書後來我和同學曾經合作從二樓一本一本丟下來，偷了一點回去。

我二年級下學期的時候，又被學校退學了，因為曠課太多，加上打架，我的操行分數只有四十二點五，這是我第四次被退學，我不敢回家。臺南師範暑假的時候借場地給救國團辦滑翔大隊夏令營，學校的廚房要做飯給他們吃，我在學校做過兩年的監廚，所以廚師都會叫我一起吃飯，我暑假可以在學校裡吃飯。我們那時吃飯都用鋁碗、鋁盆，鋁盆幾乎都是撞凹的，很有用，晚上可以倒扣睡覺當枕頭，很冰。

黃春明第四次被退學，在人生的十字路口，他寫了一篇自傳給南師校長朱匯森求情。（聯合報系資料照片）

我被退學，不知道怎麼辦，我後來在《中華日報》看到了美國死囚蔡斯曼的故事，他是殺人犯，在監牢關了很多年，牧師跟他傳道、教他認字，他用很簡單的英文寫下自己的成長故事，他的家庭環境很差，兄弟姊妹膚色都不同，他如何一步步誤入歧途。

我看了很感動，覺得自己也是這樣，就寫了我的自傳，用十行紙寫了二十四頁，那時朱匯森正準備要去美國考察，我怕他來不及看到，晚上從窗戶爬進去，把我的自傳放到他辦公室，我從八歲時母親過世說起，說我帶著四個幼小的弟妹踩在纏小腳阿嬤的肩膀上（其實我奶奶沒有纏小腳），如何動盪，我求情，請他不要讓我退學，我還又加了一張紙條，請他原諒我爬窗戶進來，先跟他道歉。我還告訴他我住在臺南市女被炸毀的校舍裡面。

朱校長第二天就派工友來宿舍找我去見他，朱校長說看得出來我很有才氣，他可以寫一封信給屏東師範張効良校長，看看張校長能不能收留我，張校長以前是臺南師範的教務主任。

訪談時間：二〇二二年十月五日

張校長高頭大馬，看信之後對我說：「噢，你是『流』學生喔。從羅東流到臺北、臺南，現在流到屏東來，屏東再下去是哪裡？」我以為他在考我車站名字，我對京滬鐵路很熟，但我對臺灣鐵路不熟，因為當時地理課本很少臺灣的內容，我想一想就說，「屏東再下去是巴士海峽」，他說：「巴士海峽就沒有師範學校囉。」

張校長說他可以讓我讀，但是要「留校察看」，可不能再犯錯了。我又從屏東師範的高二念起。

校長很慎重地請我吃飯

我在屏師第二個星期，校長室工友來找我：「黃春明你會死了，校長叫你去他家吃飯。」哪個校長會請留校察看的學生吃飯？那是一間日本宿舍，我到的時候，張校長把太太、兩個小孩叫出來，在玄關跟我一一介紹，這是迎賓耶，可見他很鄭重地接待我，我還記得那兩個孩子，一個叫張乃屏、一個叫張乃東，就是「屏東」兩個字。

臺灣人有很好的，也有很壞的人。外省人也是，有好人有壞人。像陳雪屏、朱匯森、張効良這樣的人，他們對我沒有放棄，改變了我一生。

我對族群的看法是這樣：動物對土地都有下意識的認同，他如果不得不到別的地方去，如果不是因為他太強大了，就是因為他被欺負，必須逃難。他到一個陌生的地方，一定要自衛，而每一個原來在這塊土地的族群，都會排斥外來的，就像來亨雞，你從外面抓一隻丟進去，我們人類看不出哪一隻是從外面去的那隻，但是原來那一籠雞，一定知道哪一隻是外來的，牠們會用嘴巴一直去啄牠，那是動物的本能。但是，人類不只是動物啊。

我在屏東還有一個恩師，就是導師趙伯雲，我剛到屏東師範的時候，就像一個外來種，一看就不一樣，人家都知道我是臺北來的，也知道我留校察看，常常來挑戰。我那時候已在學校組織了橄欖球隊，有一次比賽，我是右翼，在一次踢球門時大喊一聲「幹」，其實只是幫助我用力的一個語助詞。那是關鍵的一球，我們贏了。賽後，對方就來找我打架，我先去跟趙老師報備：「我為了自尊，不能不打這一架。」趙老師說：「不能打啊，不能打啊。」

我講完話就走，特別挑了一個老師找不到的地方打架。因為我練過拳擊，一拳就打到對方眉骨裂開，我還帶他去醫務室包紮，再去跟趙老師說，「我打完了。」趙老師說他叫同學去阻止我們打架，都沒有找到，「你們究竟在哪裡打？」我說我們在總統銅像後面打，趙老師習慣性一邊吸鼻子，一邊拉自己衣服，「好，好，你打架還怕總統看見，這一次就原諒你。」現在想起來，其實那不是他白痴，而是給我網開一面，否則我畢不了業了。

還有一次吃飯，菜不好，大家捶桌子，像監獄鬧房，一起大聲喊：「監廚加油！」教官站起來說：「你們如果要耍流氓，站出來，我不會報告校長。」我神經病就站起來走過去，教官卻走了，去報告學校，老師聽了馬上就猜到「一定又是黃春明」。但因為教官避開了，所以這一架沒打成，現在想想，這也是幫了我，否則如果我跟教官打架，我應該屏師又不能畢業了。

我在北師、南師、屏師因為退學、重念，總共五年才終於從師範畢業。

我畢業的時候已經二十四歲，去當了三年老師、兩年兵。我二十九歲在中廣宜蘭臺認識了我太太。

（林美音：我民國四十八年進電臺，在結婚前，一步都沒有離開過宜蘭。那時不能談戀愛，我們第一次看電影，他先去，坐在那裡，我走進去，看電影我們不敢坐在同一排，不敢讓人家知道。）

當時的人為了談戀愛，「墓仔埔嘛敢去」，就是因為戀愛不能公開。

我們工作三年，沒有「談」戀愛。我是早上七、八點就進電臺主持《雞鳴早看天》，美音是晚上七、八點，主持《蘭陽之聲》，都是臺語節目，她的片頭是〈都馬調〉，我的片頭是法國作曲家聖桑的〈動物狂歡節〉。

黃春明妻子林美音（左）與他是中廣宜蘭臺同事。她20歲時曾訪問當時8歲的名歌星陳芬蘭（右）。（林美音提供）

我喜歡收錄土地真實的聲音

我喜歡走出播音室，譬如秋收的時候，我會把麥克風放在割稻機旁邊，讓聽眾聽到割稻的聲音，我就告訴他們這是收割季節，我也到現場去訪問稻農，問他們這是什麼稻種。

當時的錄音機像擦鞋箱那麼大，這些經驗都給了我很多小說的材料。

有一次捐款賑災活動，我劈開竹筒，錢滾出

來，我把這個聲音錄下來，我說這聲音是七歲小孩的捐款，是最溫暖的聲音。

我要做現場實況錄音節目，我要收錄土地真正的聲音。我曾經和太太合作了一個實況訪問「街頭巷尾」，有一個聽眾寫信給我，他是一個殘障不便的人，他問我為什麼不去訪問他的家鄉，所以我們就實際去了宜蘭員山鄉雙連埤，下車之後還要走路兩小時，那裡完全像個桃花源，那個地方連摩托車都騎不上去，即使要聽收音機，都要一個大電池拿到市區裡充電才能聽到。

我初二的時候，國防部聯勤被服廠遷過來，當時的眷舍還沒蓋好，他們先住在郊區，很多人住到我們羅東來，他們的孩子都說白話文、普通話，跟我們一起遊戲。我發現外省小孩和我們差異最大的是他們的作文比較好，毛筆字也很好。我因為常跟他們玩，所以我口說的能力也很好，這跟我後來的寫作能力應該也有關係。

黃春明（29歲）、林美音（24歲）婚前與中廣宜蘭臺同事一起騎車遊中橫。
（林美音提供）

我作文喜歡寫生活經驗，第一篇寫秋天的農家，我從打穀機轟隆轟隆開始寫，王賢春老師點名發作文簿，叫到我時說：「作文要做得好，不要抄人家的。」我說：「我沒抄，真的沒有抄。」老師說她相信，但我認為她不相信，我堅持再寫一遍，而且要她出題目。她出的題目是「我的母親」。我說我八歲時媽媽死了，老師愣了一下，問我對母親有印象嗎？我說很模糊了，她說那你就寫這模糊的印象。母親死的那天具體的日期，我已經忘記了，我後來想起當時是龍眼很多的那時候，我想到母親彌留時種種的情景。

我的老師被槍斃了

隔一天，王老師找我，那時是冬天，太陽很好，老師要同學都去外面玩，要我留下來，她拿出我的作文簿，我遠遠看到上面用硃筆畫了很多圈圈。老師抬起頭，眼睛紅紅的，說我寫得很好，老師那時才二十六歲，從大陸來臺灣，我的文章應該也讓她想起了自己的媽媽。她送我沈從文、契訶夫的短篇小說集，我離家出走的時候就帶著這兩本書，我一輩子都在寫短篇小說，跟她很有關係。有一天上課時，一個穿中山裝的人來，說「王老師，我們要跟妳談談，請妳到校長室來。」老師跟我們說：「各位同學，你們是中國好寶寶，你們要好好用功，中國就有希望。」第二天羅東的人都在傳羅東中學裡抓到一個匪諜。那就是我的老師王賢春。她後來被槍斃了。

我在《聯副》刊登的第一篇文章〈城仔落車〉，我指定不能改題，一定要用閩南語，林海音不但沒有改，還給我很多肯定。王老師啟蒙我、林海音肯定我，讓我知道文學這

民國63年，黃春明赴恆春拍攝紀錄片，抱著次子國峻。（林美音提供）

民國57年，黃春明在住家外面抱著長子國珍。他們當時賃居於臺北市寧夏路房東的後院，正在寫〈鑼〉。（林美音提供）

條路可以走下去，讓我痴迷，生活好壞、稿費多少，我都不在乎。婚後生孩子最窮時，我還在寫〈看海的日子〉連載，尉天驄的《文學季刊》留下空白的幾頁等我的稿子，我請假三天，小孩子打預防針，半夜哭鬧，我們住在松江路臺電員工日式宿舍，是跟二房東租來的一個房間，我就是在這樣的狀況下寫作。有時因為繳不起房租，我每天早上六點多就出門，慢慢走路逛去公司，以避免碰到二房東。

寫小說像挖礦，表面都是沙土、石頭，碰到礦脈要小心，沿著礦脈走，小說就自己出來了，你只能跟著跑。

《文學季刊》三個月一次，沒有稿費，但大家都很拚。尉天驄曾經說我跟他第一次見面時，我像個鄉下人不敢說話。《文學季刊》民國五十五年十月一號創刊，我們民國五十五年九月搬到臺北。就是因為這樣，我們才有機會跟《文學季刊》那些作家那麼熟。

其實，我最早的一篇文章是〈清道夫的孩子〉，在《救國團團務通訊》（《幼獅文藝》前身）一九五六年十二月二十日刊登，當時引起很熱烈的討論，因為文章中的那個孩

黃春明才華橫溢，註定「不乖」。　　（林美音提供）

黃春明最新出版的撕畫童書《犀牛釘在樹上了》。
（沈珮君攝影）

子劉吉照到底會不會逃學，讀者都非常關心。當時我用的筆名是「春鈴」。

《聯副》是我的娘家。直到我去愛迪達上班，才開始生活穩定。「愛迪達」這三個字是我翻譯的，原名是「雅力」，那時我已經是一個有名氣的作家了，老闆帶我參觀公司，很客氣，說我不是他僱請的員工。愛迪達給我很大的禮遇，不必一定要在辦公室，也可以去明星咖啡館寫作。我把愛迪達的行銷活動變成event，不必登廣告，也會上報，譬如，我找十個風景很好的地方辦慢跑，上千人都穿愛迪達的衣服來參加，這種大活動報紙都會刊登。

我的工作是行銷，我也會寫進小說裡，像〈小寡婦〉那篇小說裡面，很多內容是marketing research，以如何開設酒吧，從分析市場、顧客心理，一路到商品設計、包裝，都是廣告概論的落實。

我很看重語言，對小孩講故事，讓他們聽戲、看戲，忠孝節義就從這些生活語言的表達傳達出去，很容易入人心。教育其實就在生活裡、家裡的餐桌上。

◎原載二〇二三年三月二十一日《聯合報・數位版》

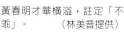

相濡以墨的師友傳奇

杜忠誥

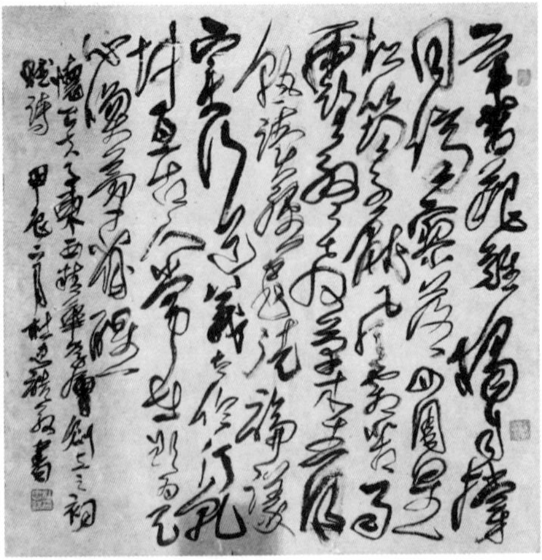

杜忠誥2024年春天完成的新作，寫的是南懷瑾當年初創「東西精華協會」所賦詩。老筆紛披，開合自在，有行雲流水的妙趣。（養龢齋提供）

（聯合報系資料照片）

杜忠誥
一九四八年生

生於彰化縣埤頭鄉。號研農，書法藝術家，兼擅行、草、隸、篆、楷等各體，並從事儒、釋、道思想及漢字形體學之研究。畢業於臺中師範專科學校、臺灣師範大學國文學系。受書畫家呂佛庭啓蒙學習國畫，後轉而專攻書法。三十四歲留學日本，獲筑波大學藝術學研究所碩士，五十四歲獲國立臺灣師範大學文學博士。

得獎紀錄：獲臺灣省全省美術展覽會書法部首獎，並連續三度獲前三名，得永久免審查資格；一九八二年獲中山文藝獎、吳三連文藝獎。一九九三年獲第十八屆國家文藝獎。二〇一六年獲中華民國總統頒授二等景星勳章。書法作品曾於臺灣、日本、澳洲、美國、韓國、中國大陸、西班牙等地展出。

杜忠誥念師專時，暑假回家協助晒穀。（養龢齋提供）

寫字，用筆，更是用心

——止於至善。

——「無我」才能「有他」，才能得其法，由眾多「他法」而得「共法」，最後形成「我法」，這才有自己風格。無我，謙受益。

——當下就是生死。「步步殺機，處處轉機」，殺機即是轉機，都是當下。

——魔佛同體。念頭一翻轉，魔可成佛，佛也可成魔。

這些話是書法家杜忠誥在上課時的耳提面命。你以為他在說修身，其實是在說書法；他說書法，也正是在說修身。

「聖賢性格一定是藝術家性格，

「千山獨行」，這是杜忠誥2021年作品。四字微向左傾，但筆勢連貫，虛實相生。
（沈珮君攝影）

不斷反照，加上不斷微調」，你以為他在說心性，其實他在講臨帖。

「你在接受『他法』時，一定要有自家『主體性』的參與，透過內在體證，與對象辯證合一。」你以為他在說佛法，這仍是在說臨帖，「這種有主體性的臨帖，遺貌取神，才能真正得法。」臨帖要「神遇」，不僅「目視」。

他說的是書法，也是儒釋道。他的書寫原理不僅是筆紙墨的抵拒鼓盪、對立統一，更飽含了儒釋道「誠之又誠」、「萬法唯心」、「無死地」的不斷覺察。他常用佛學的「逆覺體證」來說明寫字的過程，手（行）和心（知）若不能合一，字就會顯出病來。他認為藝術家有三境界：

一是練到精熟的「匠人」技法。

二是「才必進乎趣而始化」的「詩人」真

性情，此時才有風格可言。

三是精義入神的「哲人」理境，銷融一切矛盾對立而引歸理事不二的中道靈智表達，極鬆放，極灑脫，此一境界「非法非非法」，最高也最難。

杜忠誥手中的筆和那顆心，是一體的。學生看他的字妙不可言，每每忍不住問：「老師用的是什麼筆？」他擲筆搖頭，「和筆有關又無關。」他常用學生的筆直接示範，甚至用一百元一枝的筆，隨手就有妙趣。

「純和沖粹」，杜忠誥寫於2015年，是「古隸」體的變化，落款兼融甲骨文，在古典中開出新趣。
（沈珮君攝影）

「筆是心的列印工具。沒有什麼筆不能寫，心靈筆就靈。寫字，用筆，更是用心。」學生自慚自恨控制不了手中那管筆，杜忠誥說，「心愈急，筆愈不靈。不慌不忙，閒閒而來」，「每一個當下都必須保持在『進可攻，退可守』的彈性態勢，提按在我，不可能煞不住」，若煞不住，就是知「道」不夠、「修鍊」不夠，技法不熟。「下筆若多停了十分之一秒，就會肉太多」，不可多的那十分之一秒，就是十年功。直到「從心所欲不踰矩」，才是真正的知行合一，否則不是真知，也不是真行。

杜忠詰的學生來自八方，有賣牛肉麵、開早餐店的，有從宜蘭、臺中、新竹、高雄來的，有教授、退休校長，還有人本身就是書法老師，像我這種初學者，他覺得像白紙，也有方便處。請教他如何拿筆，他引用張大千的老師李瑞清的話：「怎麼方便，怎麼拿」，用最自在的方式，才能放鬆（不是鬆脫）、穩當（不是執著）。我看過髮白而禿的年長同學，在交作業時，誠惶誠恐如小學生，不是因為「師嚴」，而是「道尊」。也有極用功的同學，每次上課都奉上厚厚一疊習作，杜忠詰有時有感而發：「練字要練『有』的，不要練『沒有』的，否則只是不斷重複自己的錯誤，悖離正道越遠。」

他常說：「下筆用力要不多不少，『從容中道』，隨時讓筆毛跟紙面保持既相吸又相拒的彈性狀態，不要一屁股坐下去。坐下去，就是一團肉；站不起來，就不是妙有。妙有，就是不多不少。」寫字是在學「進退有度」，騙不了人，騙不了自己，「『知進退存亡而不失其正者，其唯聖人乎』，聖人，只是活得最像人的人而已。」書寫時，人和筆是統一的，書道、人道，都是這顆「心」。他常說：「寫字，是替字的一點一畫做人。」

老實練字，老實做人

「書法，是心的列印。」這是杜忠詰名言。我第一次交作業時，他先「啊～」了一聲，後面一串直言批評，我汗流浹背，無地自容。他說的「字」病，每一句都精確指向我的「心」病、「人」病。當時他並不認識我，卻似我多年師友，視我「如見其肺肝然」，簡直令我羞慚得無所遁形。其實，那作業連「字」都談不上，我只是依他所囑畫圈圈及橫直線，像幼稚園學生一樣，後來才知，那是一輩子的杜門基本功，是沉澱心緒、和調筋骨，以及練筆力Q彈、駕馭線條的能力，「寫字要讓毛筆跳芭蕾，留下來的運動痕跡才有立體感，是活的，鳶飛魚躍；若趴下去，就是平面，凝滯不通，是死的」，他掃全班一眼，「還有那半死不活的。」看似簡單，很不簡單，有人習字幾十年，也仍然被杜忠誥要求回頭再練畫圈圈。

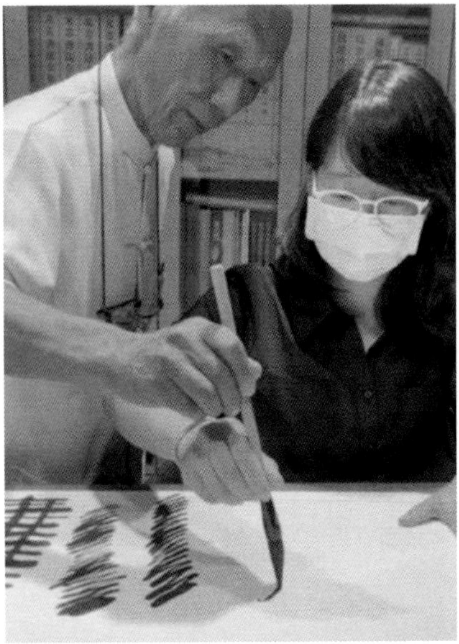
杜忠誥（左）一再提醒學生，「寫字要讓毛筆跳芭蕾」。（沈珮君攝影）

「寫字，每一個當下、每一筆都是生死關，很多人死在門口，拿筆就捏死」，「書法是『因果同時』」，起心動念一落筆，結果就註定了」。

我們聽了點頭如搗蒜，杜忠誥忍不住再給一記棒喝：「你以為你懂了，其實未必真懂。」因為這些都要在事理上磨，「博學、審問、慎思、明辨，最後若不能篤行，一切都是畫餅，空懸的。」若像明代王世貞說的，「吾眼中有神，腕下有鬼」，那必然是「鬼」仍在心中、「知」得不夠真切，或者「神」未能貫徹到手、「行」得不夠精熟。

「老實練字，老實做人」，這八字就是杜忠誥一生學問的金鑰匙，「隨時返照，在沒碴處找出碴來，給自己找毛病，老老實實，千錘百鍊。」他說，寫字和做人一樣，沒有祕密、捷徑，就是勤和誠，還要無執。譬如，學歐陽詢，老實臨帖，學不成，是不夠勤，是不誠；學成，只像歐陽詢，只會歐陽詢，學誰，死於誰，必須超越。最後要「不為法縛，不求法脫」。

杜忠誥七十多歲了，看起來總是神采奕奕，「讀書寫字，永遠可以更精進，怎會不快活？」樂在學習，說起來八股，但若看過他看過的書便知不假。他的書上幾乎每頁都是密密麻麻的紅藍綠畫線及筆記，隨處感觸，書皮、內頁很多都因屢屢翻閱而脫落了，古人所謂「韋編三絕」應就是這樣，我第一次看到時，極感震動和慚愧。他寫字的大桌子後面是一堵書牆，牆後是書房，他的書房像圖書館，書架林立，書架之間僅容側身，桌上地上也都堆滿了書。他背對那堵書牆和書房寫字、教字，他常跟學生說，後面就是他的「靠山」。

他自小無靠。杜忠誥說他一生都在「補課」，他出身彰化埤頭農家，上溯六代都是文盲（六代以上已難考，但祖先墓碑上都刻有「京兆」二字，和杜甫同宗族），他的童年和少年，課餘之暇多在農田，念臺中師專時才開始學書畫、讀古書，自覺缺乏「童子功」，

「我與我周旋久，寧作我」，看似不經意的布局，每個字卻恰如其分的各安其位，在對立統一之中取得整體和諧。（養龢齋提供）

很有急迫感，「學如不及，猶恐失之」，時時惕厲要把錯過的功夫補上。服役時瘋狂利用時間念書，半夜睡不著，躲到廁所藉著夜燈背書，一度造成眼神經麻痺，沒法看書，請同袍好友替他念書錄音，他反覆默誦，並常在日記提醒自己「要莊嚴地站起來」。

他十七歲上呂佛庭先生國畫課，才第一次正式拿毛筆，翰墨人生從此發軔。後來，自覺在畫上落款時字太醜，他開始買帖練字，書畫並進，二十一歲時書、畫即雙雙入選全省美展，當時這種年齡即可有此成就，極為罕見。他寫字時有強烈存在感，「一切可由我作主」，得到極大快樂，竟至不可自拔，最後棄畫從書。

他在南港舊莊國小任教時，一有時間就練字，一天兩、三小時，假日時多達十幾小時，二十三歲到二十八歲那五年，用掉的舊報紙，多達一千多斤，為了省錢，先用淡墨寫，再用濃墨，翻面再寫，每張報紙反覆寫三、四次。他的墨汁用太凶，也是為了省錢，他拿二十公升的汽油桶去批發店買，「中華書道學會」創會人謝宗安先生常跟人提此事，因為杜忠誥第一次去拜見他時，常就是提著剛買的一大汽油桶墨汁，令他震撼。

自號「研農」，「筆耕」一生

杜忠誥二十九到三十四歲曾三次獲全省美展書法第一名，並取得永久免審查資格，他是書法類第一位獲此殊榮者。三十五歲那年，一週之內，同時得到中山文藝獎和吳三連文藝獎。四十五歲獲得國家文藝獎，六十九歲獲總統頒授二等景星勛章。

杜忠誥篆隸楷行草五體兼精，而這樣一個書法大師總是如此形容自己：「我是從糞土堆長大的。」

杜忠誥從小常常要挑大糞去菜園沃土，來回好幾公里。每隔一、兩個月，還要跳進豬糞池用鐵耙清理沉積物，他清完穢物，沖洗身體時，發現小腿「比蔥白還要白」，小小年紀的他相信裡面必然含有什麼神奇的美容物質，而且人人掩鼻的糞肥總能把農作物催發成一片欣欣向榮，「化腐朽為神奇」原來就是如此，他不是從書本看到，而是從大糞裡、生命底層中，活活潑潑體會到。這些證悟就是他的宗教，他的天啟，他的聖賢書，他很受鼓舞。

他們農家孩子都知道，樹上的芭樂、蓮霧要摘被鳥啄傷的吃，因為果樹會把營養灌注過去，修補它的傷，往往最有風味。杜忠誥說起童年都滿懷感恩，就是因為自小極匱乏，讓他求知若渴，並發現聖賢道理不假他求，就在眼前、日常、自己心中。這些他在天地中自然領會的道理，讓他從不失去希望。也因小時困窘，他長大後很容易滿足，生活中到處是驚喜，常感快樂。

杜忠誥的父親有一身好武藝和手藝，是地方上有名的大力士，且喜拉胡琴，雖不識字，卻能把杜忠誥寫的「壽」、「福」字，用竹篾編出，並一體成型編製成一扇門。可惜他好賭，上好農田一塊一塊賣了，家裡全賴聰慧、勤奮的媽媽以三頭六臂撐住，但食指浩繁。

杜忠誥自小即參與農務，芋頭、甘蔗、地瓜、蘆筍、韭菜、西瓜、黃瓜、稻米、花生，全都種過。農忙時，五點多天沒亮即起床下田，七點多往往來不及吃早餐就奔赴學校，放學回來，看到一大桶髒衣服還堆在那裡，便自動去洗，或者立刻下田幫忙，天黑才回家吃晚餐，然後在油燈下做功課。

做家務、農務對愛讀書的他來說，一點也不是浪費時間，而是盡本分，盡本分即安心，「安心時，讀書效果最好。」杜忠誥說，在那個生活艱難的時代，他很怕被汨沒，怕成稗草，怕秀而不實，他要「活」下去，而且莊嚴。

他在家鄉是著名的「讀冊呆」，他連在剁豬菜時，都利用運刀的節奏，背《唐詩三百首》，「獨坐幽篁裡，彈琴復長嘯」、「漢皇重色思傾國，御宇多年求不得」，都是那時這樣一首首背下來的。

「貧不足悲，貧而無志始為悲。」他念師專時，暑假除了替姊姊帶孩子，還受雇去田裡趕雞鴨（以免牠們把剛發芽的種苗吃了），但他一心想著念書，於是，他把外甥用襁褓縛在背上，一邊揮舞竹竿，一邊大聲背《孟子》，「天將降大任於斯人也，必先苦其心志，勞其筋骨……」他就是這樣趕雞鴨。

現在回想當時畫面，他忍不住大笑，年少的他其實很惶然。他一直記得小學時，一個假日午後，他依母命到田裡採挖地瓜，忽遇暴雨傾盆，他無處可避，一身濕透，縱目望去，四野蒼茫，黑幕籠罩，想到終年勤苦卻不得溫飽的家人，筋疲力盡的他大放悲聲，握緊小小的拳頭，皇天在上，「我將來絕對不種田。」

那時，他不會知道他以後會自號「研農」，以硯為田，筆耕一生，成為當代書法大師。

「君子愛人以德」，窮孩子的大師學費

總說「這是最壞的時代，也是最好的時代」，但這要等最壞的時刻過去才知道。杜忠誥，一個在糞土堆長大的臺灣鄉下孩子，上學便當裡經常只有地瓜，他怎能有機會受教於一群自大陸各地來臺的大師，讓他變成書法家、國學家？南腔北調，他和他們怎麼相遇、

如何相濡以「墨」？而這窮孩子怎麼付得起大師學費？

他在小學時，連十元代辦費也付不起。五年級時，他當班長，開學很久了，仍沒交代辦費，同學不免有些閒話，有一天，導師任家聲先生把他叫進宿舍，塞了十元鈔票給他，要他待會兒上課時，當著全班同學面把錢交給老師。他年紀雖小，但已能了解任老師如何迴護他的尊嚴。杜忠誥在連得中山、吳三連兩個文藝大獎後，某回受訪時，憶起這段往事，激動難抑，「那十元，是我的一輩子。」

他總是遇到貴人，一生恩師無數，那是因為他的勤（不間斷）、精（不粗疏）、進（日新又新）感動了他們，在那個苦難的時代，他們在他小小的身影上看到一股奮力向上的「不甘心」。

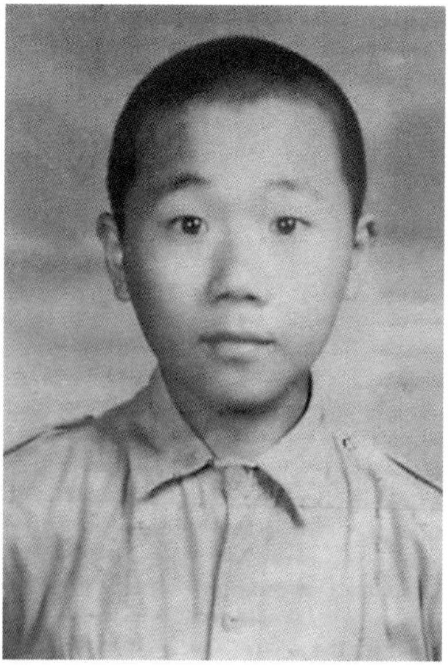

少年杜忠誥。　（養龢齋提供）

杜忠誥好學，讀書之外，瘋狂地尋師問道。有些老師本來就在學校任教，他跨校旁聽，下課後或學期結束仍追著他們請益；更多的是在各個機關任職的前輩，有人身居官場，有人在銀行工作，只要他們是書壇或國學高人，杜忠誥都主動設法求教。現在很少人用手寫信了，而這個充滿土地氣味的年輕人，當年用工整小楷，在八行書上寫文言文，用一封封信去叩問。那些長輩驚訝於他的字和文，以為他是世家子弟，見面才知是這樣清寒的農家孩子，既憐惜又敬佩。

呂佛庭是第一個引他走進中華文化藝術殿堂的人，杜忠誥像進了桃花源，愈走愈深。他畢業後在鳳山步兵學校服役，經同袍引介，去臺南拜見了書法家朱玖瑩先生，玖老時任鹽務總局長，謙和、博學，讓他欽敬之餘，忽然領悟，「大道之行也，天下為公」，「道」是公器，只要自己真心想學，大師必具大器，一定會為他引路。退伍後，他主動去信王壯為先生，並陸續從師於王愷和、王北岳、奚南薰、謝宗安、傅狷夫、汪中、陳其銓、張隆延等諸先生。而教他讀經史、學佛道及鑽研文字學、聲韻學、作詩詞，讓他生命和學問不斷轉進的老師，更是不計其數，如屈萬里、南懷瑾、魯實先、陳新雄、于大成、周何、許錟輝、姚夢谷、李猷等先生。

呂佛庭是杜忠誥的啓蒙恩師，他有多幅山水長卷達50至70公尺，分別於生前身後捐給故宮等臺灣各大博物館。（養龢齋提供）

「君子愛人以德」，這些書畫名家、國學大師，對勤懇篤實的他無不傾囊相授，杜忠誥偶爾以水果等小禮孝敬師父，他們又以書畫回贈。這些大師之中，只有一人依例定期收學費，杜忠誥付了三期後，就繳不起了，那位大師一如以往繼續教他，即使晚年赴美依親後，仍不斷以書信鼓勵指導他。

杜忠誥曾在中國經學國際學術研討會上，發表一篇他對孔子「自行束脩以上，吾未嘗無誨焉」的新解，別闢蹊徑，他的論據主要自「漢字形體學」出發，但我認為其中滿含生命慧悟，最初應是那些恩師的無私大愛啟發了他。

杜忠誥（右）與南懷瑾在香港南先生寓所合影。
（養龢齋提供）

一般人都把「束脩」解釋為肉乾，也就是現在所謂學費，杜忠誥認為這不僅未真解孔子學說本義，也把孔子看小了。他自原初的字形、字義之衍繹分析，揭示脩、修兩字是音義全同的異體字，脩是本尊正體，修是訛變的俗體字，但被後人誤為兩字。杜忠誥引經據典，指出「束」字本義為「捆紮木頭」，演化為約束、約制；而「脩」原為肉脯，引申為修持、修養。他認為，「束」是「負面的節制」，是「諸惡莫作」；「脩」是「正面的顯揚」，是「眾善奉行」。「自行束脩以上」的「自行」是主動求師，發諸內心、真誠想學習，「束脩」是自我約束與超越，這樣主動精進、尋求生命向上的學生，孔子無不樂於教導。

杜忠誥當年就是一個「自行束脩以上」的年輕人，他準備好自己，不是送老師肉乾，而老師的大門總是為他開啟。有一次，他送了一包地瓜籤給南懷瑾老師，他只是分享自己覺得好吃的鄉下食物，南師卻為此鄭重寫了謝函，嚇得他不敢再送。還有一次，杜忠誥拿了一塊內蒙「巴林石」跟王壯為求印，他自知石材並非上品，忐忑致歉，壯老說：「好石材未必好刻，這石頭正好。」一句話就讓他解脫了。

吾師愛我，可謂無所不至矣

改變杜忠誥生命進路的人是呂佛庭。張大千曾讚佛老是「中國文人畫的最後一筆」，這樣的大師蟄居臺中，執教師專。佛老在杜忠誥第一堂國畫課，即發現他筆下的白菜、蘿蔔比其他同學有氣韻，在他身旁駐足觀看良久，課後才知他是第一次畫，讚美他「筆性好、天分高」，他在佛老鼓勵下，愈畫愈有興趣，佛老總是給他「甲加上一點」（甲上）。

杜忠誥一拿起毛筆就歡喜，在國畫課程結束後，仍然私下跟著佛老練習，三、四年即臨摹得唯妙唯肖。有一次，佛老在裝裱店看到自己囑咐店家裱後代為送致某收藏家的畫竟仍掛在牆板上，有點不悅，店家趕緊說明，才知那是杜忠誥在店裡看到佛老作品後，以紙速寫構圖、默記皴法，回家背臨的習作，佛老既吃驚又歡喜，忍不住跟其他老師說此事，

中韓書法家因杜忠誥牽線，互訪合影，左起為王壯為、王愷和、宋成鏞夫婦、謝宗安、姚夢谷、杜忠誥。（養龢齋提供）

稱讚杜忠誥「真是鬼才」。

杜忠誥在臺北讀書、工作，只要回中部，一定去拜望佛老，「呂老師是我在臺中的第一掛念」。杜忠誥念臺師大前，因醫師失誤，身體大損，佛老當時中風初癒，堅持自臺中去看他，當時沒有高速公路，更沒高鐵，搭火車來回往往要七、八小時，杜期期以為不可，去信婉拒，信才剛丟進郵筒，呂師人已到了，並把剛收到的潤筆費四千元送給他（民國六十五年，此款約是當時小學老師兩個月薪水），杜堅辭不受，佛老長年未收他學費，他何能再拿老師的辛苦錢？從不說重話的佛老生氣了，把錢重重壓在他手心，「這是給你看病的，你如不收，枉我栽培你。」杜忠誥收下時，淚流滿面，連陪侍在旁的好友王財貴也熱淚盈眶。四十多年後，杜忠誥回憶此事時，仍然哽咽。

王壯為先生也是杜忠誥伯樂。他二十歲入選全省美展的書法作品是臨摹《乙瑛碑》，當時他才臨習九個月，壯老負責撰寫評審感言，除了品評得獎作品，還特別指出杜忠誥那幅作品，「非有長時間功夫，不能到此程度」，讓他大感振奮。退伍後，他寫信給壯老，初生之犢一心求道，根本不知壯老當時是副總統陳誠的代筆人。壯老教他書法和篆刻，不僅免費，還常約他去家中打牙祭，替瘦小的他添點營養，並跟他聊藝林掌故。

杜忠誥曾覺得自己名字怎麼寫都不好看，壯老特別以各種字體寫了十幾款「杜忠誥」讓他臨寫，杜忠誥收藏至今。他的行草深受壯老影響，兩人連直率的個性也很像。壯老耿直中飽含智慧，曾指點他寫字要一氣呵成，切忌「筆筆各自為政，不相關連，而乏顧盼揖讓之情」，這說的已不僅是寫字了。壯老還提醒臨帖甚勤的他，不要過於拘滯，筆下宜表現性情，「任意為之」，「不要唯恐不像，不像處也無妨」，甚至鼓勵自律甚嚴的他偶爾不妨喝些小酒，可以「去矜持」。

杜忠誥的楷書早先師承王愷和先生，愷老融各家之長，獨創一格，楷書尤為精工。愷老知道他長年臨寫趙孟頫，建議他學黃庭堅的行書，以破趙孟頫之「工媚」。愷老曾是前考試院院長孫科的機要秘書，詞壇祭酒成惕軒與他相交甚久，曾以「輕財利，重然諾，明辨是非，纖介不苟」十四字形容愷老。杜忠誥常提醒學生「筆筆交代清楚，一筆不苟」，就是來自愷老的身教、言教。

杜忠誥年輕時曾因血尿住院一個多月，愷老去看他，護士知道大師來了，紛紛來求其墨寶，愷老為了讓他得到更好的照顧，慨然應允，而且一諾千金，回家寫好覆命。杜忠誥在日記上寫著：「吾師愛我，可謂無所不至矣。」而當時他只是個二十八歲窮小子。愷老在九十五歲時大去，杜忠誥為他親撰事略。

道法長傳，「漢字形體學」超越傳統

奚南薰先生是杜忠誥學習時間最短、卻是替他打通書法任督二脈的高人。奚師出身江蘇武進中醫世家，是政府遷臺後第一屆中醫特考狀元，後來成為衛生署中醫委員會首任主委，書法曾獲教育部文藝獎，是醫道與書道兼優的奇才。但是，他長年隱於中醫界，一般人對其書藝所知不多，杜忠誥曾嘆息：「奚先生是最被時代輕忽的書家。」但他也欣慰，「現下臺灣書壇能寫幾筆篆書的人，幾乎直接或間接都飲過奚門法乳。」名雖不顯，而道法長傳。

奚南薰原想在六十歲退休後，潛心寫字，奈何五十九歲被檢出末期肺癌，他急切希望書藝有傳人，主動請同道王北岳先生推薦勤學弟子，杜忠誥因此拜入奚門，自民國六十四年三月到六十五年一月，不到一年，奚師即不起。奚先生病重住院時，仍不肯停課，他告訴杜忠誥：「只要我不死，一定繼續教你。」杜忠誥只好拿習作在病榻旁請益，奚師經常痛到要用枕頭或被子壓住痛處，說話時氣若游絲，有時杜忠誥即使貼近他胸口，都還聽不清楚。

奚師自知生命在倒數，用盡人生最後力氣，殷殷叮囑他寫北魏方筆不要鋒芒太露、寫

《張遷碑》要「取其密」、寫《禮器碑》要「取其勁」。奚師痛而忍，唯恐廣陵散絕，杜忠誥痛到不忍，往往一邊上課一邊抹淚，當天日記在仔細記錄師訓之外，也寫著「肝腸寸斷」。

奚師去世前三月，把自己珍藏已絕版的郭沫若著《殷契粹編》轉送給他，「我沒時間研究了。」這是他的遺憾，也是對杜忠誥的期許。他還不避嫌地一一分析杜忠誥的諸師之病，教他知病去病，「我現在若不告訴你，未來怕你無法超越自己。」他在劇痛中、大去前，掛念的是這個年輕弟子一生志業是否能一山高過一山。奚先生謝世，杜忠誥和其他六位弟子披麻帶孝，虔心叩謝。二〇〇六年文建會出版《臺灣藝術經典大系．書法藝術卷》，杜忠誥負責選定傳主及撰稿者，也親自替奚先生以〈濟世儒醫．篆書大家——奚南薰〉為題立傳，讓他的大筆留在臺灣書藝史。

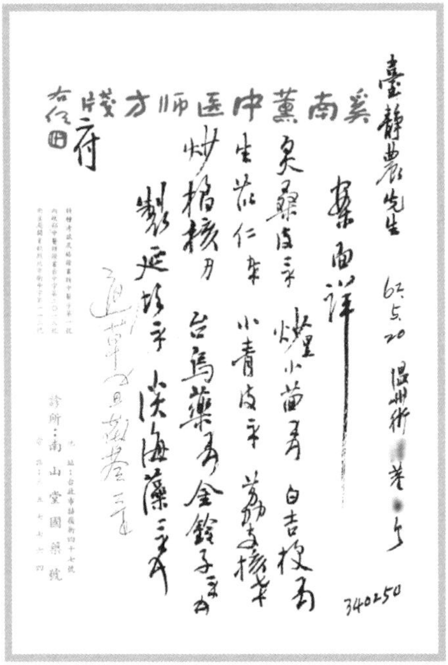

中醫師書法家奚南薰為臺靜農開的藥方，筆意如行雲流水。處方箋上方的橫寫題簽是于右任手筆。
（養龢齋提供）

傅狷夫先生的草書，也啟發了杜忠誥。傅師渡海來臺時，親歷惡浪洶湧，驚駭之餘，竟悟作畫筆法，日後臺灣山水在其筆下自成一格，人稱「雲海雙絕」。杜忠誥先跟他學畫，後來也常拿書法作品請他評教。傅師在于右任這座巍巍大山籠罩之下，竟仍殺出血路，「連綿草」是當時一絕。他的下一字第一筆，常是順著上一字最後一筆的筆勢，先寫定後，才去蘸墨續寫，這種草書劍及履及，幾乎不能、也來不及思考，必須隨機應變。杜忠誥對「連綿草」曾有生動描述：「成敗繫乎當下瞬間之一擊，宛如在劍稜上行走，稍有閃失，成仁喪命」，「纖維向背，毫髮死生」，這已是從書法直通性命。

「神蚪・夏雲」五言聯，杜忠誥2016年作品。「古隸」體，是他獨樹一幟的新書風。　　（沈珮君翻攝）

杜忠誥在得到許多大獎後，逃名，逃忙，以四十歲高齡，遠赴日本潛心念書三年，在古文字學得到極大突破，為他後來的「漢字形體學」創發及書法超越傳統、求變開新，奠定深厚基礎，其中即有傅老師的強力鼓舞。

從書法旁通生命，時有慧解

杜忠誥在替作者講解《睡虎地秦簡》。　　　（賴燕芳攝影）

「忠誥兄，拜讀大作，驚歎不已，乃以師稱我，慚愧汗下，後再勿爾，否則伏地不敢起矣。弟老悖已甚，又獨居無友，倘得與兄能共起居，則雖老或尚可進步，存此奢望，即面談亦不可能，只好擲筆一嘆。」——朱玖瑩先生，時年九十四歲，杜忠誥四十四歲。

「研農仁弟，承惠贈書藝集，披讀再四，毋任佩慰，所謂力耕必有豐收也。弟於書藝孜孜不倦，博涉諸家，廣擷菁英，功力日積，今之所作，在在已顯見自家風格，他日書壇翹楚，非君莫屬，可斷言也。」——傅狷夫先生，時年八十二歲，杜忠誥四十四歲。

「他們就是這樣的撝謙自牧，」杜忠誥看著這些大老幾十年前寫給他的書信，雙手抱拳，往天一拜，「他們愈謙和，我愈覺得自己渺小，仰之彌高。」杜忠誥常說自己是發「一九四九國難財」的讀書人，國家民族不幸，卻成了臺灣子弟、他之幸，這些大師自河南、江蘇、河北、湖南、安徽、山東、浙江等各省避難來臺，齊聚在這個三萬六千平方公里的小島，文化人才密度之高，千年難遇。他們一起拉拔了這個在糞土堆、吃地瓜長大的孩子，而這小子有「打死不放棄」的特質，他們當年就知道長江後浪推前浪，下一個站在浪尖的是他。

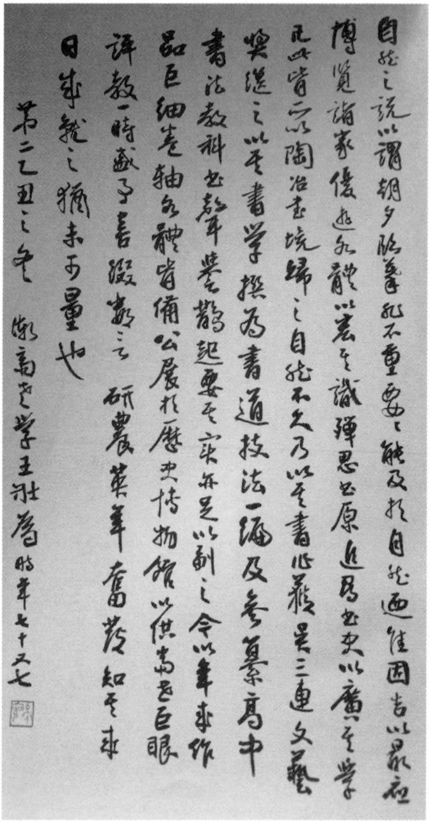

王壯為替杜忠誥第一本書法集作序，讚他「英年奮發」，未來「猶未可量也」。　　（沈珮君翻攝）

王壯為在替杜忠誥第一本創作集《管晏列傳

贊篆書冊》作跋時，以王世貞論書法「有功無性，神采不生；有性無功，神采不實」的功（後天努力）、性（先天才情）、神（作品靈氣）來評析杜忠誥作品，說他「筆禿千管，紙費萬番，誰能謂其無功無實？殫力如此，非有至性，又孰能致之？然則於『生』字云何？答曰『生』字亦不弱也」，壯老最後用了「可畏哉」三字，送給當時三十四歲的杜忠誥。這些前輩都知道這個年輕人將來必成大書法家。

杜忠誥後來不僅僅是一個書法家。

篆隸楷行草都好的書家，自古寥寥可數，杜忠誥不僅各體皆精，甚至連甲骨、金文等古文字也精心研究，都能入書。他大三時就已能默寫《說文解字》全本九千三百五十三個篆文，也因曾做過這樣的老實功夫，他負笈日本筑波大學讀書時，一看見湖北雲夢縣出土的《睡虎地秦簡》，就著迷不已。秦簡如天書，奇形怪狀，他有古文字的基礎，加上「老實」，將一千多支秦簡影印剪裁分類，歸納整理出一千多個「字頭」，製成《睡虎地秦簡文字編》，其中近百字為許慎《說文解字》所未收，據此撰成論文而獲碩士學位。五十四歲又以極冷僻艱深的論文《說文篆文訛形研究》拿到臺師大文學博士。他是臺灣罕見的從書法入手並因之有獨到創發的文字學家，而他開創的「漢字形體學」，更是前所未有。他能看出每個字的前世今生，它們如何因錯就簡或變形變異衍至今日，「文字一點一畫都有其不得不然之理，即使訛誤都有其必然之因果」，這又幾乎是人生洞見了。

大陸古文字學家劉釗曾如此形容杜忠誥：「於古文字學界，書法第一；於書法學界，古文字第一」，杜忠誥不僅在此兩相生發，他從書法旁通生命，由書道貫通儒釋道、由儒釋道融會書道，更是時有慧解，別具一格。他的上課語錄若輯寫成冊，就是一本本以書法「格物致知」的《傳習錄》，而每一句都來自他「吾少也賤」的體驗。正因為他是以生命證悟，所以能震動他人生命。

陶鑄自我，造就「學藝相生」的書法

「直到高寒最處，猶不肯結冰的一滴水。」這是周夢蝶詩句，杜忠誥和周公是忘年之交，兩人都是這樣「一滴水。」他把它寫在一把圓扇上，我在偶然機緣得到，雖然扇緣已有蟲蛀，但正是那蟲蛀的洞，使它尤為動人，「一切已然，皆屬本然、必然與當然」（周夢蝶語），生命破洞，有其因果，不必耿耿，但「只要精氣神飽滿，一隻螞蟻和一隻大象都一樣自在圓足」（杜忠誥語），永遠不卑不亢。那把扇子，讓我每看到就精神一振。

杜忠誥常感嘆小時沒有文化上的「賢父兄」，起步太晚，但也正因為沒有賢父兄，一旦碰到時，他特別心悅誠服，如大旱逢甘霖，瘋狂吸收。他第一次讀《曾文正公家書》時，非常相應，覺得每封信都像是寫給他的，教他做人處世，譬如：「不可誤認簡傲為風骨。風骨者，內足自立，外無所求之謂，非傲慢之謂也。」他從此以曾國藩為自己賢父兄，並在中國經典裡找到更多賢父兄，後來那些教他寫字、讀書的老師，乃至古今中外一切能觸動他靈魂的圖與書，也無一不是他的「賢父兄」。

聞善則拜，杜忠誥愛讀書，也常常提醒學生多讀書，「書，跟碑帖一樣，像是照妖鏡，讀書可以照見自己盲點。找老師也是找照妖鏡，好老師會幫我們照妖。」他敬服的那些老師都一輩子在讀書，也是真正的讀書人。于右任曾勉勵學書者：「寫字是讀書人的事。書讀得好、字寫不好者有之，斷沒有不讀書而能把字寫好的。」王壯為認為，書法是「學藝相生」，「若無學問以濟之，終覺其氣息不醇，滋味不永。」王愷和身居官場，一生勤慎廉潔，他告訴弟子，「欲學書法，先學做人。必於人倫日用無虧，才能學書。」藝評家姚夢谷也在讚杜忠誥根柢已固時，提醒他「陶鑄自我」，不能生吞活剝，「像某些人，只是一盤『生豬肝』耳。」

那個時代，讀書、學書，不是累積知識、販售技能而已，而是跟自己全幅的「人」有關。

「士先器識，而後文藝」，杜忠誥建議學生，一生一定要好好讀幾套大部頭的書，增加生命深度和厚重。他服役時才開始有計畫地讀書，當時一段似有若無的感情，讓他深受挫折，警覺「一無所有，何以立身」，發憤用功，隨時利用時間誦讀古書，軍服裡常常貼身藏著一本書，或撕下幾頁放在口袋，有空就讀就背，被罰跑步時也一邊跑還一邊背，有時連說夢話都用古文，「且吟且歌」，成為同袍笑談。他的《四書》、《昔時賢文》、《古文觀止》等就是這樣背下來的。

他退伍後，去信請教朱玖瑩先生讀書問題，玖老建議他讀《資治通鑑》，這可不是一般人啃得動的巨作。他到南港舊莊國小任教後，同事替他引見了中研院史語所所長屈萬里先生，屈先生親切地接待了這個小學老師，後來還用一絲不苟的字和他通信，又指點他《資治通鑑》最好選讀元代「胡三省注」的版本。二十七歲的杜忠誥讀出了興趣，以四年多時間半精讀地讀完《資治通鑑》，深覺浩氣填膺，並深信因果。他關心國家大事，也常能洞察幾微，先天下之憂而憂，「風雨如晦，雞鳴不已」，他常扮演那隻雞，雖然最後未必能「一鳴天下白」，但他拔心不死，「君子之德風，小人之德草」，他相信只要有人不斷起「正因」，他日或能收「正果」，讓人心產生正循環。他不悲觀。

人生，是由迷昧轉向覺悟的修鍊歷程

他二十九歲認識了南懷瑾先生，接觸佛法，更深信因果，「果」和「因」之間，不是兩點之間最短的直線，其中還有中介的「緣」。任何起心動念都是「因」，「因」可操之在己，但其他要靠「外緣」成全，因緣會合才能水到渠成，好人不是要有好報才去做好人，他本身是好人，就是他的好報，而造下惡因必有惡果，若還未報，是因緣未熟，沒有僥倖。明白因緣果報，對很多事都可放下，不計較得失，自可少折騰。

杜忠誥認為南師是「通人」，讓他領悟到「佛家在為儒家打前鋒，道家在為儒家守後衛」（杜師語）。南老師曾送他一本《楞嚴經》，並在上面題字：「自從一讀楞嚴後，不看人間糟粕書。」一點撥杜忠誥認識「清淨本然」的自性，「收視反聽」，不隨感

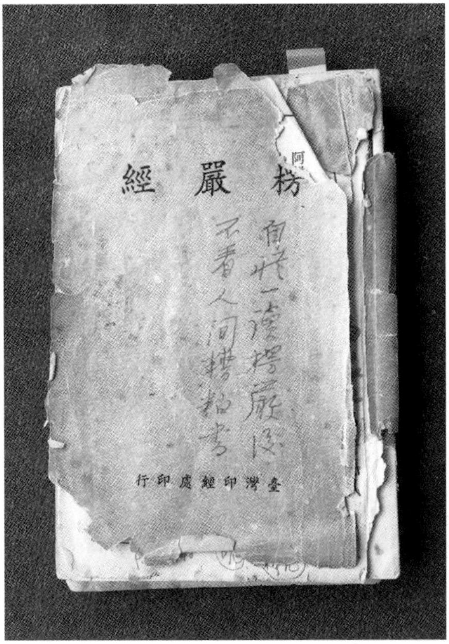

南懷瑾贈杜忠誥《楞嚴經》，並題字：「自從一讀楞嚴後，不看人間糟粕書。」杜忠誥把書都讀破了。（沈珮君攝影）

官外逐，回到本心。杜忠誥一生剛健進取，南老師引他學佛學道，從奮進的「有為法」，進入虛靜放空的「無為法」，解黏去縛，他因此領悟：「人生，是由迷昧轉向覺悟的修鍊歷程。」

很多人讚美杜忠誥是不世出的「天才」，他總不以為然，尤其不喜歡學生說他是「天才」，他常提醒他們，強調天才只有兩個結果，一是自恃天才，不肯老實用功，二是自認不是天才，放棄老實用功，兩者不成功一也。「當你以為人家有成就是因為他是天才時，你就已經放棄了自己。」那些所謂的天才，其實後天努力占了八、九成，若少了那些攻堅、苦學，縱然有天分，充其量也只是潛能，你永遠不會知道自己也可能是天才。

杜忠誥是完美主義者，但這樣說也不太對，因為他不是服膺什麼主義，他是情不自禁的，只是從心之所安。

張作錦先生二〇一九年出版《姑念該生：新聞記者張作錦生平回憶記事》，請杜忠誥題寫書名「姑念該生」，當時書已快進廠，時間急迫，他很快覆命，一口氣寄來五幅作品，作老挑了一幅最中意的，杜忠誥自己卻不夠滿意，又寫了五幅寄來。作老前後收到十幅作品，杜忠誥實際書寫的應至少二十幅。區區四字，我身為《姑念該生》的主編，看到的不是只有眼前那些作品，還看到一個完美主義者的具體呈現，我終於懂了為什麼他常說「要留一點缺點讓人批評」，這句看來不求完美的話，正是一個極端的完美主義者勸慰自己的最後活路。

杜忠誥曾有一篇文章講述于右任替《遠東雜誌》題簽，四字反覆寫了至少九遍，杜忠誥感慨繫之，「寫字看似小事，但要做到自己認可落款鈐印，也非易事。」因為「一個字好，不足為好，須是整行字都好才好；一行字好，也不足為好，還得通篇都好，方足為好」，「好永遠可以更好，總覺得下一次會更好，一寫再寫，直至心安理得才肯罷手」，這種「凡事盡心」，做到心安，他認為就是真正的儒

張作錦生平回憶記事《姑念該生》書名，是杜忠誥題寫的。（天下文化提供）

者。杜師在說右老，何嘗不是自剖、自勉？

東海大學美術系李思賢教授曾用「繼往開來」四字形容杜忠誥在書藝和國學的成就，認為他不僅是集第一代渡海來臺的大師之大成，也積極創新，杜忠誥二十年前即倡議開辦現代性書法展，書壇上重要的「傳統與實驗」雙年展，其誕生與他的此一倡議也有關。李思賢將蕭世瓊、黃智陽、林俊臣三位書法家列為「杜門三傑」，這三位都是杜忠誥的學生，也都在大學任教，其中林俊臣出身體育系，在與杜忠誥論道、練字過程中，杜忠誥曾在他身後直接抓著他的手寫字，幫助他體驗筆勢，林俊臣當下即感受到太極推手的力量，恍悟線條的律動和身體的鬆柔，從此書藝猛進。

——道理上的悟，是解悟。實踐出來的悟，是證悟。一定要在身體力行上得到印證，不能只用耳朵跟嘴巴。

——寫字「反照」，這是知過。「微調」，這是遷善。每次若能改掉一點習氣，累積起來，不得了。不要小看「微調」，所有的偉大，來自不那麼偉大，甚至微小、卑下。

杜忠誥頭髮全白，清臞卻矍鑠，奔波各地講學，一堂課往往三、四小時，師生都欲罷不能。「己欲立而立人」，杜忠誥說，「立己」只是個人有事功，但「立人」則是「願力」，是「悲心」，他說：「自己上岸了，回頭看載浮載沉的那些人，自然會下海，能拉拔幾個是幾個。」這是他以一生所學回報恩師的方法，「自覺覺他」，「止於至善」。

◎原載二〇二〇年六月二十二日至六月二十四日《聯合報．副刊》

杜忠誥的連綿草，獨樹一幟。（陳漢元攝影，游明龍設計有限公司提供）

第四部

那殺不死我的，必使我更強大

白色恐怖事件，
那是一個什麼時代？
受害人後代如何在悲傷中成長？

澎湖713事件

山東流亡學生血淚奮鬥史

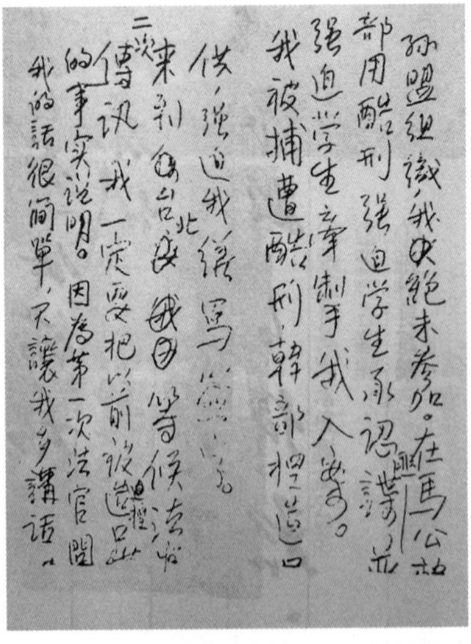

孙盟組織，我也絕未參加。在馬公故
部用酷刑，強迫學生承認諜匪
強迫學生之軍制手我入黨。
我被捕遭酷刑，韓部捏造口
供，強迫我簽寫簽字。
二次來到台北後我回等候法官
傳訊我一定要把以前被迫捏造口供的
的事實說明。因為第一次法官問
我的話很簡單，不讓我多講話。

張敏之被槍決前留下紙條說：「我被捕遭酷刑」，被迫在捏造的口供上畫押。
（翻攝《煙台聯中師生蒙難紀要……四十年》）

（翻攝自陳芸娟論文《山東流亡學生研究 1945-1962》，山東文獻出版社）

七一三事件

一九四九年

澎湖七一三事件，是發生在一九四九年七月十三日澎湖的軍事冤案事件，為臺灣白色恐怖時期牽連人數最廣的政治案件。

山東流亡學生七千多人，千辛萬苦追隨國民政府，想到臺灣讀書，在澎湖上岸，當時澎湖防衛司令部卻要求只要個子夠高的學生都編入兵籍，學生反抗，兩位校長張敏之、鄒鑑，為了保護學生，被誣指匪諜。後來兩位校長、五個學生被槍決，受牽連者共一百〇九名。

此案直到一九九八年才正式平反。

戒嚴以來，第一樁最大的白色恐怖案

一個男孩，從十三歲開始就覺得自己是地溝老鼠。直到在美國拿到博士，還是覺得自己是老鼠。

一個護校女孩，把爸爸骨灰罐藏在學校宿舍衣櫃裡，不敢哭，常想哭。後來把骨灰罐移給心情像老鼠的弟弟，他也藏在宿舍，抱著爸爸骨灰罐睡覺，心情不好時，把蚊帳放下，偷偷跟爸爸說話。

他們是「匪諜」山東煙台聯中總校長張敏之的長子、長女。張敏之四十三歲被槍決，

張敏之校長遺照。
（翻攝自《煙台聯中師生蒙難紀要……四十年》）

鄒鑑校長遺照。
（翻攝自《煙台聯中師生蒙難紀要……四十年》）

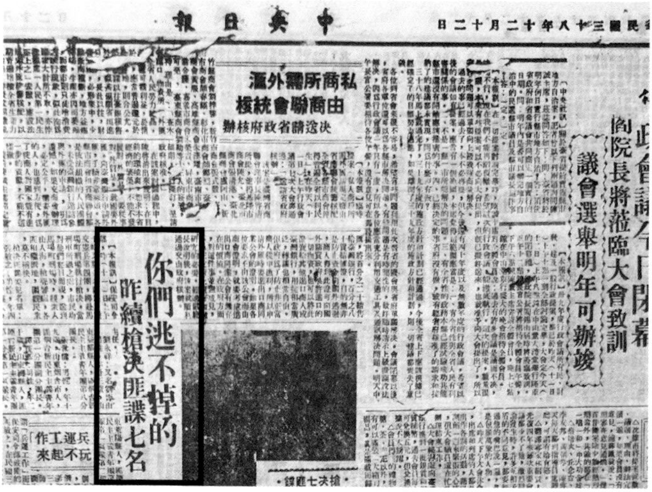
中華民國三十八年十二月十二日

中央日報

私商所需外滙由商聯會統核
決逕請省政府核辦

議會選舉明年可辦竣

閻院長將蒞臨大會致訓

你們逃不掉的
昨續槍決匪諜七名

兵運工作玩不起來

槍決七匪諜

山東師生七人被誣為匪諜槍決，《中央日報》民國38年12月12日當天標題聳動：「你們逃不掉的」。（沈珮君翻攝）

留下六個孩子，三男三女：三歲的張彤、四歲的張鑫、七歲的張彪、八歲的張焱、十三歲的張彬、十四歲的張磊。張彬老後寫了一本自傳《Year of The Rat》，不僅是生肖鼠的他受迫害的心情，也是那個年代的鼠輩紀錄。

「你們逃不掉的
昨續槍決匪諜七名」
——《中央日報》

「臺灣豈容奸黨潛匿
七匪諜昨伏法
保安部破獲匪兵運機構
黨羽百餘人均一網打盡」
——《新生報》

這是民國三十八年十二月十二日兩大報的標題，報導的是前一天十二月十一日槍決七個

「匪諜」，當時人們都不知那是三十八年五月二十日戒嚴以來，第一樁最大的白色恐怖案。直到將近半世紀才正式平反。

被槍決的七人全部是山東人，其中二人是煙台聯中總校長張敏之和分校長鄒鑑，另外五人是十九到二十三歲的學生，還株連一〇九人送管訓、羈押，二人在獄中熬不住重刑病死。而同時一起離開大陸來臺的七千多名山東流亡學生，一生「謹言慎行」。

這些人原本是因不願被共產黨統治的山東知識青少年，父母希望他們跟著學校走，在亂世繼續讀書。奈何國軍一路敗退，學校帶著愈來愈多的學生，一路換校名，流徙、籌款、乞討、讀書，山東、安徽、浙江、江蘇、江西、湖南都有他們的足跡，最後在廣州共有山東七所聯中匯合，兩萬多人。

在各聯中校長及山東省主席秦德純奔走協調下，政府同意「思想純正」的學生可以到澎湖落腳，十七歲以上的半讀半訓（軍訓），編入「青年教育總隊」，年幼者及女生進入「澎湖防衛司令部子弟學校」讀書。兩萬多山東學生最後決定來臺的有七千多人，第一梯在澎湖漁翁島上岸，第二梯在馬公。七月十三日馬公這梯出事了，史稱七一三事件。

他們有槍桿，我有筆桿

澎湖防衛司令李振清因為國共內戰，兵多戰死，亟需兵源，他不僅要將十七歲以上的學生全部編入兵籍，甚至個子夠高、不到十七歲的也要當兵，學生譁然。七月十三日那天學生帶行李想衝出去，喊口號「要讀書，反迫害」，引發騷亂，濟南四聯中學生李樹民、唐克忠當場被士兵用刺刀刺傷，學生大驚失色。校長張敏之、鄒鑑認為家長是用「託孤」的心情把孩子交給他們，出來是讀書的，堅定地與軍方展開拉鋸戰。

張敏之是復旦大學畢業，認為「他們有槍桿，我有筆桿」，不斷寫信跟已在臺灣的山東政要求救，但在來過一波協查後，他的信開始被軍方扣住。

他們走過大江南北，原本以為有理行遍天下，但漸漸發現澎湖島上那些軍人素質很差，李振清也自稱「大老粗」，可見雙方知識落差。秀才遇到這種兵，還想講理，悲劇。軍方指控張敏之「妨害建軍」，用酷刑要求兩位校長承認自己是匪諜，也刑求學生指證他們是匪諜，若不從，即是匪諜黨羽。軍方輪番對他們施以電刑、滾珊瑚礁石、綁打、吊打，威脅恐嚇，那些本就不是特務出身的讀書人，如何熬得住？有些人只好抄軍方寫好的口供簽名認罪。

張敏之初中即加入國民黨，一生「忠黨愛國」，是國民黨「中央黨務學校」（政大前身）第一期畢業生，他送給妻子王培吾（後改名培五）的結婚禮物是國父著作《建國大綱》、《三民主義》，王培五曾笑說：「我嫁給了三民主義。」張敏之任職濟南第一師範訓育主任後，工作興趣即從黨務轉到校務，他曾對長官說：「我要做教育家，我辦的是教育，不是黨務。愛國與愛黨是兩碼事。」他們帶著兒女在對日抗戰逃亡時曾被八路軍搶劫，兒子不懂：「八路軍不是也打日本人嗎？不是好人嗎？」他們告訴孩子：「八路軍不是真打日本人，他們說的比做的多。他們是共產黨，他們想和國民黨打仗，占了這個國家。」張敏之帶領煙台聯中學生抵達廣州第一天，就是去黃花崗七十二烈士墓鞠躬致敬，這樣的人怎麼會是共產黨？

鄒鑑更是死不認罪，堅拒指證張校長是匪諜，自己更不是，直到槍決前夕都還在寫信投訴。他時任國民黨煙台市黨部書記長，在戰亂中極力保護學生，流亡路上不忘宣揚反共，曾獲國民黨多次褒揚，尤其是他也有子女慘遭共黨殺害，這是不共戴天之仇，這樣的人怎麼會是共產黨？

張敏之么兒張彤痛訴此案之冤時，深覺不可思議：「真正的共產黨員怎麼可能公開和司令官吵架、公然唱反調？這是常識啊。」

張敏之被羈押在臺北情報處看守所時，仍想抓住一線希望，留下一張用鉛筆寫的紙片：「我被捕遭酷刑，韓部（註：指師長韓鳳儀部下）捏造口供，強迫我繕寫簽字」，紙片送不出去，幾天後即遭槍決。

張敏之的妻子王培五也四處寫信給臺灣的山東大老陳情，他們求見掌管臺灣政務的陳誠，但見面前一天，星期日，七個人被匆匆行刑了。人已在監，有什麼緊急或必要選在通常不行刑的星期日行刑？

民國四十一年，江蘇國代談明華在「革命實踐研究院」受訓時，面見蔣介石提出此事，蔣愕然：「有這種事？」他一邊聽一邊皺眉，要談明華寫報告來。談明華詳列事證，蔣介石指派中將參軍張公度（張之洞孫子）調查，山東省黨部主委、山東省參議長裴鳴宇親自寫信給張公度，並附證明二十六件，痛訴澎湖軍方「用盡心思，用盡酷刑，羅織鍛鍊，屈打成招，造成千古冤獄」。他們要求調查凶手、慰問家屬、解除監視、准許當兵學生復學。陳誠後來也接見秦德純、裴鳴宇、立委崔唯吾、國代張志安、張敬塘等山東政要了解詳情，張敬塘並以自己和臺灣兩個兒子生命擔保，這些山東流亡師生「絕對無一共產黨」。

但是，民國四十二年官方仍然認為此案不合復審規定，但為了平息山東人的怒氣，將政治部秘書陳復生送軍法審判，但最後「無積極事證」，無罪。

有趣的是，民國四十三年五月十八日，陳誠就任副總統前兩天，派國防部中將次長楊業孔、國代高登海（兩位都是山東人）親赴王培五屏東家中，代表陳誠致贈五千元給張敏之遺孀王培五，她哭了。張彤傷心地回憶：「這是『血錢』，我爸爸一條命五千元。」王培五一度拒收，在各方相勸息事寧人勉強收下。

民國六十六年，李振清在別人代筆的口述回憶中，深感懊悔，他認為自己初衷是「搶救山東流亡學生、充實澎湖軍政幹部」，「可惜的是……終因本身修養不足，我的想法與做法未能為少數幹部徹底貫徹。……而最使我傷心的是……由於少數幹部思想之偏差，假借肅奸之名，瞞著我做了許多失當的措施，犧牲了許多可愛的青年。」所謂手下，主要是指韓鳳儀、陳復生（陳復生兩次軍審都判無罪）。

七千多位山東流亡學生，五千多人在漁翁島當兵，兩千多人在馬公念了澎防部子弟學校，由原濟南第三聯中校長王志信主管校務，他兩年後因病請辭，由煙台聯中的苑覺非接任。後來在苑覺非的努力及山東鄉親奔走、捐款下，澎防部子弟學校遷往彰化縣，設立「員林實驗中學」（今員林崇實高工前身），苑覺非為首任校長，部分被迫入伍的學生後來也力爭退伍讀書，陸續進入員林實中。

這些山東流亡學生後來出了不少名人，如中研院院士張玉法、前國防部副部長王文燮、前陸軍總司令李楨林、前三軍大學校長王若愚（以上皆為上將。另有多位中將、少將）、警政署長顏世錫、盧毓鈞等，還有許多大學教授，散布在臺灣各地教中小學的老師更是不計其數。一九九八年，在高惠宇（新黨）、謝聰敏（民進黨）、葛雨琴（國民黨）三位立委努力下，《戒嚴時期不當叛亂暨匪諜審判案件補償條例》立法，這件冤案才昭雪，二〇〇九年在張敏之么兒張彤及曾在民進黨政府任職的高丹華等人的努力下，在澎湖馬公立下七一三紀念碑，痛誌不忘。

我就是要飯也要把你們養大

大悲無聲。張敏之罹難時，王培五四十一歲，認領遺體時，大慟之下，一滴淚也沒有流，鄉親唯恐她無法生活，勸她把六個孩子送去孤兒院，她回來告訴兒女：「我就是要飯也要把你們養大。」

2013年3月30日，王培五105歲生日，子女及媳婿為她慶生。第二年，王培五在睡夢中辭世。前排左起：張焱、王培五、張磊、張鑫。後排左三張彤、左四張彬。（張彤提供）

王培五在一百歲生日前，對著電視臺攝影機說：「我是張敏之的未亡人。我從小『登泰山而小天下』，哈哈哈。」她就是用這樣的氣魄帶大六個孩子，除了兩個比較大的女兒當年因需幫忙家計讀護校，其他四個孩子都是臺大畢業，而且其中三人是美國名校博士。這個「登泰山而小天下」的女人，在二〇一六年以一百〇六歲高齡於睡夢中回到天家。

王培五北京師大英語系畢業，學歷極優，但第一個給她工作的是屏東萬丹初中。她隨著孩子長大念書，教書足跡從萬丹初中、潮州中學、臺南女中，一路向北走，在建中退休。

在萬丹時最苦。王培五月薪是全校最低的，母子七人共用一把牙刷，他們住的土牆茅屋也是全校唯一沒電的宿舍，王培五炒菜盡量少放油，省下的油可給孩子晚上點燈讀書。

他們是「匪眷」。除了較大的兩個兒女之外，當時最小的張鑫、張彤什麼都不懂，尤其是張鑫，天真爛漫，這位後來考上臺大醫學系、現在是美國南加州小兒科名醫的她，童年記憶都是挖蚯蚓、釣青蛙、撿蝸牛，非常快樂，連數學抱鴨蛋也開開心心把零分考卷攤給大家笑。

王培五堅強、理性，在孩子面前幾乎不掉淚。有一天，龍捲風忽然襲來，樹枝、茅草、飛鳥在漩渦中翻滾，天黑成一片，孩子相互叫嚷出來看，那個黑漩渦瞬間掀飛他們的茅草屋頂，鍋碗瓢盆、土牆，乒乒摔飛，幸好他們都不在屋後，不知情的王培五當時在屋後，衝出來歇斯底里大哭：「我的孩子，我的孩子啊！」壓抑在心底深處的愛和恐懼，在那一刻全部宣洩而出。

從此，只要颳大風，他們全家就躲進防空洞。當時，臺灣到處都有二戰留下的防空洞，但是，現實世界中，哪裡是能供他們心靈遮風避雨的防空洞？

王培五的心靈防空洞是上帝，她在每天的祈禱、謝飯中得到平安，正值叛逆期的張彬憤憤不平：「我為什麼要感謝上帝給我們的痛苦？」張彬一度混太保，他有一肚子對這個世界的憤怒，偏偏還有人不斷羞辱、撩撥他，他在萬丹待不下去了，媽媽把他轉到潮州中學，他又差點因打架被開除，最後在副校長力保下「留校察看」。這個常蹺課的男生考上一流的高雄中學，但王培五不想讓子女分離，要他繼續念潮中，張彬卻因挑釁老師，又要被勒令開除，又在一些老師力保下，只記兩大過，但他又因痛打一個誣他是賊的同學，再度面臨被開除。江西籍的熊惠民校長跟他說：「你是個寂寞的靈魂，我了解。你父親是個教育家，很了不起。我也是個教育家，我不會開除你，我要教育你，這是我的責任。」張彬大哭，像是重新獲得父愛。

熊校長提醒他思考未來，不要浪費時間。放蕩不羈的張彬對生命嚴肅起來，他立志：「我要念臺大，只念臺大。」當時離聯考只剩五個月，他拚命苦讀，每天睡不到三個小時，讀到吐血，他成為潮州中學第一個考上臺大的。張彤回憶這個青春期的大哥，笑說：「他如果不是考上臺大、去美國讀書，應該會進竹聯幫。」

一九五四年張彬帶頭考進臺大。弟弟張彪早讀又跳級，一九五九年十六歲成為善化中學第一個考上臺大的。一九六一年，張鑫臺南女中第三名畢業，考上第一志願臺大醫科。一九六二年張彤臺南一中畢業，保送臺大電機。

張彬決定離開臺灣這個傷心地出國讀書，但他的身分根本出不了國，後來由五位黨國大老再度以生命擔保，出具保證書，張彬才終於去美國了。這個老鼠隊長開先鋒，最後所有兄弟姊妹和媽媽都去了美國。

「飛去」，這是張彤在臺大畢業紀念冊上的留言，他從小就常夢到在天上飛。他們終於全部自由飛翔了。

尼采說：那殺不死我的，必使我更強大。

好好讀書，眼淚變珍珠

張敏之、王培五兒孫都在美國落地生根了。么女張鑫的孫子取名時，她兒子想把外祖母「培五」的「培」字放在孩子的中間名（middle name），想了很久，取「培」諧音譯成Pearl，珍珠。不可能有更好的英譯了。

眼淚變珍珠，這似乎是一個過度美化的童話，而竟然真的發生。張敏之的子女個個學業、事業有成。張彤將自己上櫃的半導體公司「泰安」賣給神通集團後，二〇〇八年出任英特爾上海分公司總經理，二〇一一年退休。他們多次回到爸爸老家，完成他奉獻教育的心願，在煙台二中設獎學金，並以受難者補償金捐獻一棟「張敏之教學樓」，請諾貝爾獎得主丁肇中題字，因為那也是丁媽媽的母校。

令人感慨的是，煙台鄉親有人激憤地對他們說：「張敏之、鄒鑑是我們煙台『最大的敵人』。」因為他們把煙台最優秀的青年都帶到臺灣了。而這樣的張敏之、鄒鑑卻命喪臺灣槍下。

「我爸是兩岸的敵人，很悲哀。」張彤苦笑。

公視記者呂培苓曾把張家的故事寫成《一甲子的未亡人》，有很細緻的訪談，根據學生的回憶，張敏之「既嚴謹又開明」，教育理念很民主，但是，對「好好讀書」這事沒得商量，「有頑固不可動搖的執著」。

「好好讀書」，也是我訪問到的山東流亡學生子女回想父母家教時，必然會提到的。這些流亡學生對於「讀書」這件事，與張校長一樣有「頑固不可動搖的執著」。這種執著來自他們各自父母的殷殷叮嚀，也是他們在流亡人生中一路不敢自棄的原因，而「一定要讀書」的自覺，也傳給了他們在臺灣出生的子女。

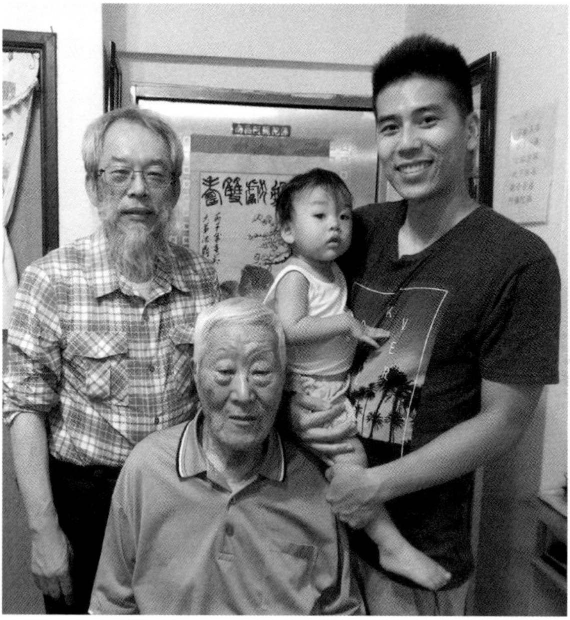

單汶（中）已是曾祖父，是罕見的山東流亡學生四代同堂。攝於2023年單汶97歲壽辰。（單德興提供）

單德興，中研院歐美研究所特聘研究員，生長在南投中寮鄉，父母是山東嶧縣人，是那群流亡學生中罕見的夫妻檔，他們在南投教書，從青春到白髮，備受當地人敬愛。單德興對童年記憶很深刻的是，家裡月底常常窮到必須跟雜貨店賒帳，但是，父母平時仍不吝給兒女買東方出版社和國語書店的注音版兒童名著，這在當時是很奢侈的支出。他們三兄妹自小都喜歡讀書，後來統統是博士。單德興的兒子也是美國麻州大學學士、交大碩士。

讀書是家風。單媽媽孫萍兩、三歲就在父親教導下認字，她到老都愛看書。單爸爸單汶在澎湖被迫入伍，民國四十八年在國防部「木蘭計畫」下，山東流亡學生可退伍復學，單汶才以中士退役，進了員林實中，三十三歲念高三，服役十年所得只有兩套衣服、一頂蚊帳、一床被子、退伍金五百元。學校吃住都不理想，每到吃飯，坐在風沙飛揚的泥土地上，六人圍吃一盆大鍋菜，但老師熱情、同學刻苦，總算可以讀書了。

單汶、孫萍在小學任教之後，仍未忘記進修，五十多歲時一邊教書，一邊利用暑假繼續讀書，雙雙自臺中師專畢業。孫萍退休前，獲得資深優良教師八德獎章，八十歲病逝。二〇一九年單家在臺灣的第四代誕生，單汶跟兒子欣慰地說：「從山東到臺灣，我們兩個流亡學生，沒有白活。」單汶今年九十八歲，很可能是澎湖山東流亡學生在世最高齡者。

陳芸娟《山東流亡學生研究》，是第一本以此做主題的學術論文。（沈珮君翻攝）

陰影一直如影隨形

在苗栗科大任教的陳芸娟也是在父親鼓勵、支持下，從高職、二專、大學，拿到師大歷史研究所碩士，論文題目是《山東流亡學生（1945–1962）》，她是第一個拿山東流亡學生當學術論文的人，她父親陳永昌就是當年的學生。陳芸娟出生時，父親已四十歲，前面雖已生了一個兒子，但陳永昌特別疼愛這個寶貝女兒，陳芸娟也極力討他歡心：「我喜歡讀書、教書，都是因為我爸。」爸爸在苗栗山區教書，買不起兒童書，暑假時把學校的百科全書借回家給孩子讀。陳爸爸在頭屋鄉仁德國小教導主任任內退休。

陳媽媽小他十九歲，他極疼愛年輕妻子，但兩人仍常常吵架，因為窮。當時老師部分酬勞是以「米」代替，但不夠吃，爸爸沒辦法借到米，媽媽從早餐店張羅到一些燒餅掰成小塊煮成一大鍋糊糊，含淚告訴他們三兄妹：「我一定會讓你們吃飽。」陳媽媽希望女兒去當美髮學徒，「洗一個頭可賺三十元。」但陳芸娟想念大學，想念歷史系，陳爸爸很高興，滿口答應：「只要妳想念書，念什麼都好。」他四處借錢也要讓她讀書。

1998年陳芸娟（左）在父親陳永昌（右）鼓勵下，獲得師大歷史所碩士。
（陳芸娟提供）

陳芸娟嫁給鄰居男孩，婆家與

娘家僅一牆之隔，她早上還沒起床就可以聽到爸爸在隔壁廚房燒水的聲音。即使如此近，她出嫁時，才跟著「帶路雞」走了幾步，回頭一看，爸爸已在門旁哭成淚人兒。她從小就常看到爸爸哭，「我爸爸哭時很怪，他會拍大腿，先笑，然後才哭。」爸爸看平劇《四郎探母》會哭，難過、高興都會哭。他有一肚子淚。

她從小就覺得爸爸好苦，但一頭霧水，爸爸常跟她講在大陸流浪的故事，「我那時好小，連『大陸』是什麼意思都不知道。」

父親哭得讓她最心碎的一次，是他輾轉得知在大陸的老娘去世，他嚴肅地準備三牲，寫上牌位，跪在地上放聲號啕：「娘——」，痛徹肺腑。他們家頂樓有設祖宗牌位，陳永昌晚年時，有一次站在頂樓跟女兒說想跳下去，陳芸娟事後回想：「他應該有憂鬱症，但我們那時不懂。」

陳永昌去世時，陳芸娟不在身邊。二〇一七年七月十三日，她應國家人權博物館、澎湖文化局之邀，到澎湖演講，說她爸爸的七一三故事，講著講著忽然喉頭堵住了，開始哽咽，正在此刻，她從臺上看著臺下的她先生接了一個手機來電，用嘴型告訴她：「爸爸走了。」陳永昌用這樣的方式來跟心愛的女兒魂靈合體，讓自己的生命故事在澎湖七一三這個傷心日、這個傷心地打上句點。

陳永昌一生「小心翼翼」，每一次的分別，都生怕是永別。他第一次回老家，唯恐不能再回臺灣，還交代了遺言。可笑嗎？當初他離開老家，以為只是出門幾天，誰知就是永訣。他每件事情都做到無微不至，「他很怕一件事、一句話不對，就會被什麼單位『找到』。」陳芸娟去度蜜月，爸爸再三叮囑要把結婚證書帶在身上，「你們孤男寡女，小心警察會抓。」

即使他們不是在七一三事件、一二二一慘案(山東七位師生的槍決日)中直接受害的當事人，但陰影一直如影隨形。現在與兒子住在龍潭「渴望村」的張天信，也是山東嶧縣人，兒子在半導體產業服務，也很會讀書，已取得美國與交大碩士，正在臺大攻讀第三個碩士學位。七一三事件，張天信在現場，看到李樹民被刺傷、唐克忠被拖離現場時，血自褲管流到沙地。那些血和恐懼很難從心中抹去。

當時他只有十四歲，也去當兵，他又瘦又矮，槍比他還高，最小尺寸的軍服也無法穿，軍方只能發給他一頂軍帽，「我是全連唯一沒穿軍服的人。」張天信太小了，在軍中充滿挫折，爬樹、跳馬、吊單槓，他統統不會，「班長說我是個廢人」，當兵對他打擊很

山東流亡學生張天信回首澎湖當兵那段經歷，常感扼腕。（沈珮君攝影）

大，「我覺得人生到此沒希望了。」但他一直記得「我出來是要讀書的」，他靠收聽中廣自修英文，考上了財務學校，一九七〇年少校退伍，一九七四年經過特考進了財政部，後來在支付處科長任內退休。

九十歲的他一臉頑強，很決絕地說：「我全部靠自己，我不靠任何人。」他幾乎不跟孩子談這段過去，他兒子直到七一三紀念碑立了，從新聞得知國家人權館辦的座談、展覽，從網路爬梳，才比較了解父親當年經歷過什麼事。

張天信自七一三事件後，似乎不想再與那件事、那些人有牽扯，他從不去山東同鄉會，也沒有回過老家。但是，直到現在，他深夜還會到孫子房間去，「我要看看他們還在不在。」當年就是有同學一覺醒來，旁邊的人不見了，這是多深層的害怕，七十多年揮之不去。

這些山東流亡學生，幾乎都不跟孩子提澎湖那段往事，唯恐把他們也牽連進去。但是，他們聚在一起就會談，小聲談，有時候談著談著就哭了。

歷史能不能不再有淚？

政大新聞系副教授方念萱和知名主播方念華是姊妹，她們的外祖父是當年山東省府秘書長楊展雲，曾營救張敏之未成，後來積極參與平反。他是山東第一所流亡學校「湖北中學」的校長，後來繼苑覺非之後接任員林實中校長。方念萱的媽媽楊澍跟山東流亡學生朱炎、張玉法、陶英惠是員林實中同學，方念萱從小就對他們名字耳熟能詳，「我媽媽每次開同學會回來，都會說朱炎又哭了。」朱炎曾任臺大文學院院長，他不是跟那群山東流亡學生一起到澎湖的，他是青島即將淪陷時，朱媽媽含淚要孩子各自逃命，他惶惶流浪到岸邊，乞求一個軍官帶他上了最後撤退的「裕東輪」到臺灣。他十三歲，沒有槍桿高，後來也去念了澎防部子弟學校、員林實中。每次參加同學會，想到亂世流離的日子，想媽媽，醉後的朱炎總是哭得很傷心。

單德興（右）2024年春天與張彤（左）會面，談兩人父母在澎湖的經歷。（沈珮君攝影）

這群師生「學校家庭化，老師父兄化，學生子弟化」，親如家人，苑覺非曾身為澎防部子弟學校負責人、員林實中創校校長，替學生擔任主婚人兩百多次，家裡永遠有一大袋麵粉，隨時包餃子給學生吃，客廳也經常有學生打地鋪。他的兒子、前臺大哲學系系主任苑舉正曾經覺得他爸爸是「幾千人的爸爸」，不是他一個人的爸爸。

單德興從小也看到很多「叔叔」在寒暑假進出、借宿他家，他們來時，爸媽就特別高興，他們大人常小聲講話，不讓孩子聽到。二〇一九年國家人權館辦七一三事件七十週年特展時，單德興在臺北、澎湖全程聽了五場座談與演講，才更了解那段父母噤聲的歷史。

他在父母身上看到七一三事件對他們的最大影響是「謹慎」，極謹慎。在兩岸還沒有開放交流前，父母都不敢跟老家聯絡。外祖父母過世二十年後，他媽媽才輾轉得知，悲痛地請假一天，閉門追思，寫下悔罪書燒給父母，身穿縞素百日，對自己過度謹慎而沒有跟父母及時聯絡，痛心疾首。可憐父母直到去世都不知道他們是否活著。

陳芸娟謹慎的爸爸雖然也不敢跟老家聯絡，但曾請人偷偷帶了一張照片回去，一個字也不敢寫，他父母去世前至少知道兒子在臺灣還活著。

朱炎一直極度想念他那挽著柳條籃乞討的老娘，後來千方百計透過美國親人，經過香港，輾轉把他魂牽夢縈的山東老娘接到臺灣，老娘快走到他的臺大宿舍時，他快樂地一把背起她，一路跑一路狂呼：「娘回來了，娘回來了。」重享天倫一年，老娘就過世了。

楊展雲到臺灣時，只帶了較小的孩子，長子、長女都留在大陸，後來費盡功夫，一家人總算在美國洛杉磯團聚。本來應是個歡樂時刻，但楊展雲知道兒子加入了共產黨，怒不可遏，要他跪下。方念萱回憶這一段往事時，仍感心痛：「我有一陣子對外公很不諒解，因為我大舅很可憐。在那個亂世，大舅受了很多苦，他被下放到新疆，也曾入獄，舅媽為了讓他看孩子，在監獄外面把孩子舉起來給他透過鐵窗看一眼。」多麼悲傷。

楊展雲的母親在「大躍進」餓死，奄奄一息時仰問蒼天：「祢在哪？我連粥都吃不上。」方念萱感慨萬千：「這是國仇家恨。我外公和我爸爸至死都不願意回老家，不堪回首。」情到濃時方轉薄，誰的錯？誰有錯？

單德興的祖母、外祖父母很可能也是餓死。他第一次陪父母回老家時，第一大事便是祭祖墳。四野蒼茫，墳在田中，沒有墓碑，沒有土塚，他跪在地上，旁邊燒著香和紙錢，隱隱覺得不遠之處的空中有魂靈，他止不住地流淚，親戚相勸，都沒辦法讓這個男兒停淚，「我覺得心中有一個『塊壘』，不斷湧出來」，直到那個堵在心頭的東西哭化了，他才終於止淚。單德興後來回想，一方面覺得不可解，一方面覺得「我在哭時，彷彿有祖先在旁與我同哭。」

皈依法鼓山的單德興溫厚篤實，性情淡定，但在臺大外文系同學替朱炎老師賀七十五歲壽時，他又一次失控。同學替朱老師精心挑選了一件防風防雨的GORE-TEX冬衣做生日禮物，單德興致詞時提到「我父母也是山東流亡學生」，淚湧不停，語塞良久，而經常為此流淚的朱老師那天反而異常平靜。朱炎已經病弱，第二年冬病逝，僅七十六歲。他與妻共乘電動輪椅的臺大一景再也看不到了。

淚史，歷史能不能不再有淚？

◎原載二〇二四年五月三十日至五月三十一日《聯合報．副刊》

不再流離，不必逃亡，可以嗎？

2024年張敏之么兒張彤（左）回台，作者再度訪問他。
（沈珮君提供）

年輕人可能不知道什麼叫「查戶口」了。以前警察會上門查戶口。張彤非常痛恨童年時期警察上門「查戶口」的日子，他直到上了大學，看到警察都還會寒毛倒豎，一個同學很奇怪：「警察有什麼好怕的？」張彤很想回他：「因為你爸是國代，我爸是『匪諜』。」

二〇二二年初春，我在聖荷西面訪張彤，他是張敏之校長六個子女中最小卻對平反最用心用力的。我們第一次見面，坐在一個小咖啡廳的戶外，他很嚴肅。我一邊做訪談紀錄，一邊顫抖，春寒料峭固然是原因，但張敏之校長的慘案令人在七十多年後仍忍不住戰慄，他的遺孀王培五老師帶著六個子女在絕境中頂天立地，也極令人震動。

在採訪張彤之前，二〇二一年深冬，我先透過電話訪問了張鑫，她說話如春風，疏朗素淡，在她印象中，自小從未受到歧視，「也許因為我是女孩。」她認為女同學之間的關係相對單純，不緊繃、不政治，她從未感覺自己是「匪眷」，也不曾像哥哥被同學叫「阿山」或「豬仔，豬仔」。她小時候在南部上學，不僅快樂，也學會流利的臺語，讓她後來融入臺大醫學系及面對病患毫不困難，她嫁入臺南醫師世家，也像天作之合。她是美國南加州很受敬愛的小兒科醫師，朋友告訴我，她有不少小病患的父母是好萊塢明星。這個當年數學零分仍開開心心與大家「分享」鴨蛋試卷的小女孩，是一個蒙福的基督徒。

我採訪張鑫、張彤之後，回臺搜集、閱讀資料，訪問了很多人，也發現有些流傳的訊息積非成是，幾乎令當事人百口莫辯，譬如，前臺大校長孫震「被」眾所周知是澎湖那群山東流亡學生之一，其實不然。孫校長是山東「青島臨時中學」的學生，初中、高中各讀兩年，高二時被父親託請朋友帶來臺灣，就讀「臺中裝甲兵子弟中學」，不是「澎防部子弟學校」。還有，已故中研院院士于宗先、前政大新聞系教授李瞻也屢屢被誤納入澎湖山東流亡學生，他們都是山東人，來臺繼續讀書，但與澎湖山東流亡學生無關。

採訪困難，許多當事人已謝世，仍在世者都是九十歲以上的老人，幾乎都有嚴重重聽，記憶力模糊、混亂，也有很多人拒訪或已不能答客問。

跟時間賽跑。山東流亡學生第二代陳芸娟自覺地要把爸爸的故事留下，她在一九九五至一九九八年大量訪查，寫下《山東流亡學生研究（1945-1962）》三十萬字的碩士論文，最可貴的是她找到很多當事人，包括在澎防部子弟學校先後主持校務的兩位負責人王志信、苑覺非。那段期間，她利用員林實中的通訊錄每天打五十通電話，發現其中錯誤不少，即使好不容易找到某位伯伯，下次再打去時，那位伯伯已不幸過世。陳芸娟甚至曾經打電話找某位伯伯時，他的家人告訴她，他們正在辦他的喪事。

匆匆又過了二十年，現在在世者更少了。

曾任文化部駐法國巴黎文化中心主任的蔡筱穎博士，也是山東流亡學生第二代，她九十多歲的父親蔡敬儀是國安局上校退休，他從不與女兒提澎湖那段日子。蔡筱穎是記者出身，任職雜誌社時，花了很多時間主動做七一三案的調查報導，社長是知名的自由派，卻拒絕刊登那篇稿子，質疑她：「妳為什麼做這個？誰要妳做的？」她現在回想此事，仍感啼笑皆非。

二〇二二年七月，她藉回臺探親之便，說服她父親與我聊聊，但他應仍是不樂意的。我進門坐下不久，蔡伯伯就很嚴厲問我：「妳是什麼人？妳問這些過去的事情要幹什麼？妳打算怎麼樣？」這些話也是張彤與我第一次見面時問我的。

充滿警戒、疑慮，這應是「白色恐怖症候群」，他們這一輩子都認為自己在被探查、窺視、監看，他們要很小心。他們另外一個「特色」是「忠黨愛國」，他們雖對當時「黨國一體」的國民黨不無抱怨，但是，後來他們畢竟在臺灣可以讀書就業了，即使當時被迫入伍，但留營服務的幾乎最後也都升上尉官、校官，更有多位將軍。多數人有了小康家庭，相較於他們當年留在大陸的親友，「幸好我們出來了」，他們覺得自己太幸運了。單德興的爸爸偶爾不免對政府有些牢騷，單媽媽都會提醒他，幸好政府讓他們來臺灣、有人帶他們來臺灣，否則在大陸別說讀書了，即使沒餓死，在文革也可能被批鬥。陳芸娟的爸爸對政府也充滿感恩，他是小學老師，每次拿到子女教育補助金時，都會由衷地告訴孩子：「這是政府德政。」

曾任考試院秘書長的王曾才，是知名作家王鼎鈞的弟弟，也是那群學生之一，他曾在〈五塊錢的註冊生〉一文中寫下他從員林實中考上臺大之後的情況：「記得當時囊空如洗，一無所有，學費全無著落。幸虧當時臺大校方，特准我們這一群苦哈哈的學生全免學費、雜費和宿費，每個學期註冊時只繳臺幣五元的愛克斯光透視費。……在學校上課，在圖書館看書，並且住在學校，而每個學期只繳費五塊錢，堪稱天下奇談。」中研院研究員陶英惠也是在員林實中畢業後考上臺大歷史系，實中校長楊展雲資助他好幾百元旅費，臺大教授張樂陶幫他們實中學生申請救總在臺大設的助學金。這些學生還有許多人考取教育部公費出國進修，點點滴滴，讓他們後來成為各領域的佼佼者。這群龐大的山東流亡學生，自助人助，既轉變了自己人生，也是後來臺灣進步的生力軍。

相互聆聽，開啓對話

二〇一九年國家人權博物館辦了「山東流亡學生與澎湖七一三事件七十週年特展」，時任館長、東吳政治系教授陳俊宏坦承當時「壓力很大」，非常擔心那些當事人不認同、不願來。當初原本是澎湖縣政府文化局想做在地歷史的分享，文化局委託國立澎湖科技大學教授林寶安執行，林寶安投入此事甚久，曾做大量的當事人口述歷史紀錄。陳俊宏深入了解之後，愈發覺得國家人權館責無旁貸，但也知道不好做，戒慎恐懼。

他們請了國立臺灣歷史博物館副館長謝仕淵（現任臺南市文化局長）擔任策展人。當時「轉型正義」風風火火，但謝仕淵建議國家人權博物館不要用「轉型正義」四字，而要做「文化理解」，陳俊宏非常認同：「轉型正義如果沒有相互理解，就沒有辦法成功。」

他們小心地不要以加害者、被害者二元對立的手法處理。陳俊宏強調：「回憶、再現這些苦難，不是要不同政治立場的人相互辯難，而是相互傾聽，開啟對話，避免未來發生同樣的苦難。」他認為「這種回憶、再現，可能令人緊張、不安，但這不是要清算、指認加害者」，他認為「轉型正義就像是清創，因為可能會很痛，所以特別要呵護，才能癒合。」

「回到人本是我最大的學習，」陳俊宏發現，「那些流亡學生常常在過年時團聚在一起，因為他們想家。」他豁然開朗：「就是『家』！以這個主軸做核心——離家，成

2019年國家人權博物館「我的1949」座談會後，與713事件當事人與家屬合影。前排左起為山東流亡學生孫法寬、席德志、蔡敬儀、戴安身、孫法彭、黃如藻。後排左起為張雪婇、蔡筱穎、陳俊宏（時任國家人權博物館館長）、王國裕（時任澎湖縣文化局局長）、單德興、宋治屏、林寶安。（國家人權博物館提供）

家，返家。」回到具體、活生生的「人」，用「家」環抱飄零傷痛的靈魂，讓他們覺得自己可以被理解，而不是被利用。國家人權博物館在臺北、澎湖辦了五場座談分享，都是在「家」的概念下。

他們辦這個特展的時候，來了六個山東流亡學生當事人，還有第二代。這讓原本忐忑不安的陳俊宏得到很大鼓勵：「當事人現身了，這就是最大的突破，也是這個特展最大的意義。他們願意站出來，這實在令我太感動了，也讓我更有勇氣。」有趣的是，這些國民黨主政時期的白色恐怖受害人「很大比例都在罵民進黨」，因為當時綠營想要拆除中正紀念堂的聲浪很大，這讓這些外省族群的白色恐怖受害人很不認同，他們在座談會上分享自己的受難史之後，話鋒一轉，砲口對準民進黨，認為「民進黨破壞歷史、搞台獨。」

相對地，特展「家」的概念，也引起綠營少數激進分子的反感：「怎麼可以想『中國』那個家、回『中國』那個家？」陳俊宏很無奈：「那一陣子，獨派、統派、中華民國派都在罵我。」

但並不是沒有回饋。蔡敬儀是去參加七一三特展的六位當事人之一，並也參與座談分享，是女兒蔡筱穎鼓勵他去的，這對他應是非常不容易。但他去看展之後，大受感動，對陳俊宏的理念、用心很肯定，誠摯地跟他道謝，後來也勸朋友去他們以為「專屬二二八的人權館」看展、參與「民進黨政府辦的活動」。這就是陳俊宏期待的「相互聆聽，開啟對話」。

陳俊宏卸任前，回顧自己在國家人權館長任內，最應該做、最有意義、最欣慰的事，就是辦了七一三事件特展。

方念萱、方念華姊妹也都去看了七一三特展，看到外公楊展雲的證件，淚流不止，方念萱說：「這個特展，讓我可以把外公、外婆放回那個時代，勾起我強大的思念與不忍。」她出國讀書時，才體會到想家的滋味，但她知道自己的想家與外公他們一定不同，他們的那種「想家」，「我never ever真正體會。」他們那是一個永遠回不去的家。

楊展雲當年是山東省府秘書長，七一三事件發生後，山東省府八月派他和教育、民政、財政三位廳長到澎湖，張敏之趁機求援，他們集合學生，要求十七歲以下不想當兵的學生站出來，但李振清在場，只有二十多人敢起身。張敏之急得大聲要大家把握機會，不要害怕，才又有十幾個人站出來。而像張天信這些超小的兵，則當天被特意帶到外面去撿蝸牛，山東大員根本看不到他們，張天信年老時回想此事，仍感扼腕。但調查人員至少「救」了三、四十多人不必當兵，可是，張敏之就此被澎防部安上了「妨害建軍」的罪名。

蔡敬儀不願回顧當年澎湖那段事，他雖然退休已久，但仍充滿戒心，我那天在蔡府與他短暫訪談，他就拂袖回房了。嫻雅的蔡媽媽沒有把我趕出門，給我看她繡的花。她十八歲就毅然嫁給這個大她十二歲的「外省人」，她說「他又高又帥」，他們從不吵架，但日子剛開始很苦，手巧的她拿了一些繡花活回來做，在院子大樹下與眷村鄰居一起搭起繡花架，從早做到晚，每月可賺三百元，跟先生月薪一樣，「否則小孩沒奶吃。」苦日子過去了，兒女長大之後，她七十歲考上國立臺灣藝術大學國畫科，客廳掛了好幾幅花鳥都是她的作品，日子靜好。

蔡敬儀妻子年輕時以繡花賺孩子奶粉錢。
（沈珮君攝影）

兩岸開放之後，她每年至少都

會陪先生蔡敬儀回山東老家一次，幫親人修屋、買房，去了二十幾回。這幾年疫情封鎖不能回老家，蔡筱穎悵然：「我爸爸好像失了魂一樣。」

祈禱讓世界找不到黑暗

單德興大三時，父母才在臺灣擁有第一棟房子，「他們家以前在大陸有不少房子、田產，但是大難來時說丟就丟，再加上那時候以為很快就能回大陸了，所以很多人到臺灣多年之後才置產。」孟子說「民無恆產而有恆心者，唯士為能」，單德興認為他的父母就相當於「士」（知識分子）：「我父母無恆產而有恆心，他們一心一意在教書和教子女。」他很以父母為榮。

單德興是將「後殖民理論」創始人薩依德有系統地譯介到臺灣的第一人。薩依德在臺灣最被廣為引述的作品是《知識分子論》，這本書就是一九九四年單德興在哈佛遊學時在書店買下帶回譯註的。他並三度親訪薩依德。

薩依德是巴勒斯坦人、美國公民，童年在埃及受英式教育。他對自己早期身分曾如此描述：「我就是這樣一個反常的、令人不安的學生：一個在埃及上學的巴勒斯坦人，一個有著英語的名字和美國護照，卻沒有什麼確定的身分的人。」

薩依德在一九四八年第一次中東戰爭中成為難民，流徙各地。身為美國公民、國際知名學者，他的多重身分、多元視野，讓他具有更開闊的心胸、更具高度的視野，因此對知識分子具有更嚴格的要求。而他也飽受爭議，因為他始終以鷹眼嚴厲審視歐美國家的強勢之姿，並與美國支持以色列的主流政策不同，他不遺餘力地為巴勒斯坦人的苦難處境發聲，甚至挺身為他們爭取權利與自決。

薩依德去世時，選擇回葬自己少年曾居住的黎巴嫩，這裡鄰近卻不是他的巴勒斯坦出生地，也不是他長年定居、工作、有公民身分的美國。

他的「他鄉・故鄉」何其複雜，他的流亡身分是否就此安息？

單德興編註父母合傳《山東過台灣》，這是他生平最重要的書。（單德興提供）

因為疫情，世界運轉的腳步慢了，單德興趁這段時間整理、出版了父母的合傳《山東過台灣——流亡學生夫妻自傳合集》，並做了詳細註釋，八次編修，如同一本嚴謹的學術著作，此書是兩代三人共同結晶。

「不容青史盡成灰，」單德興說：「我做了一輩子學者，做過很多口述歷史，我怎麼能不幫父母編傳？我們要用文字、圖像抗拒遺忘。」他透過父母雙眼看到那個時代的痛苦、殘破與人情冷暖，他更看到他們的韌性與寬厚，即使經歷過澎湖那段不合理的對待，但他母親始終相信「有理走遍天下」，待人以理，也從不打罵孩子，始終跟他們講理，而且在澎湖時為了救人，典當自己的金戒，那是她父親給她的唯一紀念品。這都是他們留給孩子的身教、言教，這本傳記已不僅是「詩書傳家」，單德興告訴兒子：「這是我生平最重要的一本書。」他的學術、訪談、翻譯與散文論著有五十多本。

那個年代，國民政府才剛到臺灣，倉皇淩亂，共產黨派了一千五百人潛入臺灣，加上原本就有的臺灣共產黨員，裡應外合，「匪諜就在你身邊」，不是國民政府的「被迫害妄想症」。國軍在大陸一路潰敗，多個軍團甚至不戰而降，與當時軍方有許多潛伏的共產黨員有關，即使民國三十八年遷臺之後，連國防部主管作戰的參謀次長、中將吳石也是共產黨地下黨員，他在民國三十九年三月事發，六月槍決。中共後來為了這些在台犧牲「烈士」建立「無名英雄紀念廣場」，並為四人建立雕像，其中一人就是吳石。

風聲鶴唳，張彤分析當時的兩岸情勢：「在韓戰之前，中共是真的要打臺灣」，國民政府確實有「退此一步，即無死所」的破釜沉舟心情，而面對共產黨無孔不入的滲透能力，政府杯弓蛇影，「寧可錯殺一萬，不可錯放一人」，讓有些人利用這種非常情勢的非常心理謀奪私利或報復私仇，這些成為日後國民黨的長期負債。

國民黨在經濟上讓臺灣成為亞洲四小龍，以這樣一個彈丸之地，外匯存底一度是世界第一，並在關鍵時刻以國家之力打造了臺灣的護國神山，但它在政治上至今彌補不了白色恐怖時期造成的「虧空」。這應該也讓兩岸執政者共同警惕。

「臺灣非常獨特，」林寶安是臺南子弟，到澎湖教書，在偶然下接觸到七一三案，不可自拔地投入研究，從震撼到愈來愈理解，並愈來愈珍惜臺灣這個移民社會：「臺灣短短幾百年不斷有不同的移民進入，雖然新舊移民剛開始接觸時會有不安，甚至歧視、衝突，但經過幾個世代，已全部融入這塊土地，並產生新的東西。」

林寶安興味盎然地舉例，大量的山東流亡學生替臺灣帶來豐富的麵食文化，另外，他還有一點很深刻的觀察：「臺灣人如果不開心，只要回到家就是避風港。但是，外省人舉目無親，他們沒有那樣的家。所以，他們結婚後，非常珍惜家庭，很疼愛老婆、兒女。」他從自己身邊的外省同學家庭和訪問的山東流亡學生家庭都發現他們和妻兒關係比較親密，與傳統臺灣家庭傾向父權、大男人主義很不同。

在選舉中震天價響叫外省人「豬仔」的時代已經過去了，林寶安認為：「政治人物權力鬥爭，想盡辦法把族群撕裂成打打殺殺，但社會會自我療癒。族群問題只要回到生活，就會找到最好的答案。」林寶安相信：「只要人和人可以繼續吃飯喝酒唱卡拉ＯＫ，化學反應就會出來，就不要太擔心族群問題。」他說：「我是無可救藥的樂觀主義者。」

走過痛苦大地，有些人逃難時在火車頂上刷地就不見了，這些人沒有名字留下。七千多位山東學生流亡臺灣，應該也有不能落地生根的，他們都是人子，卻永遠沒辦法跟老家報平安，他們是更悲傷的故事。而不敢說痛說苦拚命向上，活下來，並讓下一代、下下一代不再受苦的人，且讓我們銘記，並彼此惕厲：不管發生什麼災難，「那殺不死我的，必使我更強大」。

我的老父也是一九四九年自江蘇農村流亡到臺灣，他在老家從未上過一天正式學堂，只念過幾年私塾，他會寫漂亮的毛筆字，但不會唱歌，我在他晚年時才知道一輩子呀呀不成調、唱不了一首歌的老爸，居然極喜愛翁倩玉唱的〈祈禱〉。

這首歌是翁倩玉爸爸翁炳榮作的詞，非常動人：

讓我們敲希望的鐘啊
多少祈禱在心中
讓大家看不到失敗
叫成功永遠在

……

讓歡喜代替了哀愁啊
微笑不會再害羞
讓時光懂得去倒流

叫青春不開溜
讓貧窮開始去逃亡啊
快樂健康留四方
讓世界找不到黑暗
幸福像花兒開放

讓我們敲希望的鐘啊
多少祈禱在心中

「讓世界找不到黑暗」，簡簡單單的一句話，為什麼竟然只能成為「祈禱」？「讓世界找不到黑暗」，一直是歷史暗暗迴盪的副歌，能不能有一天終於變成歷史的主旋律？這是一個幼稚、俗氣的心願嗎？

二〇二四年的春天，此刻，地球愈來愈多地方在黑暗戰火之中，而且以神之名，以正義之名。讓我們敲希望的鐘啊，讓人們不再流離，不必逃亡，一別不會是永別。

◎原載二〇二四年五月三十一日《聯合報・數位版》

王曉波

一生遭遇兩次白色恐怖

王曉波（左）與外孫靖和大手牽小手，留下永遠的背影。靖、和都有「和平」之意。（家屬提供）

（家屬提供）

王曉波

一九四三—二〇二〇

王曉波生於江西鉛山河口鎮，父親是貴州遵義人，母親是江西南昌人。曾任臺灣大學、中國文化大學與世新大學教授。海峽評論出版社創辦人、中國統一聯盟副主席。一九五三年媽媽章麗曼被以匪諜罪名槍決，父親也因此下獄。由外婆養大。

一九七三年任教臺大哲學系時，被臺灣警備總司令部以「為匪宣傳」罪名拘留訊問，後來被臺大停聘。一九九七年獲得平反之後復職，重回臺大授課。著有關於中國政治思想、中國文化、哲學思想、兩岸關係，與臺灣歷史專書、文集、論文。

「匪諜兒子」，滿是創傷的生命刺青

炎炎夏日，父親節，王曉波的海葬紀念日。

兩年前（二〇二〇年），父親節當天，他的骨灰放在一紙白色小船，長女「娃娃」遵照他的遺願，親手將爸爸漂葬在臺灣海峽，「希望您守護海峽兩岸和平」，並灑下與他相伴大半輩子的高粱酒。

兩年後（二〇二二年），父親節前四天，中共向臺灣海域發射十一枚導彈，其中四枚飛越臺灣上空，戰機在海峽上空來去超過一百二十架次、艦艇有十四艘次。共軍海空繞臺，成為海峽兩岸新常態。王曉波若魂靈有知，「一樽還酹江月」之餘，他應會哭。

他酒後經常痛哭。他一生為他的所愛所苦。

他七十七歲去世。九歲、三十一歲歷經兩次白色恐怖，五十多歲才平反，他們家上下四代都受影響。

即使同是家人，各有政治認同，現在視為理所當然，當年卻可能為全家招來災殃。王曉波的媽媽章麗曼在臺灣被認定是共產黨，遭政府槍決；大陸章家人在中共主政下，卻因與國民黨淵源甚深，死的死，坐牢的坐牢。王曉波一家就是中國現代史可悲的縮影，而他一生致力的就是「我家悲劇絕不可在任何一個中國人的家庭重演」。

1950年，王曉波（右一）與媽媽章麗曼（左二）、爸爸王建文（左一）、外婆陸佩蘭（右二）、兩個妹妹合影。
（家屬提供）

令人百感交集的是，這樣的心願也使他寂寞一生。

王曉波家的第一次白色恐怖，發生在民國四十二年，他們奪走他母親，他九歲，媽媽章麗曼二十九歲。那一天，元宵團圓夜，他們家的斷腸日，王曉波父母先後被捕，媽媽才剛做完月子不久，抱著吃奶的么女一起入獄，半年後在馬場町被處決，父親則被控「知匪不報」判刑七年。平反時，九江高等師範學校畢業的文藝知青章麗曼變成一罈骨灰已四十八年了。二〇〇一年，近六十歲的王曉波替媽媽辦了一個遲來半世紀的追思會，會後，他抱著尉天驄大哭：「我終於替我娘開弔了。」

只因政治信仰不同，章麗曼的燦爛青春即在槍下轟然終止，不能陪四個幼子長大、替老母送終，她的一生誰能還她？王曉波一夕間再也聽不到把抗戰歌當搖籃曲唱的媽媽歌聲，他忍悲含辱、「只想像野狗一般活著，但竟不如一條野狗」的童年，滿是創傷，誰能還他？

王曉波的外婆一口江西南昌土話，不懂國語，也不會說閩南語，突然失去在臺灣唯一的女兒，而且必須獨力撫養四個外孫子女，方寸大亂下，被騙光僅有的陪嫁首飾，擦乾眼淚後，毅然帶稚孫撿食市場爛菜葉，加上育幼院每人每月十七元的補助，總算可以活下去。但是，營養不良的孩子容易生病，王曉波永遠忘不了，外婆拉著他跪在地上給醫師磕頭，請求院方收治發高燒的大妹，最後仍被砰的一聲關在門外，幸好里長伸了援手。

王曉波的大妹能詩能文，多病多愁，二十多歲自殺。二妹也身體不好，在四十多歲早逝。王曉波愧疚萬分，認為自己終究辜負了媽媽所託。媽媽在獄中跟他說的最後一句話就是「好好照顧三個妹妹」，一個九歲男孩如何挑得起這個重擔？他常到無人的河邊大哭。

「匪諜兒子」是他的生命刺青，他在學校飽受霸凌，一度自組幫派，幾個弱勢的叛逆少年相互取暖。他兩度被勒令退學，但在父親不絕望、不放棄的愛之下，他終於在高二收起拳頭，剃了大光頭以示決心，用功讀書，每天睡不到五小時，以第一志願考上臺大哲學系。

「臺大哲學系事件」，奪走二十三年歲月

他遇到的第二次白色恐怖，發生在民國六十三年，那是「臺大哲學系事件」第二年，他們奪走他的工作，他三十一歲，當時他是臺大講師。二十三年後平反，他重回臺大哲學系任教時，已五十四歲。

1971年，海內外保釣運動如火如荼，臺大洞洞館高掛羅家倫的五四宣言。（家屬提供）

他從學生時代就是學運、社運的靈魂人物，他那一篇成為保釣運動文獻的文章〈保衛釣魚臺〉，劈頭就引用羅家倫的五四宣言：「中國的土地可以征服而不可以斷送！中國的人民可以殺戮而不可以低頭！」引爆海內外青年沸騰、壓抑、沒有出口的愛國熱情。烈火青春，可以載舟，可以覆舟，國民黨曾在大陸學運吃了大虧，對臺灣大小學運始終不能以平常心視之。

海外保釣運動在中共總理周恩來邀請幾位學生代表參訪「祖國」後，留學生分裂成左右兩派。臺灣的保釣後來也分成統獨兩派。參與這個愛國運動的熱血青年，許多人在幾十年後都成為各領域翹楚，有知名學者、高科技業者、導演、媒體人，還有人成了總統，但當時「保釣」卻被國民黨《中央日報》社論指為「為匪唱和」。面對愛國人士的分裂、釣魚臺主權始終在爭議中，王曉波在保釣四十週年時感慨「我們是失敗的一代」。

除了學運，他也積極參加社運，為受災礦工家屬募捐，替飛歌女工怪病爭取注意力，為雛妓、烏腳病患、臺西麥寮農民大聲疾呼。他誓言替工農底層發聲，但在歷史脈絡裡，這些運動、語言，正是民國三十八年以前共產黨爭取人心的方法，國民黨政府遷臺之後，又見到這種論述，加上王曉波是「匪諜兒子」，自是深懷戒懼。臺大校長閻振興把他從警總保釋回來後勸他：「你們主張自由民主就罷了，還開口閉口什麼『基層民眾』，人家會說你們思想左傾。」

「左傾」在當時就是一頂沉甸甸的大紅帽，王曉波義正辭嚴回擊：「我出身貧賤，我不替這些貧困的老百姓講話，誰替他們講話？」他永遠記得自己小時去番薯田尋找農人遺落的番薯給妹妹充飢，卻被地主一腳踢翻在田裡，他匍匐在地，回頭望天，那一刻，他的宿命與使命就此註定。

七〇年代，他參加保釣、民族主義座談會論戰。八〇年代他投入「黨外」民主運動，與黃信介、江鵬堅等人都是好友。九〇年代他成為中國統一運動的積極人物，並促成政府開放老兵返鄉探親。一九九一年〈懲治叛亂條例〉終止，他終於可以公開說出自己身世。

有筆有書有肝膽，亦狂亦俠亦溫文

王曉波的妻子宋元（天心）是臺大知名學生刊物《大學新聞》社長兼總編輯，與王曉

王曉波（中）在臺大就學時，伙食費常移作買書費，最瘦時大約五十公斤。（家屬提供）

波剛開始交往時，完全不知道他的身世，後來他用點點滴滴的方式告訴她，反而讓她更喜歡他的「天生反骨」。他窮，念臺大時因為買書太多，有時不得不節制伙食費，忽胖忽瘦，也令天心不忍。王曉波一百七十五公分，最瘦時約五十公斤。

在他被警總約談之後不久，一九七三年「一二三自由日」他們訂婚，四月結婚，新婚一年，他即被臺大停聘。嫁給一個政治犯，壓力如影隨形，有一天早上，天心出門去教書，在巷口看到一輛吉普車，以為警總又要來抓他，她奔回家緊緊抱住仍在床上睡覺的王曉波，放聲大哭。

天心即使已自北一女教職退休了，但有時仍然覺得有人在監聽家裡電話。王曉波曾安慰她：「我們沒有那麼偉大，何勞人家監聽？」另一方面他對自己可能被監聽，完全不放心上，「我王曉波就是打明牌，不來暗的，我無一事不可告人」，他的友人也都知道，「他人前人後都一樣，不必監聽」。

他參加學運時，一度風聲鶴唳，他的未來岳父宋文淵曾大膽「窩藏」他在自己住處。從事公職、寫一手好書法的岳父對王曉波的家世不很介意，認為「戰亂時期，不免如此」，他欣賞王曉波「有筆有書有肝膽，亦狂亦俠亦溫文」，但曾經教職的岳母覺得他「犟頭倔腦」，這個「小太保」帶壞了寶貝女兒。天心直到上小學都還要爸爸幫忙穿衣服，升學路上北一女、臺大一帆風順，這個未讓父母操心的大家閨秀，認識王曉波後，竟偶爾會口出不雅，讓媽媽痛心疾首。有次天心回家太晚，挨了生平第一回打，媽媽不准她進臥室，那夜她睡浴缸。

王曉波夫婦合影於2000年臺大「醉月湖」重新規劃設計前夕。（家屬提供）

天心被王曉波吸引的還有他全身洋溢的「浩然正氣」。與王曉波在臺大從學多年、一直以弟子禮侍之的張鈞凱、黃裕宜，和與王曉波一起在世新大學教書卻自認是他學生的喻蓉蓉、韓嘉玲，他們提到「曉波老師」，都說是被他的「正義凜然」所折服。

他以理、以德服人，不畏權勢，常告訴學生和女兒，要對權勢說真話，「說大人則藐之」，「見官大三級」。他也不怕民粹，他曾為了課綱問題上電視與名嘴論戰，但談話性節目不是可用理性論述的場域，他才說幾句就被主持人卡掉換人講，讓他顯得零碎、狼狽。他的小女兒回憶此事非常痛心：「現在根本是表態政治，站好角度，調整姿態就好了。」這不是論辯與溝通。但她對爸爸更感尊敬，「他認為正確的事，萬箭穿心都會做。他這一輩子的精神就是『雖千萬人吾往矣』。」

課綱之爭時，他已近七十歲。那些圍剿他的名嘴可能不知道，王曉波在戒嚴體制、強人政治下，二十八歲的他第一次面見蔣經國，就已桀驁不馴地當面跟蔣經國辯論：應該「在安定中求進步」或「在進步中求安定」？兩人嚴重分歧，不歡而散，在臺大總教官張德溥安排下，蔣經國又約他再談一次。

王曉波在臺大哲學系事件之後，工作、出國幾度受阻，甚至連投稿都曾被政工人員羞辱：「叫他跪在地上求我」，但最後都有貴人相助，讓他在黃金年華沒有中斷學術研究。那些拉他一把的人固然是惜才，但蔣經國應也是背後主要的助力。

「可靠者唯我們自己的人民與真實的知識」

蔣經國曾對張德溥說：「王曉波是有良心的愛國青年。」

「愛國」，愛的究竟是哪一「國」？這可悲的問題不自今日始，只是現在更複雜。對日抗戰時期，中國軍力遠遠落後於日本，當時的愛國是生死問題，全民一心築起「血肉長城」，讓中國沒有滅亡，但每一吋血肉長城都是一條條人命、一個個家庭。對日抗戰結束，立刻接著國共內戰，信仰共產主義的、服膺三民主義的，相互敵視，你死我活。中共建政之後，兩岸分治，愛「國」更變成誓死不相往來，你愛的是「中華民國」或「中華人民共和國」，所愛不同，相互稱「匪」。而你我本是同胞。

現在，愛「國」的爭議，除了兩個不同名字的中國，還有未曾建國卻儼然存在的「臺灣共和國」，甚至因為臺灣戰略位置重要，日本、美國也各找宿主附身，「愛國」更複雜了。平心而論，誰會不「愛國」呢？只是，你我愛的是哪一國？而你我愛的方式是真的愛嗎？還有，你我願意為自己愛的國，去戰、去死嗎？若有，那個願意殉國的人，都值得尊敬。

王曉波的媽媽為她所愛的國而死。章麗曼像當時許多對政府灰心的人一樣，被充滿理想口號的共產主義吸引，她一腔熱血、滿懷浪漫，「我生是一個清清楚楚的人，死是一個清清楚楚的鬼。」在被槍決前，她拒喝高粱酒壯膽，也拒絕下跪受刑，「我對得起國家，對得起民族。上對得起天，下對得起地。」當時她不會知道共產政權後來用階級仇恨鬥死千萬人民，許多知識分子不堪凌辱而自殺。這些受害人包括她在南昌老家的全家人。

章麗曼父祖輩不少人是老國民黨。她的祖父章紫昆是蔣介石文膽陳布雷的好友，父親章壯修是國民黨地下黨員，三叔章益修曾任國民黨江西省黨部代主委，來臺後是國大代表。章麗曼在臺為共產黨犧牲，祖父卻在中共「土改」時，被活活打死在鬥爭臺上，祖母被掃地出門，一九六〇年餓死。她的父親被土共擄走，飽受酷刑，放回不久病死。她的大弟章夢濤在對日抗戰時響應十萬青年十萬軍，勝利後考上北京清華大學，中共建國後，他因抗戰時是「國民政府」軍官，下獄十八年。小弟章仲禹也因出身不好，被以「特嫌」惡整。

章麗曼的兩個弟弟都沒被政治擊垮。章夢濤近五十歲重新回到大學，是中國大陸工程力學、採礦工程的著名學者，是世界採礦協會委員、俄羅斯自然科學院院士。章仲禹是世界知名的鋼鐵連鑄專家，他做出中國第一臺「微引程反推式銅合金水平連鑄機」，並在一九八六年讓中國第一臺雙流水平連鑄順利拉出兩根火紅的鋼坯。

王曉波與媽媽娘家取得聯繫，已是兩岸隔絕三十年後，他在寫給大舅章夢濤的第一封信裡，提醒他們和自己：「社帝（按，社會主義帝國）不可靠，美帝（按，資本主義帝國）同樣是不可靠的；可靠者唯我們自己的人民與真實的知識。」

他對國共兩黨與他家的血海深仇，那時即已化為大愛：「我們不怨天不尤人，我們只恨中國不強大、自己不爭氣，我們只應抹乾眼淚為中國的明天而奮鬥，希望我們的悲劇不要在我們的子孫身上重演。」

一生懸命是「統一」，卻飽受罵名

當生命危在旦夕，你最放不下的是什麼？財產？事業？愛侶？或親愛的孩子？二〇一八年底，王曉波中風，在進入開刀房之前，意識已朦朧，他冒出一句話：「兩岸還沒統一……」。

「統一」是王曉波的一生懸命，他也因此在臺灣飽受罵名。

王曉波一談到兩岸問題就慷慨激昂。「曉波老師有獨特的『民族主義』情感」，曾當過他的助教、論文是由他指導的臺大哲學博士黃裕宜說：「曉波老師常告訴我們，這一百多年來，中國太辛苦了，中華民族不能再讓列強欺負，自己要團結。兩岸絕不可開戰。」

王曉波鼓吹和平統一，是因為他認為這對臺灣有最大利益：「兩岸和平是臺灣同胞最大的安全保證，兩岸貿易是臺灣同胞最大的經濟利益，兩岸交流是臺灣同胞最大的文化利益，兩岸統一是臺灣同胞最大的政治利益。」

跟王曉波一起創辦《海峽評論》雜誌、共事甚久、知他甚深的方守仁說：「曉波老師常常強調，『兩岸不可以因為治權的分裂，而讓主權分裂』」，王曉波主張「一國良制」，看兩岸誰的治理比較好，讓對方服氣。

不要以為王曉波主張統一是代表他支持哪個政權。他認為「一切的政權在民族大河中，不過是百代之過客而已」。

王曉波放眼的是歷史，是民族，他明確指出：「我的愛國，絕不是什麼『中華民國』、『中華人民共和國』，而是堯、舜、禹、湯、文、武、周公、秦皇、漢武、唐、宋、元、明、清，中國人民綿延不絕的民族大河。」

二〇〇七年底，王曉波寫信給他的統派朋友，舌敝脣焦說明為什麼他放下與國民黨的殺母之仇，支持二〇〇八年的國民黨總統候選人馬英九。對他來說，那是民族大義。

那時，臺灣在李、扁主政二十年下，兩岸關係緊張、經濟不振，王曉波認為馬英九只要維持現狀、不搞臺獨，就能讓兩岸和平。只要和平，就能「為中國爭取建設時間」，中國即可強大，可與列強平起平坐，否則兩岸只要發生戰爭，就是「提供帝國主義介入的機會，臺灣兩千三百萬人無噍類矣（「噍類」指存活的人）」。

那是他二〇〇七年寫的，現在的俄烏戰爭不正是以血淋淋的實例印證他的邏輯？

他痛恨戰爭。王曉波曾跟黃裕宜說，他還沒隨大人避難來臺之前，「我在上海看過小孩餓死在路邊，太慘了，那都是因為戰爭。」

耿直於兩岸，永遠的反對黨

王曉波說服統派人士支持馬英九，他說了一句名言：「大夫無私交，亦無私怨。」這成為王曉波蓋棺論定的金句，他的兩岸論述、做人處世，幾乎不違此九字。

他常說：「我只有同志，沒有朋友。」他幫助朋友、提攜學生，都是因「公」、理念相合，而不是因「私」，誰若因為受助而謝謝他，王曉波毫不領情：「我沒有幫你。」

王曉波自稱是「永遠的反對黨」，他總是「非主流」。他在臺灣是爭議人物，紅帽子一直緊緊箍在他頭上，他也曾任「中國統一聯盟」副主席，但臺灣「左統」的人始終認為他太「右」，對岸的中共也覺得此人彆扭。

方守仁說，有一次與王曉波一起去大陸參訪，中共統戰部的人向他示好：「哈哈哈我們是自己人。」王曉波回敬對方：「誰跟你是自己人？」他在面見江澤民時，表示一九八九年天安門學運「本質上，是中共中央先出問題，學生上街頭只是現象」，他並希望中共公布六四死難者名單、撫卹遺屬、不追究海外參與民運的大陸學人。

中共官員曾用「耿直於兩岸」形容王曉波，翻成白話文就是：兩岸都不喜歡他這尊大炮。正因為他有自己的是非準則，他雖一生關心政治，卻終生不以政治為職業，維持自己的獨立性，始終扮演一個「他者」，言所當言，行所當行。

1985年，王曉波主編、出版《二二八真相》，上市即被禁，2002年才重新面市。（家屬提供）

王曉波旗幟鮮明的反對臺獨、主張統一，很多臺灣人覺得他不愛臺灣，卻不知道他是「臺灣史」的拓荒者，一九八六年率先成立「臺灣史研究會」。「臺灣史」現在是顯學了，王曉波

北京臺灣會館在王曉波（後排左六）等人力爭下，原地重建，是原館的七倍。（家屬提供）

卻是在用「臺灣」兩個字都很敏感的時代，就以一己之力跨國在美、日蒐集臺灣史料，尤其是二二八文獻，並在戒嚴時期即推動平反二二八，他匿名出版的《二二八真相》上架不久即被查禁。

二二八紀念館首任館長廖繼斌說：「包括我家在內很多的臺灣人故事，是王曉波給發揚光大的。」王曉波替一些因抗日而被誣為「地痞流氓」或臺共的先賢烈士翻案，這些人有賴和、王敏川、林少貓、李友邦、楊逵，甚至替賴和成功爭取入祀忠烈祠。

廖繼斌認為：「王曉波是最愛臺灣的中國人。」臺灣人幾乎都不知道，北京和廈門的「臺灣會館」，是因王曉波力爭，才保存下來。這些臺灣會館很有歷史價值，在科舉時代，臺灣學子渡海趕考，人生地不熟，就是臺灣會館提供他們庇護、住宿。王曉波為了爭取留下北京前門大街的臺灣會館，那時推土機都已開到牆邊了，他急切之餘，猛打電話給中共官員，回臺灣又急請剛當選國民黨主席的馬英九設法，後來爭取到原地重建，新館是原會館七倍大。

他投注在臺灣史心力甚深，也鼓勵學生、同事研究臺灣史，世新大學退休的歷史教授喻蓉蓉深受他影響，學生也在她的啟發下，到田野「閱讀臺灣」，讓歷史跟腳下的土地連結。她的世新學生作品「臺閩婚喪習俗」曾赴美展覽，不僅牽動了中華民國僑胞的思鄉之情，還有大陸華僑在現場拚命做筆記，因為當年臺灣比他們保留了更多中華文化。

王曉波也曾在參觀盧溝橋「中國人民抗日戰爭紀念館」時，抗議沒有臺灣人民抗日史，後來中共從善如流，在各抗日紀念館闢臺灣展廳或專區。

方守仁說，曉波老師很重視臺灣人民地位，曾對中共官員說：「你們若不把我們當人民，我們為什麼要把你們當祖國？」

頭可斷、血可流，理不可屈

王曉波在離開臺大之後，曾研讀「國父思想」，寫過好幾本著作。也許因為三民主義，尤其是民生主義與社會主義有暗合之處，王曉波曾告訴方守仁：「我比國民黨還孫中山」，他連替長女取名時都用了中山先生「孫逸仙」的「逸」字。

臺大政治所碩士張鈞凱則說：「我個人認為，曉波老師信奉的是『讓中國人過上好生活』的主義。」只要餓過肚子、看過蒼生連基本生存條件都達不到的人，就知道這是多麼心痛的悲願了。

多少人了解他？王曉波支持馬英九競選總統時，有人質疑他是為了求官。廖繼斌很為他抱屈，「馬英九當了八年總統，王曉波有一官半職嗎？」廖繼斌說：「馬英九什麼好處都沒有給他，只給了他一個帶進棺材仍被罵死的課綱修訂任務。」他說：「這就是馬英九！這就是王曉波！」王曉波要矯正李、扁時期的日本皇民化課綱，力戰各方圍剿，他曾跟媒體說：「我頭可斷、血可流，理不可屈。」廖繼斌很佩服他：「王曉波做他所相信的事，不為名，不為利。」

王曉波的小女兒很感慨：「滿朝權貴都是有名有利的人，卻去批評一個不求名不求利的人。他做的事對他個人不僅是當前沒有好處，甚至放眼一輩子，都看不到個人好處，有沒有人想過他到底求什麼？」

王曉波小女兒低調而充滿批判性，她認為「臺灣將出現人格分裂的世代，這些人知道臺灣經濟要靠中國大陸才能壯大，一方面卻又習慣性地以刻板式的西方民主、人權概念鄙視中國大陸」。中共當然有可批判之處，她認為有意義的批判應該要放在歷史脈絡裡來看，「不能要一個瘦骨嶙峋的人穿西裝，又批評他穿起來不夠筆挺」，何況人類不是只有「西裝」才是唯一標準服裝。

臺灣經常爭論「主體性」，或自認主體性被打壓，甚至為了強化主體性而「去中國化」。王曉波小女兒一針見血：「很多人不是媚日就是媚美，這是主體性嗎？臺灣現在奉為主流的主體性，是臺灣當朝者的主體性，還是臺灣真正的主體性？」

她對兩岸敵意也有銳利的觀察：「兩岸政治對立，很多都是虛假的對立，是誰在營造這些刻板印象？營造的目的是什麼？獲利的是誰？」

時間會證明很多事。很多所謂的統派、喊著民族大義，也有很多打著獨派大旗、在臺灣吸選票，這兩種截然不同的人，都在兩岸奔走，其中不少人汲汲營營的是自己的利益或事業，而王曉波這個知名的大統派，一介不苟到有時不近人情。

方守仁說，王曉波一再提醒他們「比槍、比錢、比勢，我們都沒辦法與人公平競爭，只有靠知識與道德才可以公平競爭」，不論國家、個人，不都如此？他也曾以其他組織為例，嚴厲地耳提面命同仁：「帳目不清就是貪汙。」

王曉波去大陸開完會，第二天立即搬離主辦單位提供的高級酒店，也不參加什麼會後旅遊，韓嘉玲說「他不願意浪費人家公帑」。

願做真理的僕人，中國苦難的良心

他關懷孤苦。一九八八年，韓嘉玲與他一起去福建鄉鎮企業紡織廠參觀，王曉波看到裡面有十歲的童工，忍不住當場淚下。

方守仁也曾與他去廈門參加研討會，晚上朋友拉他去唱KTV，才剛進包廂，一群小姐走進來，據說是陪唱，王曉波臉色大變，當場大哭，一直說：「孤臣孽子，孤臣孽子啊。」朋友趕快把他送回飯店。

還有一次，在北京開會，有人帶他們去北大附近茶館，裡面有坐檯小姐，王曉波立刻走人，出來後淚流不止：「解放以後不是應該沒有這種行業了嗎？」他第二天就打電話給相關單位反映。

三十年前，韓嘉玲剛去北大讀書，一方面看到大陸開始進步，一方面也看到很多問題，她充滿困惑，王曉波寫信給她：「我們沒理由哭，那是苦難的祖國。」韓嘉玲一直記得他信上的話：「看看八億農民是如何卑微、屈辱又強韌地活下去，我們要承受一切，並改造一切。」

「我願終身做真理的僕人，永遠為中國苦難的良心。」王曉波把這話刻在黑色大理石紙鎮，這是他在一九六七年臺大畢業紀念冊上的留言，也是他奉守超過半世紀的自我期許。他的追思會手冊封底就印著這句話。

在還有人過苦日子時，王曉波個人沒辦法過好日子。他去世前幾年，已幾乎沒有娛樂，抒壓的方法就是喝一點酒。承繼家族事業有成的黃裕宜，看他喝的都不是好酒，有時送他一、兩瓶名酒，幾次之後，王曉波婉謝了，他說「我受不了」，因為那些酒「太資本主義了」。

他也從不去「足療」，方守仁說：「他受不了有人這樣『服侍』他，他說大家都是人……」

來生做一個太平盛世的中國人

他滿腦子「國」，即使在家，也是與人電話會議，他是一個經常缺席的丈夫、父親。但他骨子裡極愛家，只是不擅表達，以幾乎包辦燒飯做菜的方式，表示他的愛。他極力維護家庭的完整，兩個女兒後來都理解他，也心疼他：「他以最大可能做到爸爸的義務。他從小家庭破碎，就算受盡委屈，他也絕不讓自己孩子家庭破碎。」

王曉波極疼愛他的妻女。（家屬提供）

他不跟女兒說自己身世，娃娃直到國中，才在《中國時報》上第一次看到他的故事：〈我的母親叫章麗曼——一個匪諜兒子的自白〉。她的老師對她家故事可能比她知道得多，有一位高中老師主張臺獨，夫婦倆曾兩度家訪，與王曉波暢談，各抒己志。娃娃高中時期在臺大附近打工，老闆也支持臺獨，當她知道娃娃的父親是王曉波時，睜大眼睛告訴娃娃，她聽過他演講，對他的熱情

2011年，王曉波（右一）把父母骨灰送回江西安葬，與妻女孫一起向父母拜別。
（家屬提供）

澎湃印象深刻。

「雖然他們跟我爸政治立場不同，但他們都敬佩我爸，讓我知道人與人之間可以立場不同，但是人格可被尊敬。」娃娃說：「他們都是我一輩子的朋友。」

她回臺照顧爸爸的同時，也在宜蘭「華德福」上師資培育課，第一年的期末報告，她決定說出爸爸的故事，並以楊祖珺的歌〈美麗島〉作結，那歌是爸爸和當年的「黨外人士」常常一起唱的，她從小跟著聽，非常熟悉，她妹妹當年結婚時也用這首歌，蔡英文也拿這條歌做競選歌曲，「歌的話語權變了，但是，我們原來唱的是同一條歌。」

她那天的報告讓很多同學落淚，與她擁抱。十天後，王曉波過世，她唱著「美麗島」送爸爸出家門。王曉波的追思會除了〈黃河協奏曲〉，就是〈美麗島〉這首歌。

當年「其爭也君子」、一起攜手突破戒嚴體制的「黨外人士」，凋零的凋零，淡出的淡出，還在聚光燈亮處的人連一樣的歌都唱出不一樣的腔調了，王曉波沮喪嗎？小女兒認為不會，「我爸爸爭的是歷史，一時沉浮都是過眼雲煙。」

王曉波女兒曾在爺爺告別式對爺爺說：「來生做一個太平盛世的中國人。」她們送別爸爸時，說了一模一樣的祝願。他們父子不幸未生在太平盛世，王曉波歷經劫波，他一生致力的是：中國人不再挨打、挨餓、挨罵。

他至死仍在挨罵。「來生做一個太平盛世的中國人。」女兒的祝禱，滿含巨大的心痛與不捨。什麼時候中國人才可以不再互打、互罵了？

◎原載二〇二二年十月九日至十月十日《聯合報·副刊》

大夫無私交，也無私怨

這是什麼樣的家庭？女兒在放下爸爸骨灰到大海裡，說的是「守護海峽兩岸和平」，而不是像一般人挑風水寶地、看吉時良辰、喃喃祈求的是「庇蔭子孫興旺」？

二〇一八年十二月三日，王曉波中風倒下，在兩個多小時前，他才跟在美國的長女娃娃通電話，祝她生日快樂。他最後的六百天，有三分之一時間在各大醫院流徙，他常說要「回家」。

若非臺大哲學系事件，他應該會是我的老師。我進入哲學系時，臺大哲學系事件才剛結束兩年，系裡驟然失去近十位老師，研究所也被停招一年。那是一個沒有網路的年代，我們當時並不明白發生了什麼事。

第一次見到王曉波，是在榮總，他的妻子天心帶他找傳統醫學部主任陳方佩求診，方佩是我的小學同學，有俠氣，我當時也正在她的門診針灸。方佩帶我去見王曉波，他勉強微笑一下，兩眼半閉半睜，看得出來他已極懶得應付這個世界了。

當時天心與我交換了ＬＩＮＥ。我回家後把《聯合報》大老張作錦在二〇一〇年的文

王曉波（左二）、馬英九（左一）在蘆洲李宅與長女娃娃夫婦、外孫一起參加抓周活動。（家屬提供）

章〈大夫無私交，也無私怨〉發給天心。標題那句話是王曉波名言。

〈大夫無私交，也無私怨〉標題第一句語出《春秋》，第二句是王曉波加的，他與國共兩黨有不共戴天之仇，但為了讓「鴉片戰爭以來，一百六十多年忍辱受欺的中國人也可以與列強並肩齊步」，他曾支持過無私誼的林郝、連宋，支持過新黨，也支持共產黨改革開放，更支持國民黨連戰的國共和解。他以「大夫無私交，亦無私怨」，表示「為了中國的救亡圖存」，「反帝反獨」，「苟利於國家民族，忍辱含垢又算什麼」，他宣示放下家恨，在二〇〇八年支持馬英九競逐總統大位，後來又用同樣的話支持他連任。

王曉波喜歡用「祖國」兩字，這正犯了許多臺灣人大忌，臺灣無祖國，臺灣是石頭縫裡蹦出來的。反共其實不等於反中，親中不等於親共。不管現在的當政者是誰，王曉波畢生致力的目標與心願就是：中國一定要強，不要再受列強欺凌、瓜分，不要再讓人民被政治迫害、戰火蹂躪，不要再有任何人像他們家破人亡。他認為「以身許國的人，為國家民族可以生死以之，又如何去計較一家一姓的恩怨情仇」，他說自己「拳拳寸心，可表日月。」作老讚嘆：「這是何等的胸襟，何樣的人格。」

天心後來回我說，王曉波重讀作老那篇大文，頗受鼓舞，復健也認真了。

他應該知道，兩岸和平統一，是漫漫長路，充滿險阻。他不能倒下。

認識他的人，幾乎都用「鐵錚錚的漢子」形容他，這樣一個血性男兒，中風後變成有口難言，甚至連寫字都扭在一起，天心很不忍：「這對一個意氣風發、愛辯論、愛寫文章、一生勤奮的學者來說，多麼痛苦。」

他病後不得不放下筆、放下書，每天在復健部門，像幼稚園孩子一樣，重複做一些簡單的肢體動作，那些動作簡單到無聊，對他卻居然是高難度，可以想見他多麼挫折，但他知道不能放棄。

「他希望自己站起來，不要倒下。」娃娃對這個強人爸爸深有所感，馬英九幾度來探望王曉波，有一次還跟他合影，兩人拍照時，王曉波掙扎著站起來，娃娃說：「我在他身上看到了堅強。」

王曉波的最後六百天

王曉波在他的臺大研究室書桌玻璃墊下，壓著一幅書法字，寫的是黃埔軍校創校名言：「貪生怕死莫入此門，升官發財請走他路。」他一生關心的都是禮義廉恥、國家大事，不斷自我精進的是道德、學問，並以身許國，從沒想過這具高壯的肉身會衰弱。他從不注意個人健康，也不在乎什麼養生，現在日日面對身體強大反撲。

他的靈魂被囚禁在不聽使喚的身體，這對歷經兩次白色恐怖的他來說，是另一次恐怖。他一生都未被打倒，豈能在這一次敗下陣來？

他未被中風打倒，甚至家人、學生一度認為他有機會復原，但奮戰一年多後，他新增了其他病症，不斷咳嗽、肺積水，每天必須抽痰、抽水，十分痛苦。

強人終究對生命豎起了白旗，不是因為沒有鬥志，而是因為肺腺癌確診，末期。

腫瘤已經很大了。娃娃告訴爸爸醫師檢驗的結果，怕他聽不清楚，一字一句慢慢講，重複說了兩次，王曉波異常平靜，聽完之後跟女兒說「謝謝」。他終於明明白白自己身體怎麼回事。跟他當年被槍決的媽媽一樣，「生是一個清清楚楚的人，死是一個清清楚楚的鬼」，他要明明白白。

娃娃直到快四十歲才開始了解爸爸。她看到鳳凰網紀錄片《暗戰》，第一次親耳聽到爸爸說自己身世，她看到爸爸哭了，但鏡頭立即卡掉，轉換下一個場景。爸爸很少在女兒面前顯露個人情感，娃娃看到爸爸落淚，她也淚崩。

爸爸總是很忙，是有原因的，只是她以前不懂。小時作文課〈我的父親〉，她只交出一張三百字稿紙，她不知道爸爸是怎麼樣的人、在忙什麼。媽媽也很忙，常身兼兩個工作，她和妹妹從小就常被爸爸拎著一起去與他朋友開會。有一次娃娃問媽媽：「『坐牢』是什麼意思？」孩子聽不懂那些大人說的話，但屢屢聽到「坐牢」，她覺得這兩個字像詭祕的咒語，很有力量，因為大人說它們時，聲音都會壓低。

王曉波不太和妻女談他的想法、他做的事。受過政治迫害的他，覺得這是保護家人的方法。

雖然他不說，但爸爸的「大是大非」、「民族大義」，滿溢在他的人生，她們怎麼可能不知道？兩個女兒連感情、婚姻、自己的親子關係都直接、間接受父親影響。

還原成是「人」，而不是看顏色

娃娃嫁給一個美國人，她選擇一個完全不知道她的家族背景的外國人，David在臺大念歷史博士班，他們相識於中研院。開始交往時，她一度不安，因為爸爸反美帝，爸爸能接受她愛的是一個美國人嗎？她鼓起勇氣告訴爸爸之後，王曉波毫不以為意：「真心喜歡就好，有什麼關係？」

雖然王曉波政治立場強烈，但娃娃的朋友藍綠紅白都有，「我把他們還原成是『人』，而不是看顏色」，還原成一個個「人」之後，會發現彼此歧異其實不大。

也許因為從小父母都太忙，娃娃在生了一對龍鳳胎之後，辭職在家帶孩子，「我很渴求家的溫暖。我非常享受在美國做一個全職的家庭主婦。」另一方面，她愈來愈強烈認知到從小家庭破碎的爸爸，多麼在乎家庭的完整。

小女兒也跟姊姊一樣，非常重視家庭，孩子擺第一。我跟她預約訪談時間，她先告訴我的是孩子作息，我們配合她兩個兒女，終於喬到一段時間，時間到了，孩子進房了，訪談結束。

小女兒九歲就跟爸爸參加臺北六張犁亂葬崗的白色恐怖受難者的第一次春祭，「那天，下雨，爛泥，路很難走。塑膠帳篷裡，擺著一張張遺照，充滿肅殺之氣。」當時她不懂，但這樣的沉重氣氛，讓後來念社會科學的她，有歷史脈絡的影響。

她形容自己和爸爸的關係：「太綿密，太複雜，像藤纏樹。」她跟爸爸一樣，同情弱勢（包括貓），喜歡鄉村，她的碩、博士論文，都深入田野，充滿社會關懷。

她的感情也受父親的政治影響。她希望相伴終生的伴侶能理解她的家族故事，理解她父親一生的執著與追求。她與現在的先生很早就相識於一個志同道合的團體，但直到十年後，驀然回首才發現那人就在燈火闌珊處，兩人這才開始交往。她用「一個鼻孔出氣」形容他們的默契於心，天南地北，無話不說，即使談政治都不必小心翼翼。

爸爸，我一定會帶你回家

王曉波中風倒下不久，娃娃就和先生David帶著兩個孩子從美國搬回臺灣，這是一個重大決定，她想讓爸爸知道「我回家了」。王曉波極盡所能守護家庭完整，娃娃說：「我要讓我爸爸在最後一哩路知道，家的成員都在。」一個也不少。她說自己「盡量圓滿他對家的渴望」，這也是她自己對家的完美的渴望。

王曉波極愛家。當醫師建議他們進入安寧照護時，娃娃決定帶爸爸回家，因為「沒有什麼地方比『家』更安寧的」。

二〇二〇年七月二十九日晚上，娃娃帶爸爸回家了。

他們出院時，正是下班尖峰時間，救護車一路鳴叫，所到之處，眾車閃避。娃娃回憶那段路，驚心動魄，也極為感恩：「像摩西分紅海，那些不認識的人，硬是為我爸讓出一條血路，讓我們可以回家。」

但王曉波的血氧一直往下掉，一度掉到六十，娃娃怕爸爸撐不到家裡，她在救護車後座，用手捧著爸爸的頭，恨不得把自己全身的真氣灌注給他，「我想用自己的溫度、自己滿滿的愛，讓他的心裝進滿滿的愛」，她一直跟他說話，努力提高他的生命指數。

臺大宿舍終於在眼前了，救護車三個九十度轉彎，快到家門口了，他的血氧神奇地上升了，他知道他回家了，進門時，他的血氧接近九十。

他終於可以躺回自己床上了。娃娃履行了她的承諾：「爸爸，我一定會帶你回家。」

第二天，七月三十日，凌晨一點多，娃娃起身看他，他睡得很沉，但全身發燙。兩點五十分，外面一聲貓叫，娃娃再去房間看他，他過世了，自由了。他的身體暖暖的。

王曉波跟父母在天上團圓了。

他的父親王建文自十六歲即從軍，升到中校，卻因摯愛的妻子捲入匪諜案，自己也被株連下獄。他歷經妻子、自己、兒子的白色恐怖，晚年潛心研讀《資治通鑑》，用不同顏色的筆逐字點讀，紙張因此浸潤大量筆墨，書比原本厚兩倍。這給孫女兒們留下深刻印象。

王建文九十七歲過世，王曉波七十七歲過世。媽媽章麗曼生前也愛讀書、愛學外語，他們仨在另一個世界可以一起讀書了。

王曉波，這名字是他媽媽取的，一因他生在江西河口，另一原因是希望他效法東漢名將馬伏波（馬援），「馬革裹屍」，為國家奮戰，至死不懈。

這年頭還有父母這樣想嗎？

王曉波去世後半年，二〇二一年春節前，他的小女兒生了自己的小女兒，取名「昀彤」，紀念曉波爸爸：「昀」和「曉」都是日出，而「彤」是新生的朝氣。

昀彤充滿對光明的渴盼，中國人愛國，可以不可以不要再馬革裹屍了？

◎原載二〇二一年十月十日《聯合報・數位版》

當代名家

他鄉・故鄉

在動盪的時代，「臺灣行者」把我們的島打造成世界的光

2024年7月初版　　定價：新臺幣590元

有著作權・翻印必究
Printed in Taiwan.

主編	張作錦	
著者	沈珮君	
封面題字	杜忠誥	
叢書編輯	孟繁珍	
校對	金文蕙	
	葉懿慧	
內文排版	水分子	
封面設計	王瓊瑤	

出版者	聯經出版事業股份有限公司	副總編輯	陳逸華
地址	新北市汐止區大同路一段369號1樓	總編輯	涂豐恩
叢書主編電話	(02)86925588轉5318	總經理	陳芝宇
台北聯經書房	台北市新生南路三段94號	社長	羅國俊
電話	(02)23620308	發行人	林載爵
印刷者	文聯彩色製版印刷有限公司		
總經銷	聯合發行股份有限公司		
發行所	新北市新店區寶橋路235巷6弄6號2樓		
電話	(02)29178022		

行政院新聞局出版事業登記證局版臺業字第0130號

本書如有缺頁，破損，倒裝請寄回台北聯經書房更換。　ISBN 978-957-08-7329-0 (軟精裝)
聯經網址：www.linkingbooks.com.tw
電子信箱：linking@udngroup.com

國家圖書館出版品預行編目資料

他鄉·故鄉：在動盪的時代，「臺灣行者」把我們的島打造成世界的光／張作錦主編．沈珮君著．杜忠誥封面題字．初版．新北市．聯經．2024年7月．520面．14.8×21公分（當代名家）
ISBN 978-957-08-7329-0（軟精裝）

1.CST：世界傳記

781 113003723